Хелена Хейл

Лавандовая ветвь

TREND BOOKS

Посвящается Насте и Нелли. Не знаю, где бы я была без вашей веры и поддержки…

ПЛЕЙЛИСТ:

1. Arctic Monkeys — «Do I Wanna Know?», «Why`d You Only Call Me When You High?», «R U Mine?»
2. The Verve — «Bitter Sweet Symphony»
3. Лил Пип (Lil Peep) — «Star Shopping»
4. The Neighbourhood — «Sweater Weather»
5. Индиана (Indiana) — «Smoking Gun»
6. Hippie Sabotage — «Devil Eyes»
7. Мэг Майерс (Meg Myers) — «Desire»
8. Джейс Эверетт (Jace Everett) — «I Wanna Do Bad Things With You»
9. Placebo — «Special Needs», «Blind»
10. Тимо Маас (Timo Maas) — «First Day»
11. 30 Seconds To Mars — «A Beautiful Lie»
12. Сиа (Sia) — «Breath Me»

ГЛАВА 1

В НАУШНИКАХ ГРЕМЕЛА МУЗЫКА, точнее, лилась грустными нотами. Я смотрела на проезжающие мимо машины из окна автобуса, положив голову на руки, а руки на поручень. Этот утренний час в семьдесят девятом автобусе был моим личным ежедневным ритуалом, временем размышления и вдохновения. Хотя по факту он был лишь дорогой до работы. Небо было серым и унылым, совсем как я, даже машины в пробке стояли черные, белые и серые — большая редкость. Кому как не мне знать, ведь каждое утро я въезжаю в эту пробку как к себе домой.

К двадцати двум годам я окончила колледж в Бирмингеме и благодаря лучшему другу моего покойного отца открыла свое мини-кафе. В этом кафе я и работала, ведь средств для оплаты чьего-либо труда я не имела. А, нет, вру! В моем кафе подрабатывала подруга младшего брата, но ее ставка была так мала, что даже на чаевых Эбигейл зарабатывала больше.

Если бы кто-то попросил меня описать мою жизнь двумя словами, я бы ответила «день сурка» или «незаурядная и стабильная». А что нам обещали в колледже? Что после выпуска все заиграет яркими красками, а возможности буквально будут преследовать нас по пятам. Наставники, наверное, перепутали, это мы теперь должны долбиться в каждую дверь в поиске возможностей и стараться не уйти в себя после тысячи отказов.

Скажете, мне грех жаловаться, ведь у меня своя забегаловка? Здесь я отвешу поклон дядюшке Майклу, ведь, если бы не он, я бы реально ушла в себя, так как искусство меня перестало интересовать уже на втором курсе, а работать продавцом-консультантом я устала. Возвращаться домой с истертыми ногами и новым запасом оскорбительных высказываний в свой адрес — увольте. Это все дядя Майкл, единственный, кто слышал на семейных застольях мои короткие вставки типа «вот открою свое кафе!», «а в меню у меня было бы...», «я уже подыскала место для аренды». У мамы и братьев эта информация пролетала мимо ушей — они свои-то мечты не реализовали, а тут еще я со своими фантазиями.

И вот мой автобус поворачивает на самую угрюмую пустую улицу, на остановке которой редко кто выходит. Только я. Вообще застать солнце в Бирмингеме — большая удача, но нас радовали даже просто дни без осадков, потому как попасть под ливень здесь ничего не стоило. Я пошла излюбленной тропой, повернула перед цветочным магазином, затем миновала заброшенный ресторан, несколько частных домов, спустилась под мостом и оказалась на месте. Вот она, моя забегаловка, которую я назвала именно так, как и мечтала, будучи восьмилетней, — «Лавандовая ветвь».

Место, которое я арендовала под кафе, было не самым проходимым и далеко не популярным. Когда я выбрала соседний с доками дом, члены моей семьи дружно запротестовали, но все же смирились после козырного аргумента — здесь самая низкая арендная плата. Дядюшка Майкл пусть и дал мне сумму для оплаты на полгода вперед, но никто не обещал, что дело выгорит и я не останусь с пустым кошельком и разрушенной мечтой на выходе. Мне предстояло своими руками делать ремонт и превращать заброшенный магазин глиняной посуды в уютный общепит.

Вдоль канала находились самые посещаемые заведения: два паба (чешский и ирландский), мексиканская забегаловка, элитный бар и четыре магазина (рыболовный, продуктовый, хозяйственный и сувенирный). Все они располагались в добротных, красивых кирпичных домах. Именно эти трехэтажные строения первыми бросались в глаза посетителям доков и туристам, а уже самые любопытные жители Англии могли наткнуться и на мою кофейню, стоило им пройти в глубь кирпичных построек, где через два небольших здания красовалась деревянная вывеска с выжженной надписью и рисунком.

Изначально я планировала ввести в меню лишь напитки и десерты, но многие обитатели доков были так рады появлению кафе, что надоумили меня расширить ассортимент. Стало больше видов кофе, больше закусок и перекусов, появился «суп дня».

Солист Arctic Monkeys уже допевал припев в моих наушниках, когда я повернула на улочку, застроенную кирпичными зданиями. Каждый раз при виде своей вывески у меня трепетало сердце: моя. Мое собственное кафе. Уютный уголок на пустыре, зато свой. Через стеклянную дверь я заметила суетливые движения Эбигейл.

— Слава богу, Селина! Звонили из службы здравоохранения, они собираются прийти с проверкой во все заведения на территории доков в течение недели.

Вместо приветствия я систематически получала «приятные» известия.

— Эбби, брось мне фартук! — попросила я, проигнорировав новость.

Эбигейл было семнадцать, она оканчивала старшую школу и уже в конце весны должна была сдавать важнейшие в своей жизни экзамены, а пока, вместо того чтобы отправлять резюме в колледжи, заменяла чековую ленту. Схватив фартук, я зашла в уборную, где собрала свои длинные густые волосы в тугой хвост. Резинок у меня всегда было про запас, потому как мою гриву выдерживали лишь сильнейшие.

— Почему ты здесь, а не в школе? — спросила я, заливая молоко в опустевшую емкость аппарата.

— Сел, сегодня воскресенье, привет! — рассмеялась Эбигейл.

Неужели воскресенье? Казалось, только вчера была среда. За последние месяцы все дни недели смешались воедино, ведь, как я уже говорила, какое мне дело, если что ни день, то «день сурка»?

Эбигейл — украшение моего кафе. Ее морковные волосы, тоже туго собранные в хвост, и масса веснушек, усыпающих даже плечи, спину и руки, напоминали о лете, самых ярких закатах и о той огненной живости, с которой она у меня ассоциировалась и которой так не хватало мне самой. Эбби обладала неиссякаемой энергией и добрым сердцем. Мы познакомились с ней, когда Мэттью, мой младший брат, пошел в первый класс. Они с Эбби стали одноклассниками и закадычными друзьями, поэтому из-за моей сильной привязанности к рыженькой непоседе все девушки брата вызывали у меня недовольство. Но его личная жизнь — не мое дело, так что приходилось держать свое мнение при себе.

— Заметила только утром, — указала Эбби пальцем на корзину, которую я вчера поставила около кассы. — Это что? Для печенья с шоколадной крошкой?

— Нет, для лавандовых веточек, — смущенно улыбнулась я.

Эбби, как она любила это делать, уставилась на меня большими зелеными глазами. Несколько вечеров кряду я думала о том, что мне следует обзавестись своей «фишкой», которая привела бы в мое кафе большее количество людей, повысила бы продажи. Я решила, что название должно говорить само за себя, и, вспомнив об истории бабули Корнелии, обошла ближайшие цветочные магазины в поисках лавандовых ветвей.

— Что за нововведение? Для благоухания? Так я только вчера заменила пустую бутыль ароматизатора...

— Нет-нет, Эбби! — А еще рыжий бесенок обладал привычкой тараторить без умолку. — Это... есть такая примета. Помнишь бабулю Корнелию?

— Как же не помнить!

И я рассказала Эбигейл о старинном поверье, некогда переданном мне моей любимой покойной бабулей. Бабушка Корнелия увлекалась сухоцветами, они всегда украшали полки ее дома в Валенсии, откуда была родом семья моего отца. Запах там стоял такой, что даже если попытаться упасть в обморок — не выйдет, какой-нибудь аромат да отрезвит разум. Меня сразу привлекли сухие ветви лаванды, пышным букетом стоявшие в вазе девятнадцатого века. Их запах и сиреневый оттенок очаровали меня, восьмилетнюю. Позже, заметив мой интерес, бабушка рассказала мне о лавандовых ветвях: «Сухую ветвь лаванды раньше носили незамужние дамы. Не все, конечно, но те, кто знал о поверье, особенно хитрые девчушки, прятали ветвь в карман или цепляли в качестве броши.

Согласно поверью, такой талисман мог привлечь мужчину, помогал найти настоящую, искреннюю любовь».

— И что же, Корнелия не рассказала тебе историю какой-нибудь девицы, которой удалось встретить любовь?

Эбби с недоверием глядела на меня, пока я разбирала сумку и доставала пакет с ветвями лаванды.

— Она только сказала, что благодаря лаванде встретила дедушку, — ответила я, наполняя корзину.

— Ага, значит, именно лавандовая ветвь подослала его после долгого мореплавания в Валенсию? — усмехнулась Эбби.

— Эбби, я ведь не говорю, что безоговорочно верю в силу лаванды. Просто… я всегда знала, как назову кафе. В последнее время я часто думала о том, как бы нам его продвинуть, и вспомнила, откуда взялось название. Корзина может стать нашей фишкой! У нас ведь должно быть что-то оригинальное? Чем не маркетинговый ход?

— Кстати о фишках, не пора ли тебе приготовить суп дня?

— Точно! Слушай, напиши вот здесь мелом: «Лавандовая ветвь — талисман для одиноких сердец», — велела я Эбби, оставив на столе мел и черную дощечку.

— А цена? — спросила она, когда я уже отворяла дверь кухни.

— В подарок к чашечке кофе! — крикнула я.

Пора приступать к ежедневному ритуалу — приготовлению супа дня. Если сегодня воскресенье, значит, нужно достать продукты для острого испанского супа с колбасками. И вновь спасибо бабуле Корнелии, которая безропотно обучала меня готовке. По воскресеньям выручка была приличной, а благодаря испанскому блюду даже появились постоянные клиенты. Я не могла их подвести, поэтому ускорила темп приготовления, вытирая слезы от лука.

Помешивая горячую жидкость, я невольно вспоминала о бабушке и об отце. Пар обдавал мое заплаканное лицо, но я продолжала вдыхать это едва уловимое воспоминание. В тот день мы с бабушкой как раз варили суп, а потом пошли на море. Папа, кажется, учил меня плавать... эх, чертова ностальгия, только настоящих слез мне не хватало!

Отца я потеряла четыре года назад, едва поступив на первый курс. От такого удара я долго не могла оправиться, поэтому некогда приличные оценки, благодаря которым меня и приняли в колледж, снижались по накатанной. Отец сгорел всего за год с того дня, как врач сообщил о третьей стадии рака желудка. Тяжелейшее время моей жизни. Мы всей семьей искренне верили в то, что отец сможет побороть болезнь, даже когда химиотерапия не увенчалась успехом, даже когда он исхудал до пятидесяти восьми килограммов, даже когда целый месяц не мог встать с постели. В тот месяц бабуля Корнелия скончалась от инфаркта, а затем забрала с собой и душу единственного сына. Так всего за год я потеряла двух самых близких мне людей.

Конечно, я любила и братьев, и маму, но та близость, то абсолютное понимание и доверие, что были между мной и отцом… их уже не вернуть. Смахнув ностальгические слезы, я накрыла огромную кастрюлю крышкой и вернулась в зал, как раз когда прозвенел дверной колокольчик.

— Добро пожаловать в «Лавандовую ветвь»! — широко улыбнулась Эбигейл, приветствуя посетителя. — Ах, мистер Берч! Вам, как обычно, эспрессо и суп дня?

— Верно, красавица, верно! — прокряхтел старик. — Селина, здравствуй!

— Добрый день, мистер Берч! — звонко ответила я, поспешно расставляя десерты в стеклянном холодильнике.

— О, это что, фисташковый эклер? Будь добра, милочка, положи мне…

Мистер Берч приходил к нам каждый день. Его хозяйственный магазин размещался как раз «лицом» к каналу в тех самых уютных домах из красного кирпича. Вдовец Берч, как и я, круглосуточно торчал в своей лавке. Его густые брови поседели и нависли над глазами так, что не видно было век. Неизменный серый берет, украшавший полысевшую голову, сполз влево, на нем оказалось несколько дырок.

— Селина, ты все цветешь! Откуда в тебе столько сил? Ты ведь, кажется, без выходных… — Он имел странность не договаривать предложения. Может, просто не тратил свой и без того малый запас жизненных сил.

— Вы видите меня каждый день, мистер Берч, неужто я с каждым днем все краше? — усмехнулась я. — Да и сами вы безвылазно торчите в своей лавке. Почему бы вам не найти сменщика хотя бы на два дня в неделю?

— Что ты, милая! — схватился за сердце старик. — Доверить мои… нет, молодежь слишком безответственна, и потом…

— Ваш суп, эспрессо и эклер. Десерт я упаковала в контейнер, вы ведь, наверное, возьмете его с собой?

Спасибо Эбби, завладевшей вниманием Берча. Я подмигнула подруге и продолжила выставлять выпечку, перемещая ценники.

— Верно-верно, дитя! Уж как облупленного меня…

Мистер Берч забрал свой заказ и отправился в сторону доков. Мы с Эбигейл протяжно выдохнули.

— Слава богу, сегодня без историй о его милой, бедной женушке… — прошептала Эбби.

Я рассмеялась и ушла в каморку, где обычно хранились хозяйственные принадлежности. Мы уже полгода забывали приобрести швабру, поэтому приходилось корячиться с тряпками. Однако пару дней назад Эбигейл одолжила длинную щетку у Буша, владельца чешского паба.

— Эбби, ты опять забыла вернуть Бушу щетку!

— Ах ты черт! Не люблю я этого юмориста! — послышалось из-за стойки.

Вздохнув, я взялась за уборку и, когда полы засияли чистотой, поставила одолженную щетку у вешалки для верхней одежды, чтобы не забыть занести на обратном пути Нилу Бушу.

— Селина, где же твоя логика, почему бы тебе просто не дойти до Берча и не купить у него нормальную швабру?!

Да я и сама задавалась этим вопросом, возможно, ответом была моя лень. После работы я уходила на ватных ногах.

— Кстати, почему бы тебе не прицепить себе талисман? — продолжала Эбби. — Или ты уже давно носишь с собой коварную лавандовую ветвь?

— Зачем же мне ветвь, если у меня есть Коннор? — хмыкнула я.

Эбигейл возвела глаза к потолку и принялась чистить кофейный аппарат. Я знала, что она недолюбливает Коннора, и не раз пыталась понять и уточнить, чем он ей не угодил, но так и не получила вразумительного ответа. Мы с Коннором вместе с первого курса, он появился в моей жизни как раз тогда, когда я нуждалась в поддержке. Только вот… пламя нашей «любви» потухло уже к концу второго курса, и далее мы просто превратились в парочку… партнеров? Я даже не помнила, по какой еще причине встречаюсь с ним. Может, по привычке или из-за ощущения стабильности?

— И все-таки, может, нам нацепить их в качестве броши? — предложила Эбби. — Как отличительный знак нашей… формы.

— Хм, а идея неплохая!

Я вытащила из ящика две булавки и прицепила одну веточку на пышную грудь Эбби и одну на незаметную свою.

— Сел, Коннор заберет тебя сегодня после работы?

Я чуть булавкой не укололась от такого вопроса, а когда заглянула в дразнящие зеленые глаза Эбби, расхохоталась в голос. Эбби не отставала. Коннор — и забрать с работы? Это как? Сколько я здесь работала, столько и ездила на автобусе. В крайнем случае на такси. И не было в этом ничего плохого, скорее я с нетерпением ждала своего музыкального часа. Только я и мои наушники, никакого Коннора нам не нужно.

— Странные вы, Сел, — сказала Эбби, успокоившись. — Вы хоть видитесь?

Я попыталась припомнить, когда в последний раз встречалась с Коннором. Если сегодня воскресенье, значит… в прошлую субботу. Точно, в первый день апреля мы ходили в кино, встретились у кинотеатра, а после разошлись по домам.

— Иногда.

— Иногда? Да я с тобой живу, можно сказать, и что-то не припомню… Погоди, неужели в ту субботу, когда ты попросила меня остаться?

Я промолчала, зардевшись.

— Селина! Это же смешно! Друзьями вас еще можно назвать, но парой?

— Эбби, обязательно говорить обо мне? — устало спросила я, совершенно не настроенная обсуждать свои потухшие страсти.

— Последний вопрос. Вы... спите? — словно секретную тайну, шепнула она мне на ухо.

Я снова невольно рассмеялась и тут же оборвала смех, пытаясь вспомнить, спим ли мы. Если в прошлую субботу было кино, значит, где-то в среду мы спали. Полторы недели — не такой уж и большой срок!

— О чем ты думаешь, а? Лучше переставь сиропы и протри липкие крышки! — скомандовала я и убежала в уборную.

Коннор. Иногда я даже забываю, что состою в отношениях, но вот теперь благодаря Эбигейл перед глазами возник образ этого широкоплечего, коренастого шатена. Вспомнилось, как он улыбался мне тонкими губами и присаживался рядом на физкультуре, где я вечно сидела на скамье, обессиленная горем. Все твердили, что он мечтает затащить меня в койку (ох уж эти стереотипы о качках!), однако он был нежен и заботлив, чем окончательно покорил мое израненное сердце. Возможно (нет, совершенно точно), я чувствовала себя счастливой в первый год наших отношений. Все свободное время мы проводили вместе, но как только получили дипломы, резко отдалились. Коннор теперь работал в конторе отца, они продавали земельные участки. Мы как-то, не сговариваясь, увлеклись своими делами. Во время редких встреч Коннор все чаще стал скучающим взглядом следить за стрелкой часов, участились агрессивные выпады. А я что? Я была слишком увлечена своим бизнесом и финансовыми проблемами в семье, чтобы зацикливаться на отношениях. И если Коннора что-то не устраивало, он ведь всегда мог порвать со мной, разве нет?

Прозвенел колокольчик. Обрадовавшись новому посетителю, я вылетела из уборной и расстроилась. Это была Дороти, местная жительница. Бездомная обитательница доков. Мое ранимое и сострадательное нутро однажды не оставило без внимания голодную женщину, и с тех пор Дороти ежедневно наведывалась за чашечкой кофе и тарелкой супа.

— О, мисс Гарсия! — обратила она на меня свои телячьи бледно-голубые глазки.

— Дороти, мы же договаривались — просто Селина.

Ни о чем не спрашивая, я ушла в кухню, чтобы наполнить для Дороти тарелку супа.

— Твоя доброта не знает границ, — раскланялась женщина.

— Как и ваша наглость, — едко заметила Эбигейл.

— Эбби! — ткнула я ее локтем в бок.

— Селина, этот огненный львенок прав. Я нагло пользуюсь твоей добротой. Обещаю, моя добрая девочка, однажды я отплачу тебе.

— Дороти, хватит разговоров, вы ведь знаете, что я не оставлю вас голодной, — улыбнулась я.

Дороти было всего около сорока. Если ее хорошенько отмыть, приодеть и расчесать, получилась бы вполне приличная, красивая женщина. Сейчас же передо мной стояла потасканная дама в драном зеленом пальто, с копной спутанных бордовых волос. Седина отросла до ушей, губы, как и кожа рук, потрескались от холода. Страшно представить, что бы стало с Дороти, если бы я ее не подкармливала.

Дороти присела за свой любимый столик, тот, что стоял в самом углу, рядом со стойкой. От нее разило помоями и сыростью, но лавандовые ветви этот запах сегодня перебивали — уже как минимум один плюс в пользу моего решения их выставить.

— А что это за корзинка? — спросила Дороти, прижимая ладони к теплому стакану.

— Ветви лаванды. По старинному поверью, они были талисманом для одиноких женщин, — отчеканила я и опомнилась. — Эбби, ты забыла выдать ветвь!

— Так ведь мы выдаем их за *покупку* кофейного напитка... — съязвила она, но тут же вытащила одну веточку и отнесла Дороти. — Вот. Может, и правда сработает.

Дороти лишь усмехнулась, но все же приняла цветок и положила в дырявый карман.

— Воспользуюсь в качестве духов.

— Боюсь, одной веточки мало...

— Эбигейл! — уже строго прикрикнула я.

За весь день к нам пришло всего двадцать человек, включая Берча и Дороти. Выручка оставляла желать лучшего. Эбигейл ушла в семь, ей нужно было подготовить эссе для поступления. Я же, естественно, просидела за столиком у стеклянной двери до самого закрытия, то есть до десяти часов вечера. Накинув объемное темно-серое пальто, я распустила густые волосы, выключила свет, пробежалась глазами по помещению, прихватила швабру-щетку и отправилась возвращать ее владельцу. Обычно вечерами жизнь в доках только начиналась, но сегодня, несмотря на воскресный день, было очень тихо. Оглушительно тихо. Может, Эбигейл сама запуталась в днях недели?

Я вышла из скрытого за домами дворика, повернула направо, бросила взгляд на водную гладь и пошла к пабу Буша. Предвкушая шуточки, которые будет отпускать заядлый юморист Нил, я вздрогнула. Он мечтал стать комиком, но никак не мог пробиться на сцену. Против его юмора я ничего не имела, иногда даже заливалась смехом, но прямо сейчас мне хотелось поскорее запрыгнуть в автобус и посвятить время музыке.

Странно, но даже фонари у доков сегодня не горели. Не было и света, падающего на каменное покрытие дорожки в этот вечерний час. Я посмотрела на экран телефона — даже сеть не ловила, хотя у канала всегда была возможность поймать две палки сети. Стук моих сапог отдавался эхом.

Когда я повернула к нужной двери, в соседнем магазине — хозяйственной лавке Берча — прогремел выстрел.

От неожиданности я подпрыгнула, выронив щетку. А вот от нахлынувшего страха быстро подняла ее с земли и замерла. Грабители? Мистера Берча убили? Сердце оглушительно билось в груди, ноги тряслись, да что там, я была готова расплакаться как девчонка и дать деру, только вот в это же мгновение открылась дверь лавки. От испуга я прислонила к себе щетку, закрыв лицо.

Вот же картина маслом. Рукоятка щетки была тоньше моего запястья, так что она не то что не прикрывала мое тело, но скорее кричала: «А вот и я!» У самой же щетки щетина была редкой, и я, как идиотка, прикрывала ею лицо. На пороге лавки появилась фигура. Всего за пару секунд я заметила, насколько вальяжны движения этого парня или мужчины — в темноте не определишь. Он обернулся. Я четко разглядела его каштановые волосы, отливающие бронзой, но самое главное — глаза. Пугающие глаза. В темноте они напоминали врата в преисподнюю. Мужчина смотрел прямо на меня, да так пристально, что я уже мысленно себя похоронила. Мой камуфляж в виде щетки явно не сработал. Что делать? Броситься бежать или прочесть молитву? Или стоит вспомнить все лучшие моменты жизни? Еще пару секунд, и я от страха грохнусь в обморок.

— Райан, есть там кто? — донесся низкий, скрипучий голос из погруженной во тьму лавки. Только сейчас я заметила разбитое окно и валявшиеся на земле осколки.

— Чисто, — ответил владелец дьявольских глаз, зашел в помещение и закрыл за собой дверь.

Еще пару минут я стояла, прикрываясь щеткой. Страх сковал тело, хотя разум кричал: «Беги, идиотка!» И я наконец побежала. Бежала не оглядываясь, не останавливаясь, наплевав на брошенную прямо в Бирмингемский канал щетку Нила Буша.

ГЛАВА 2

ВОДИТЕЛЬ АВТОБУСА МЕНЯ УЗНАЛ и поздоровался, я кивнула, протянула дрожащими руками мелочь, убежала в самый конец и плюхнулась на излюбленное сиденье с поручнем, на который всегда клала руки и голову, слушая музыку. Руки не слушались, наушники упали на грязный пол, и мне потребовалось еще минут пять, чтобы распутать их непослушными пальцами. Как только я включила «Bitter Sweet Symphony», дрожь унялась. Ноты любимой песни струились в уши, успокаивая, обволакивая. Осталось выждать, когда мое сумасшедшее сердце поутихнет. Мистер Берч! Взглянув на сетевые палки телефона, я хлопнула ладонью по коленке — сеть наконец обнаружилась, и я тут же набрала номер полиции.

— Полиция Бирмингема. Что у вас произошло? — Сеть барахлила, поэтому голос в трубке хрипел.

— Добрый вечер! На территории доков, у Бирмингемского канала, в хозяйственной лавке прогремел выстрел.

— Уточните, кто-то ранен?

— Возможно… — сглотнула я. — В магазине работает мой знакомый, но я встретилась лицом к лицу с бандитом и убежала. Боялась, что…

— Мы отправим патрульных осмотреть место происшествия. Ваша заявка принята. Вы видели стрелявших?

— С-спасибо. Нет, я…

— Назовите, пожалуйста, ваши дан…

Громкий хрип. Я оторвала телефон от уха — сеть снова захворала. Черт с ними, моими данными, лишь бы заявку действительно выполнили. Теперь можно и поразмыслить над тем, что произошло. Разбитое окно лавки, выстрел… Ограбление? Был ли мистер Берч в тот момент в магазине? Если да, значит, я струсила и убежала, спасая свой зад. Если нет — тогда зачем устроили разгром и в кого стреляли? Мелодии в ушах сменяли одна другую, ритм менялся, я не успевала переключать нагнетающие ужас песни. Не успевала и за ходом мыслей. Глаза ослепили фары проезжавшего автомобиля, я прищурилась и быстро повернула голову, заметив через двери, что мы едем по моей улице. Уже?

Двери распахнулись, я вылетела из автобуса и поспешила к подъезду. Еще никогда мне так остро не хотелось попасть домой. Наша семья обосновалась в многоквартирном доме, не самом бедном, конечно, но все же уступающем частным домам и элитным многоэтажкам. Лифт остановился на пятом этаже, и, не прекращая нервно напевать играющую песню, я ворвалась в квартиру, напугав маму.

— Селина! — ахнула она, уронив ботинки Пабло.

— Привет, мам, — пробормотала я, убирая наушники и избавляясь от тяжести пальто.

— Как дела, детка? — спросила она, следуя за мной на кухню.

— Нормально, — кратко ответила я, осушая стакан воды. — Пабло и Мэттью дома?

— Мэттью весь день проторчал дома, этот лентяй даже не соизволил поменять постельное белье! А Пабло сегодня у Евы.

Ева была невестой моего старшего брата Пабло. Из-за приближающейся свадьбы наши и без того хилые сбережения грозили вовсе исчезнуть. Я ничего не имела против Евы, тем более что у нее тоже были испанские корни и яркая внешность: волосы цвета воронова крыла и глаза, подобные двум лазуритам, приковывали внимание с первых секунд. Пабло было известно о нашем положении, но он все равно настаивал на пышной церемонии.

— Понятно.

— На тебе лица нет, Сели…

— Устала, очень устала.

И это было правдой, я еле стояла на ногах.

— Что ж, тогда поспеши в постель. Завтра Эбби, вероятно, будет в школе, и тебе придется приехать к открытию?

— Зачем ты напомнила... — простонала я и капитулировала в постель.

В этом доме у меня одной была собственная комната. Пабло стукнуло двадцать шесть, а он все еще делил спальню с Мэттью. Мама же ночевала в гостиной, переходящей в кухню. Но по крайней мере у нас была крыша над головой в отличие от Дороти.

Стягивая с себя одежду, я ойкнула от боли. Что-то укололо грудь — булавка, на которую Эбби днем прикрепила лавандовую ветвь, только вот сама веточка пропала. Наверное, свалилась по пути. Не беда, завтра нацеплю новую. А пока мне срочно требовались постель и телефон — я собиралась позвонить Коннору. После долгих гудков ожидания я все же услышала голос по ту сторону трубки.

— Да? — прохрипел он сонно.

— Привет. Спишь?

— Уже нет. Что ты хотела?

— Во-первых, поговорить, а во-вторых... ты не мог бы... встретить меня завтра с работы?

Повисло молчание.

— Встретить? На машине?

— Угу. Сегодня возникла такая страшная ситуация, что я...

— Слушай, Сел, мне завтра к шести утра в контору. Нужно выспаться. Давай я встречу тебя во вторник, завтра столько дел вечером...

— Но ты ведь даже не выслушал...

Гудки. Он что, бросил трубку? Супер. Впервые мне было по-настоящему обидно. Меня чуть не укокошили, а он и слушать не захотел! Где же тот улыбчивый, заботливый парень? И черт с ним. Мне тоже нужно хорошенько выспаться. Рассвирепев, я повернулась к стенке, укуталась в одеяло и закрыла глаза.

Он стоял передо мной. Шляпа сдвинута набок, открывая темные волосы с бронзовым отливом. От черного пальто резко пахло табаком и порохом. Глаза самого дьявола смотрели на меня, его рука скрывала что-то за спиной. Я не могла отвести взгляд. Что он прячет? Пистолет? Кинжал? Мое подсознание подкидывало догадки, кричало: «Спасайся!» — но я почему-то не могла пошевелиться. Как только он дернул рукой и наставил на меня дуло пистолета, я с криком подпрыгнула в кровати, широко распахнув глаза.

Телефон сообщил, что сейчас только шесть утра. Должно быть, Коннор уже в конторе, и поделом ему. Я вновь упала на подушку, откидывая вездесущие волосы. Ощутив потную простыню, вспомнила свой кошмар. Доки. Выстрел. Щетка. Глаза дьявола. Далее я принялась вертеться с боку на бок точно в приступе психического припадка. Мистер Берч! «Идиотка!» — отругала я себя.

Страх накрыл меня паралитической волной. Я уже и не помнила, когда в последний раз бегала, а чтобы так быстро, как вчера, и вовсе не случалось. Воспоминания о вечере уже не дадут мне уснуть.

В голове то и дело повторялся звук выстрела, бьющий по перепонкам, а перед глазами маячил призрачный образ бандита. Но нужно было бороться с эмоциями — я чувствовала ответственность за то, что еще не разузнала, как там мистер Берч.

Выйдя из комнаты, я вдруг осознала, какое это счастье — просыпаться первой в большой семье. Свободная ванная, пустая кухня, да и туалет в моем распоряжении. Так можно и размечтаться о собственном жилище! Сходив в душ, я обернула волосы полотенцем и пошла шарить в холодильнике. Вчера мама приготовила сырные и мясные лепешки — то, что доктор прописал. Знаю, многие от стресса теряют аппетит, а у меня он, наоборот, становится зверским. Мои округлые ягодицы тому свидетели.

— Дева Мария, ты что здесь делаешь?

Эх, недолго музыка играла…

— Привет, Мэтт. Так, захотелось собраться и позавтракать в тишине.

— И ты пожертвовала сном?! Ты?!

— Как видишь. Будешь лепешки?

— Я за ними и пришел.

Мэттью было семнадцать, как и Эбигейл. Младший сын Хавьера Гарсия походил на отца разве что широкими плечами и ростом в отличие от старших детей. Мы с Пабло и между собой были сильно схожи — пухлыми губами, широким носом и темными, шоколадными волосами. А еще смуглой кожей. Мэттью считался бы приемным, если бы не был так похож на маму. Элейн Гарсия, урожденная Гилмор, обладала светлой, почти прозрачной кожей. Ее блеклые голубые глаза, узкий рот, высокий лоб и тонкий носик — все это передалось младшему из детей.

— Давно ты виделся с Эбигейл? — рискнула спросить я.

— Эм… мы вообще-то в одном классе учимся, — потупился Мэттью, поправляя длинные белесые волосы.

— Да я не о таких встречах!

— Ну, я забегал в кофейню в прошлую субботу. Мы вместе ехали до дома, ты еще в тот день ушла раньше. А что?

— Да так просто…

Мэттью сдвинул брови, но ничего не ответил и принялся уплетать лепешки, запивая их чаем. Я и не заметила, как минутная стрелка приблизилась к семи. Пора придавать моему опухшему лицу праздничный вид. Вернувшись в комнату, я сбросила полотенце на уже застеленную односпальную кровать. Комнатка у меня была маленькая, и, чтобы вместить комод и косметический столик, пришлось пожертвовать широкой периной. Перед зеркалом я накрасила густые, но не слишком длинные ресницы, подводкой подчеркнула глубину голубых (редкость для испанцев, спасибо маме) глаз, оставила нетронутыми пухлые губы и высушила волосы. Моя длинная волнистая грива приносила массу проблем, но состричь концы больше чем на пять сантиметров я не решалась. Не хочу, и все тут. Не могу объективно оценить свою внешность, но волосы всегда вселяли уверенность, что одних моих темных кудряшек достаточно для того, чтобы отвлечь взгляд от широкого носа с горбинкой.

Я вдруг почувствовала странный приток тепла, словно к спине обогреватель приставили. Шокированная, я обернулась к окну. Это что? Солнце? В Бирмингеме? По такому случаю можно и платье надеть! Сорвав с вешалки легкое красное платье в пол, расшитое мелкими белыми цветочками, я быстро оделась, традиционно огорчившись видом своих бедер. Разве могут к узким плечам и тонкой талии прилагаться такие пышные ягодицы?! Эбигейл утверждала, что именно этой частью тела я цепляю мужчин. О каких мужчинах шла речь, осталось загадкой.

— Селина, завтрак! — донеслось из кухни.

— Спасибо, мам, я уже ела.

— Когда?! Ты что, уже собралась?! — Мама удивленно смотрела на меня, вытирая руки полотенцем. — Что это с вами сегодня? Мэттью ушел ни свет ни заря — к первому уроку…

— Весна, наверное! — Я не стала уточнять, что спешу проверить разграбленную лавку и удостовериться, что мой «сосед» жив. — Пока, мамуля!

Автобус пришлось ждать минут двадцать, но я ничуть не расстроилась, радуясь редким солнечным лучам. Воткнув наушники, я с наслаждением погрузилась в мир своих грез. Сегодня мой маршрут начался с Arctic Monkeys — «Do I Wanna Know?». Эта песня наполняла страстью, которая дремала во мне вот уже двадцать третий год, не получая возможности вырваться наружу. Помимо меня в автобусе было всего две старушки, поэтому я не стеснялась петь вслух. В остальном я была довольно скромной, но когда дело доходило до музыки…

Я наблюдала за машинами, продолжая протягивать мелодию, пока пассажир болотно-зеленого внедорожника слева от автобуса не выставил руки из окна и не поднял большие пальцы вверх. Смущалась я недолго — как только автобус свернул налево, я продолжила напевать.

— «Снова ползу к тебе…» — совсем уж распелась я, пока сам водитель не похлопал меня по плечу.

Я и не заметила, что мы подъехали к докам.

— Спасибо, мистер Диккенс, — бросила я и выскочила на улицу.

Я была знакома с тремя водителями лично, настолько часто ездила по их маршруту. Часы на главной высокой башне кирпичного здания отбивали восемь утра, но вместо того, чтобы открыть кафе, я ринулась к хозяйственному магазину. Осколки прибрали, и, видимо, ночью разбитое оконное стекло было заменено на новое. Будто ничего не произошло. Но ведь я точно слышала выстрел!

На двери висела табличка «Закрыто». Странно, магазин открывался, как и мое кафе, в восемь. Мистера Берча не видно; может, и не было его вчера вечером в магазине? Так кому же потребовалось разбивать окно, стрелять, а затем все это дело восстанавливать? Чертовщина.

— Мисс Гарсия, сногсшибательное платье! — О нет… навстречу мне шел Нил Буш. — Моя бабуля Сэсси как-то навещала нас в подобном, и…

— И тебе доброе утро, Нил. — Низкосортный юморист! — Ты не слышал вчера здесь никаких… звуков?

— Ты о выстреле? О полицейской сирене? — прямо спросил он. — Или о том, что утром я нашел свою щетку, плавающую у помоста?

Я мило улыбнулась, блеснув зубами и надеясь, что буду прощена.

— Как только мистер Берч придет, куплю тебе новую, — пообещала я.

— Мистер Берч не придет, — резко ответил он, скрестив руки на груди.

Мое сердце подпрыгнуло. Нил Буш подошел ко мне почти вплотную, загораживая собой солнце. Его пшеничные волосы были приглажены гелем, а серые безжизненные глаза уставились на мое тело. Несмотря на теплый день, я ощутила бегущий по коже мороз.

— Почему… не придет?

— Ты ведь слышала выстрел.

— О господи… — Я прижала руку к щеке. — Неужели его… Я ведь вызывала полицию…

— Типун тебе на язык! Жив и здоров твой старик! Только вот магазина у него больше нет.

Я снова посмотрела на закрытую дверь. Да вот же он — стоит, где и стоял.

— Ты слышала о банде Эльберга? — спросил Нил, переходя на шепот.

— Нет, я вообще ни о каких бандах не слышала. Только об итальянской мафии, и то…

— Нет, это не мафиози. Хотя, может, в Италии они бы ими и были. Короче говоря, Эльберг давно скупает недвижимость в районе доков, и не только — его банда также орудует в Лондоне.

— И до них до сих пор не добралась полиция? Разве сюда не приезжал полицейский патруль?

Нил Буш улыбнулся так, будто я выпалила несусветную чепуху.

— Ох, Селина, в наивном мире ты живешь. Может, тебе еще за моей спиной единороги с радугой мерещатся? Были здесь твои стражи порядка. Только не нашли никого. Явились минут через двадцать-тридцать после выстрела. Окно успели заменить, лавка оказалась пуста.

Захотелось плюнуть ему в лицо, но я удержалась. И как этим негодяям удалось так быстро замести следы?!

— Нил, если тебе нечего мне больше сказать о выстреле и мистере Берче, то мне пора открывать кафе.

— Я просто скажу, чтобы ты была осторожна. Особенно по вечерам.

— А сам ты соблюдаешь осторожность? В твоем пабе еженедельные разборки, переходящие в драки.

— Поверь, местные пьянчуги — меньшее, что должно меня беспокоить. На то у меня и паб. А вот когда в гости заходят члены банды Эльберга, вот тогда...

— Погоди, ты знаком с ними лично?

— Конечно, нет, образно выражаюсь! Никто не видел людей Эльберга в лицо. Ты что же, думаешь, они убивают и воруют напрямую? Их действия никто не успевает отследить, потому что они идеально заметают следы. Устраивают несчастные случаи тем, кто отказал им в... поддержке.

Я снова осмотрела тропу, очищенную от осколков.

— Беги, Селина, мне и самому пора принимать товар, — наконец попрощался Нил и повернул к своему пабу.

Я мотнула головой, усваивая информацию. Сегодня вывеска моей кофейни не вызвала благоговения, оттого я быстро провернула ключ и сразу приступила к подготовке аппаратов. Так же спешно приготовила суп дня — по понедельникам был луковый, — расставила сэндвичи, записав в телефон, какие подходили к концу, чтобы заказать поставку. Понедельник — скучный день. Да и вообще по будням редко захаживали туристы, иногда везло на офисных работников, отлучившихся в обеденный перерыв за чашечкой кофе. Но сегодня мне хотелось видеть только одного посетителя — мистера Берча. Мне было необходимо лично удостовериться, что он в порядке, и разузнать у него о продаже магазина, потому как Нил своей манерой речи выводил меня из себя.

Оставалось только ждать приезда Эбби, без нее здесь было слишком тихо. С одной стороны, было время насладиться ароматом лаванды, тишиной, почитать книгу за стаканом кофе, с другой — мысли норовили захватить мой беспокойный разум. Я не бывала в кафе уютнее «Лавандовой ветви», но и прибыли она толком не приносила. Нужно было раскручивать, рекламировать свое дело.

Сегодня — то ли редкое солнце так повлияло на англичан, то ли весна совсем уж разыгралась — за каких-то пару часов я обслужила уже двадцать клиентов! Как не вовремя Эбби взялась за гранит науки. К обеду зашла Дороти. Я без слов поставила чашку латте и тарелку супа на ее столик. Расщедрилась и на круассан — после такой-то выручки.

— Селина, да ты меня балуешь! — смеялась женщина. Смех ее напоминал двигатель грузовика.

— Не знаешь, отчего сегодня так много народу в доках?

— Говорят, на месте хозяйственного магазина сегодня откроют антикварную лавку. Может, хотят поучаствовать в аукционе?

— Аукцион? Лавка? Да там же места не хватит, чтобы собрать стольких людей.

Зачем вообще понадобилось открывать антикварную лавку? Их полным-полно в столице, популярностью они не пользуются. В доках у нее вообще нет будущего.

— А черт их разберет, дорогая. Я в заскоках богачей не разбираюсь. Что же до аукциона, так его будут проводить перед твоей «Лавандовой ветвью».

— Чего?

Я присела на соседний с Дороти стул, ничуть не смущаясь ароматного букета, исходившего от нее.

— Да вот же, милая, уже и стулья расставили.

Теперь пришлось подойти к двери. И как я не заметила огромную сцену посреди нашего дворика?

— Это в честь открытия.

На стульях уже разместилось с десяток людей, все они выглядели так, точно доход их был выше среднего. Половина мило беседовала между собой, другая половина вела себя сдержанно, холодно.

— Кошмар… — протянула я.

— Теперь тебя не радует возможная выручка?

Я не ответила, вернулась за кассу и пересчитала деньги. Дороти уже ушла, когда в кафе вошли две светские леди. От них за версту разило роскошной жизнью, начиная с элегантных пальто, заканчивая туфельками от Джимми Чу. Их прически отвечали последнему писку моды. Обе блондинки улыбнулись мне яркими губами.

— Добрый день! Средний латте, пожалуйста.

— Здравствуйте, конечно. Сироп?

— С миндалем.

Блондинка, делавшая заказ, продолжала улыбаться, располагая к себе, в то время как вторая, чьи алые губы надменно сжались, избавившись от доброжелательной улыбки, разглядывала десерты, пока взгляд ее не остановился на корзинке с лавандой.

— Подскажите, а что у вас за суп дня? — спросила милая блондинка.

— Сегодня — луковый.

Ту, что была с алыми губами, передернуло.

— Вам тоже кофе? — решилась спросить я.

— Угу. Большой латте. Есть кокосовый сироп?

— Конечно.

— Отлично. Еще упакуйте мне кусок «Красного бархата».

Отдав милой женщине сдачу, я взялась за заказ Стервеллы*. Аккуратно положив контейнер с тортом на дно бумажного пакета, я придвинула ей терминал для оплаты картой.

— Что за талисманы? — спросила миловидная женщина, кивнув в сторону таблички, расписанной Эбби.

— О! — Я совсем забыла, что следовало вручить веточки вместе с кофе. — По старинному поверью, лавандовая ветвь способствовала встрече с мужчиной. С настоящей любовью. Талисман прилагается к чашечке кофе!

— Шерил, это то, что надо! Отдайте ей обе! — расхохоталась обладательница миндального латте.

Шерил бросила на нее кроткий уязвленный взгляд.

---

* Стервелла Де Виль — отрицательная героиня мультипликационного фильма «101 далматинец».

— Чушь собачья, — бросила она мне.

— Я не настаиваю. Веточка лаванды может быть использована и как аксессуар, который придется очень кстати на вашем белоснежном пальто, — улыбнулась я как можно шире и достала булавку. — Вот, можете прикрепить.

Шерил была удивлена моей навязчивостью и все же не возразила, когда я прицепила ей импровизированную брошь. Только сейчас я догадалась, что ей, вероятно, неприятно носить на своих дорогих одеяниях чахлую ветвь.

— Спасибо за кофе, — монотонно произнесла Шерил и застучала каблуками к выходу. — Мадлен, поспеши!

— Вот, это вам. За выдержку, — хихикнула Мадлен и бросила в копилку с надписью «Коплю на отпуск» пять фунтов.

Не успела я возразить, как обе блондинки выбежали из кофейни, оставив за собой душистый шлейф. До чего удивительный день! Либо судьба смилостивилась надо мной после пережитого ужаса, либо мне стоило благодарить этого Эльберга за аукцион, если, конечно, он к нему причастен.

Еще через два часа явилась запыхавшаяся Эбигейл. Мне моментально передались ее неуемный энтузиазм и склонность к болтовне.

— Эбби! — Я крепко сжала ее в объятиях.

— Сел, что это с тобой? — подозрительно оглядела меня подруга. — И что это за аншлаг во дворе?

Я рассказала Эбби о том, что магазинчик Берча перекупили, но опустила историю с выстрелом и бандой, опасаясь за свою несовершеннолетнюю девочку, так как знала ее пронырливость и излишнее любопытство. Стоило ей рассказать о криминале, и она непременно бы пошла к Нилу выяснять подробности.

— Удивительно. Старик Берч вот так взял и продал свое сокровище?

— Сама в шоке, — убедительно взмахнула руками я.

— Ого! — воскликнула Эбби, увидев наличку за кассой. — Да сегодня денежный дождь! Не хочешь посетить аукцион?

— Для чего? Еще отчетливее ощутить свою финансовую дыру?

— Может, будет что-нибудь интересное! Давай отдохни!

Эбигейл накинула на меня мое же пальто и вытолкала за дверь моей же кофейни. Ах, настоящий бесенок!

Я выбрала самое неприметное место в последнем ряду и со скучающим видом рылась в телефоне, пока оглашали лоты. Только изредка округляла глаза от запредельных сумм, предложенных за старые безделушки. Признаюсь, некоторые из них были действительно красивы, и будь я немножко богаче, обязательно бы приобрела что-нибудь для украшения «Лавандовой ветви».

Надо же, я и не слышала, что Коннор мне писал:

К: Привет. Завтра не получится тебя встретить, улетаю в Канаду.

С: Ты считаешь, что бросать трубки — нормально? Ты ведь даже не дослушал мою историю!

Да, я возмутилась. За четыре года я еще ни разу не закатывала Коннору сцен, но его равнодушие выбило меня из колеи. Минут через десять телефон завибрировал:

К: Ты разбудила меня среди ночи! Перед ответственным днем! Что там у тебя?

С: Ничего.

К: Шутишь? К чему тогда наезды?

С: Когда мы увидимся?

К: Можно в воскресенье, но ненадолго. И это пока не точно.

С: Ясно. Напиши мне в субботу.

К: Пока.

Вот это диалог! Сама общительность. Пытаясь разобраться в своих чувствах, я не ощутила ни обиды, ни грусти. Мы настолько отдалились, что я не испытывала горечи или гнева, лишь смиренно вздохнула и отложила телефон. К черту аукцион, скукотища. Я вернулась в кафе, где Эбигейл обслуживала целую *очередь*. Очередь в «Лавандовой ветви»? Да сегодня никак солнечное затмение?

— Добрый день! Что будете заказывать? — встала я рядом, разделяя очередь пополам.

Заказы сыпались и сыпались, и так до самого вечера. Эбби умчалась домой в районе девяти, оставшийся час я перебирала полки за стойкой и откладывала крупную выручку в кошелек, чтобы отвезти домой. Раз уж здесь орудует банда, то и без того скудные сбережения следовало припрятать.

Раздался звонок колокольчика.

— Еще работаете?

— Да-да! — бросила я, продолжая сидеть на корточках и захлопывая последний ящик.

Расправив платье, я обернулась к гостю с лучезарной улыбкой.

— Что будете за…

Я онемела. Улыбка померкла. Дьявольские глаза, сводившие меня с ума всю ночь, смотрели прямо на меня.

ГЛАВА 3

— ЗАКАЗЫВАТЬ? ХОЛОДНЫЙ КОФЕ ДЕЛАЕТЕ?

Его голос пробудил во мне чувства, схожие с теми, что вызывали песни. Не самые добропорядочные. Глаза Дьявола сверкнули озорным огоньком, он сложил руки на стойке, приблизив ко мне лицо. Не буду юлить, лицо было красивым. Даже чересчур. Отросшая щетина, ровный острый нос, длинные ресницы и поблекшие веснушки на переносице. Шляпу он снял и держал в сложенных руках, демонстрируя каштановые волосы с бронзовым отливом. Пытливая улыбка не сходила с его губ. Весь его вид заставлял трепетать и в то же время опасаться. Руки затряслись, и все, чего мне хотелось, так это кинуть в него круассаном. Или тортом.

— Ку-ку?

— Убирайтесь, — процедила я. Понятия не имею, откуда взялась эта смелость.

— Вы всех клиентов так обслуживаете? — злорадно хмыкнул он.

— Нет, только преступных мерзавцев! — Теперь улыбнулась я.

Дьявол сдержал смешок.

— Значит, не будет никакого кофе?

— Если не хотите схлопотать ведром по голове — нет, не будет.

Я сжала руки в кулаки, выпрямила спину и напрягла глаза, чтобы этот негодяй не подумал, будто я избегаю его темных очей.

— И никакой благодарности… В любом случае я хотел вернуть талисман. Судя по корзинке, он ваш.

Дьявол, или… кажется, его звали Райан? В общем, он положил на стойку ветвь лаванды и медленно придвинул двумя пальцами ко мне.

— И как, работает? — ухмыльнулся он.

— Кажется, вместо мужчины я привлекла нечисть, — заметила я.

Теперь Дьявол дал волю смеху. Его раскатистый томный хохот разнесся по кафе.

— Доброй ночи, мисс Лаванда, — улыбнулся он. — Надеюсь, в следующий раз вы будете более клиентоориентированы, не то придется писать жалобу…

Я замахнулась на него термокружкой и швырнула ее со всей силы, только вот Дьявол уже успел скрыться за дверью, и кружка с грохотом ударилась о столик. Вопиющая наглость! Во мне бурлила ярость, граничащая с ненавистью.

— Заявился в мое кафе! — обращалась я к кассовому аппарату, закрывая смену. — Хорошо хоть без пистолета!

Пистолет. В голове тут же прозвучал ночной выстрел, оглушительный, способный заковать в путы страха. Пока я одевалась, осознание произошедшего навалилось с новой силой. Я нахамила члену банды. Члену крупной, безжалостной банды. Теперь меня ждет несчастный случай или откровенное огнестрельное ранение в лоб? Нет, все же стоит настоять на том, чтобы Коннор отныне забирал меня после закрытия.

Сегодня наушники в моих ушах появились раньше, чем я села в автобус. «Why'd You Only Call Me When You High?» заполонила сознание приятным голосом солиста группы Arctic Monkeys. Я тихо напевала финальный припев на остановке, не замечая прохожих.

Домой я снова заявилась на нервах и вздрагивала от гудков автомобилей снаружи. У мамы, как и у многих матерей, была способность считывать состояние своего ребенка по одному взгляду. Она не попросила помощи ни в уборке, ни в готовке, потому что понимала мою усталость. Мне не хотелось разговаривать даже с братьями, я мечтала завалиться и хорошенько выспаться. Но Дьявол и сегодня нарушил мой сон, несколько раз выстрелив в меня в царстве Морфея.

— Вот же черт! — выругалась я, подлетев в постели. — Четыре утра?!

Бухнувшись на подушку, я постаралась уснуть. Нет уж, сегодня мне следовало подремать хотя бы до семи часов. Только вот мой разум не был со мной солидарен и принялся анализировать недавнюю встречу. Дьявол заявил, что от меня не последовало никакой благодарности. И за что же мне быть благодарной?! Наглец. В памяти всплыл вопрос: «Райан, есть там кто?» Он прикрыл меня. Дьявол не выдал моего присутствия и за это теперь ожидает благодарности?

Я снова села, только сейчас осознав, какой опасности подвергла себя прошлой ночью. Ведь в лавке был кто-то еще, и одно мое неловкое движение, шум, возглас или слово Райана, и… Нет, на ночь глядя не стоит думать о других стечениях обстоятельств.

Осталось принять тот факт, что он выгородил меня. Но зачем? По сути, я представляла опасность. Банда Эльберга, по словам Нила, коварные профессионалы, неуловимые преступники, которых даже полиция не может отследить. Как непринужденно они очистили улицы в тот вечер, как грамотно подстроили скачок электричества, отключив фонари. Я была лишними глазами. Свидетелем. Но о моем присутствии все же знал один человек, и только Богу известно, *что* его падший ангел сделает с этой информацией. Переутомившись от размышлений, я все же уснула.

* * *

Неделя пролетела незаметно. Спокойный, привычный ритм был нарушен, а потому и время ощущалось иначе. Меня слово выдернули из затяжной спячки. Коннор все это время работал в Канаде, сообщений и звонков от него не поступало. Лишь в субботу я получила сообщение:

К: Завтра заеду за тобой в кафе в шесть вечера.

С: Ок.

Это был наш первый диалог после той переписки на аукционе. Он не интересовался моими делами, я не расспрашивала о Канаде. Если бы нс его сообщение, я бы и забыла про воскресенье. В мое кафе повалили клиенты, а потому все свое внимание я концентрировала на том, чтобы создавать для них вкусный кофе, качественный обед и уют. «Лавандовая ветвь» обзавелась новыми постоянными гостями, в частности женщинами, слышавшими от Шерил и Мадлен о забавном талисмане. Смех смехом, а глаза этих дам пылали интересом, когда вместе с чашечкой кофе они получали заветную ветвь.

Аккаунт «Лавандой ветви» в социальных сетях тоже набирал обороты. Посетители ввели хештег, по которому делились фотографиями кофе, веточками и надеждами на то, что талисман действительно сработает. И самое важное, Дьявол больше не заявлялся в мою кофейню.

Наступило воскресенье. При мысли о скорой встрече с Коннором внутри разыгрался давно потухший трепет. У меня было предчувствие, что после долгой разлуки отношения заиграют яркими красками. Однако ни сердитая физиономия

Коннора, выглядывающего из-за руля своего BMW, ни новость о том, что мы снова пойдем в кино, не оправдали моих ожиданий.

— Как Канада? — спросила я, запрыгивая на пассажирское сиденье.

— Нормально, — отвечал он протяжно.

— А в конторе как дела? Прибыль увеличилась?

— На восемь процентов.

— Как твои родители?

— Улетают в Грецию, контора будет на мне всю неделю.

— Понятно.

Ни одного вопроса обо мне, ну и ладно. Он, кажется, даже ни разу не взглянул на меня, а ведь я специально вырядилась в его любимую полупрозрачную водолазку цвета оникса и черную облегающую юбку до колен.

— Что будем смотреть?

— Выберем на месте.

— Слушай, может… сходим в кафе?

— Тебе свое-то не надоело? — парировал он, все же обратив на меня взгляд покрасневших глаз.

— Ну, можем прогуляться в Кэннон-Хилле.

Он устало вздохнул и забарабанил пальцами по рулю, часто поглядывая в телефон. Но не на время, нет. Экран был разблокирован, Коннор обновил мессенджер.

— Какие-то дела?

Я будто вернула его на землю, Коннор тут же нажал кнопку блокировки и убрал телефон.

— Ладно, парк так парк.

Шины заскрипели на развороте, и автомобиль двинулся в сторону моего самого любимого места в Бирмингеме. После доков, конечно.

В парке Коннор держался отстраненно, сначала попробовал взять меня за руку, но почему-то сразу полез в карман за телефоном. Любопытно, его интерес связан с работой или…

— С кем переписываешься?

— Не твое дело.

Я словно оплеуху получила. Скрестив руки на груди, я устремила на него гневный взгляд, остановившись прямо посреди тропинки.

— Коннор, что происходит?

— Ничего не происходит.

— Зачем мы здесь?

— Шутишь? Это ведь тебе приспичило прогуляться.

Его тонкие губы сомкнулись, а русые волосы растрепались на ветру.

— Я имею в виду, зачем мы вообще встретились? Неужели тебя не напрягает то, что между нами происходит? Мы видимся раз в неделю-две. Общаемся, как… едва знакомые.

Его глаза цвета грецкого ореха смягчились.

— Мы просто заняты своими делами. У тебя кафе, у меня контора.

— И что? Ты мог бы забирать меня по вечерам, ведь ты заканчиваешь не позже шести…

— Не всегда. Ты представляешь, какие это затраты? Как материальные, так и моральные. К девяти я с ног валюсь.

— Тогда ответь на вопрос: *зачем мы вместе?*

Коннор отвел взгляд на цветочную клумбу, пестрящую маргаритками.

— Затем, что мы вместе целую вечность и дороги друг другу.

— А дороги ли?

Его пальцы притянули мой подбородок, а губы нежно прижались к моим губам. Я вдохнула родной аромат сандалового дерева, прижавшись к его груди.

— Поехали ко мне?

Я согласилась. В конце концов, физические потребности (правильнее сказать, потребность в сексуальных утехах) никто не отменял, а я знала, зачем мы едем к нему. Не представляю, откуда в нем проснулось резкое желание. А может, оно томилось все это время, и теперь мы полночи не могли уснуть. Я доводила его до изнеможения сверху, он демонстрировал свою власть, пристроившись сзади. Мы заснули в объятиях, о которых позабыли несколько месяцев назад.

Я проснулась первой. Что-то настойчиво тренькало, и, разлепив глаза, я увидела телефон Коннора на прикроватной тумбе. Солнце взошло, возвещая о наступлении понедельника, и, черт возьми, я могла проспать работу! Схватив телефон Коннора, чтобы взглянуть на время, я наткнулась на пару уведомлений. Кровь застыла в жилах.

Ким: Куда ты пропал? Ты ведь обещал заехать за мной.

Ким: Так дела не делаются, Коннор! Ты ведь писал, что скучаешь!

Я сглотнула подкатившую тошноту. Медленно положив телефон на место, встала с кровати на ватных ногах. «Дыши, Селина, дыши», — повторяла я, стараясь унять ноющее сердце и подступающую рвоту. Я взглянула на Коннора. Русая шевелюра, мокрая от пота, закрывала лоб. Лицо источало умиротворение, спокойствие. Этот козел был спокоен, а я... разрывалась на тысячи частей!

Не помню, как оделась и как мне удалось бесшумно удалиться из его дома. Семья Коннора жила в районе шикарных частных домов, и добираться отсюда на работу было намного сложнее и дольше, чем если бы я ехала из своего района. Я последний раз посмотрела на его роскошный дом. Окна третьего этажа были нараспашку — ночью нам стало жарко, и мы решили впустить прохладу. От воспоминаний о его прикосновениях я вздрогнула, с ненавистью оглядела белую, окруженную кустами пионов беседку и бросилась наутек.

Слезы обжигали щеки, пока я ждала такси. Я редко пользовалась таким элитным способом передвижения, но других вариантов, чтобы успеть к открытию, не было. Как только я села в машину, сразу достала телефон и принялась строчить Эбигейл:

С: Эб, ты сегодня в школе?

Э: И тебе доброе утро. Нет, сегодня у нас матч в другой школе, так что я пас. Я уже на подъезде.

С: Слушай, я приеду к вечеру, ладно? Часам к семи, и ты сразу поедешь домой.

Э: Что-то случилось?

С: Усталость навалилась. Пожалуйста, угости Дороти в мое отсутствие.

Э: сердитый смайлик

— Будьте добры, сверните к Стейшн-стрит, — обратилась я к водителю.

— Как скажете.

Мы подъехали к кинотеатру. Мне отчаянно хотелось убежать, спрятаться, упасть и утонуть в слезах. Только бежать было некуда. Дома слишком много лишних глаз, на работу с красными глазами я заявиться не могла, в парке… в парке мы были вчера с Коннором, и это только сильнее ранит сердце.

В кино идти передумала, представив, как будут беситься зрители, слушая мои завывания. Пришлось бродить по улицам неприкаянной. Я купила багет и присела на лавочку, чтобы покормить голубей или чтобы самой пожевать теплое тесто — не знаю. Я ничего не чувствовала, кроме адской боли, вызванной предательством. Как ни пыталась я истолковать сообщения некой Ким, у меня не нашлось ни одного разумного объяснения. Точнее, аргумента в защиту Коннора.

Интересно, думал ли он о ней, когда приглашал меня к себе? Когда зажимал в кулак мои волосы и ненасытными толчками возвращал меня к жизни? Наверное, думал. Ведь все пошло не по плану. Вместо быстрого просмотра фильма и встречи с Ким ему пришлось таскаться по парку. Вероятно, не получив желаемого от Ким, он решил снизойти до меня. Просто удивительно, что он меня выбрал.

— Вот вы все кормите этих крылатых тварей, а они гадят по всей аллее! — буркнула проходившая мимо старушка.

Я покосилась на нее и воздержалась от комментариев, но кормить голубей не прекратила. Совсем забыла о музыке! Утерев слезы, я включила Лила Пипа «Star Shopping». «Не могла выбрать еще более трагичную песню?» — спросил у меня разум, и я тут же послала его подальше, слушая любимого исполнителя. Пока я наслаждалась красивым текстом песни, пришло сообщение от Коннора:

К: Ты на работе? Почему не разбудила?

Я заблокировала телефон и продолжила листать плейлист, решив немного размять ноги. Спустя полтора часа я добрела до доков. Оказывается, пешая прогулка с музыкой в ушах еще приятнее поездки на автобусе, но в другие дни у меня на нее не нашлось бы ни сил, ни времени. На подходе к кафе я вытащила наушники.

— Да, скоро буду ездить на собеседования в колледжи. — Звонкий голосок Эбигейл был слышен за столиком у стены.

Надо бы ее отругать за вольное поведение и пустующую стойку, но ведь клиентов не было, да и Эбби меня сегодня выручила. Я включила фронтальную камеру: глаза у меня да и кончик носа еще были красными, предательски выдавая недавние слезы. Но как только я увидела, с кем так непринужденно щебечет рыжеволосая девчонка, и горе, и спокойствие меня тут же покинули.

— Выметайся отсюда, — прорычала я.

Дьявол медленно, грациозно обернулся и оценивающе оглядел меня. На нем было длинное темно-коричневое пальто; шляпы на этот раз не было; под верхней одеждой скрывались светлый джемпер и темно-синие брюки. Ехидная улыбка не сходила с его губ, он выпрямился на стуле. На соседнем стуле сидела возмущенная Эбигейл — в фартуке поверх сиреневой толстовки. На столе виднелись опустевшие кофейные чашки и надломленный чизкейк. Сколько же они тут просидели? Я заставила себя оторвать взгляд от презентабельного, влекущего Дьявола.

— Селина! Как ты можешь…

— Я дважды не повторяю, — снова рыкнула я.

— Селина…

— Молчи, Эбби!

— Я всего лишь забежал за стаканчиком холодного кофе, — улыбался он. — Хорошего вечера, Се-ли-на.

Он растянул мое имя, точно пробуя на вкус, затем прошел в сантиметре от меня к выходу. Что-то вне сознания и реальности вызвало импульс — захотелось перехватить его руку, остановить, поговорить, но я вовремя сжала кулаки. В нос ударил уже знакомый мне запах табака и пороха. Как только дверь за Дьяволом закрылась, Эбби вскочила со стула:

— Селина, как это понимать?!

— А как понимать, что ты воркуешь с гостями, а касса пустует?!

— Да ведь кафе пустое! — возмущался рыжий бесенок, надув губы. — Зачем ты так?

— Он… нехороший человек, Эбби.

— Откуда тебе знать? — Глаза у Эбби округлились. — Постой, вы знакомы?

— И да и нет. Не до этого сейчас, Эбс.

Тут-то она и заметила мое раскрасневшееся лицо, лопнувшие сосуды в глазах и следы слез на воротнике пальто.

— О боже, Селина… Что-то все-таки случилось? Эбигейл обняла меня, погладила по волосам и, зная мои предпочтения, побежала делать холодный латте с лавандовым сиропом. Аппарат зашумел, я подошла ближе и принялась перебирать оставшиеся веточки лаванды.

— Это козел Коннор, да? Он тебя обидел?

— Все намного хуже, Эбби. Мы…

Я рассказала ей обо всем, кроме того, чем мы занимались всю ночь. Эбби то охала, то бранилась на чем свет стоит. Я не могла сдержать смеха, хотя во время повествования у меня снова покатились слезы. В итоге Эбби доработала со мной смену, и мы вместе поехали домой. Без музыки. В молчании. Только ее рука всю дорогу не переставая сжимала мою.

ГЛАВА 4

— И ВСЕ ЖЕ Я НЕ ПОЙМУ, что же ты так взъелась на этого красавца в дорогущем пальто? — спрашивала Эбби, пока мы брели каждая к своему дому.

— Красавца? Господи, ты про этого Дьявола?! — Я издала смешок. — Скажи, он угрожал тебе?

— У тебя сегодня что-то с головой. С чего бы ему мне угрожать? Он заказал кофе, оставил щедрые чаевые…

— Сколько? — взыграло мое любопытство.

— Тридцать фунтов, Сел! Это, между прочим, больше, чем наша выручка еще две недели назад.

— Тридцать?! — Я оторопела и чуть не врезалась в велосипедиста. — Неслыханная щедрость. Чем же ты его очаровала?

— В том-то и дело, Сел, что ничем. Сделала кофе, он тут же принялся его попивать, рассевшись на стуле. Для меня, конечно, он староват, а вот для тебя…

— Я что же, по-твоему, уже старая перхоть? — ущипнула я рыжего бесенка.

— Ай! Ему уж точно не двадцать два, может около двадцати восьми... Короче! Он начал расспрашивать меня о кофейне. Вернее, о том, почему я решила там работать, потому как по мне видно, что я еще и школу не успела окончить. Ну и понеслось. Я ему с потрохами выложила свою несчастную судьбу дочери бедных, зависимых родителей.

— Я знаю тебя больше десяти лет и никогда бы не подумала, что ты откроешь душу незнакомцу, — фыркнула я. Мне совсем не понравилось, что Эбби посвятила этого бандита в подробности своей жизни. — Послушай, Эбби... Его нужно остерегаться. Ни в коем случае не говори с ним о личном, не упоминай никаких подробностей...

— Селина, да у тебя никак паранойя? Ты говоришь так, словно он какой-нибудь маньяк.

«Может, и того хуже!» — пронеслось в голове.

— Просто прислушайся ко мне, договорились?

— Ладно... — недоверчиво протянула она. — Кстати, в среду меня не будет. Мы с Мэттью пойдем на выставку, которую я долго ждала, и... завтра тоже завал с уроками.

— Ни слова больше! Ты вольна идти куда захочешь, — выпалила я, взволнованная новостью о долгожданном свидании (кажется, я ждала его больше, чем Эбби и мой младший братишка Мэтт).

Уже на подходе к развилке мы остановились, чтобы попрощаться. Фонари светили на последнем издыхании, улицы потихоньку пустели.

— Ты справишься завтра без меня? И вообще, ты ведь собираешься высказать этому козлу Коннору, что он настоящий козел?

— Пока не решила. В голове кавардак, вообще не соображаю. Ощущение, что я прочла эти сообщения не утром, а неделю назад.

— Если что, звони мне в любое время.

Эбби снова крепко обняла меня и поцеловала в щеку. Когда ее морковная макушка скрылась за многоэтажным зданием, я двинулась домой. Признаться, я вообще не понимала, что чувствую. Такие яркие эмоции стали для меня чужды с тех пор, как умер отец. После третьего курса я уже полностью сконцентрировалась на осуществлении своей мечты и забыла о том, что в жизни есть место драме. Я плелась, униженная и оскорбленная, опустошенная и раздавленная, с трудом перебирая ногами. Иногда жалость к себе сменялась гневом на Дьявола. Меня жутко бесило, что он посмел разговорить Эбби! Ведь Эбби не было той ночью в доках, она не знает о настоящих причинах продажи магазина, и я не хотела ее впутывать в эти грязные дела.

— Сел, побереги здоровье, а? Найми себе что ли сменщика! — встретил меня Пабло.

От его звонкого, но уже не такого вредного, как когда он был мальчишкой, голоса на душе стало легче. Я ни с того ни с сего повисла у него на шее, чтобы он, как в детстве, покружил меня или потаскал на плечах.

— Ого! — удивился брат моей сентиментальности. — И в чем же ты провинилась? Опять стырила мои запасы шоколада?

— А тебе и жалко, да? — усмехнулась я. — Ни в чем. Я соскучилась.

— Приезжала бы ты на пару часов раньше, мы бы виделись каждый день. А чего бы тебе Мэттью не поднапрячь с помощью в кофейне? — спросил брат, нехотя отрываясь от моих объятий.

— Упаси боже! Не хватало мне еще каждую неделю закупать новую посуду, у него же руки-крюки!

— Я все слышу! — отозвался брат из кухни.

— Мэтти, я люблю тебя и все твои таланты, но признай же свою неуклюжесть! — рассмеялась я, а Пабло подхватил.

— Вообще-то у нас в гостях Ева, давай не будем пугать ее нашими… любезностями, — прошептал он мне.

Я насупилась, приняла гордый вид и вытерла красные глаза. Пройдя в гостиную, я застала Еву и маму на диване что-то бурно обсуждавшими. Находясь с Евой в одном помещении, я всегда испытывала напряжение, будто меня чем-то придавливали. То ли так действовала ее красота, то ли умение держаться изысканно и хладнокровно.

— Привет, милая! Мы тут как раз обсуждаем предстоящее событие… — Мама заговорщицки подмигнула. — Присоединяйся!

— О, судя по вашим бокалам, открыто вино? — указала я на красную жидкость.

— Да-да, Пабло, дорогой, принеси Селине бокал! — попросила мама.

— Селина, я здесь, чтобы официально пригласить вас на свадьбу. Она состоится в середине мая. Мы с Пабло решили снять ресторан в Лондоне…

— В Лондоне?! — вспыхнула я.

У нас и на бирмингемские-то заведения финансов едва хватало, а тут столица!

— Детка, а что такого? У Пабло и Евы должен быть красивый, запоминающийся праздник!

— О, мы точно запомним его надолго… — пробормотала я, принимая бокал из рук Пабло.

Брат смерил меня взглядом, говорившим: «Придержи язык».

— Я хотела уточнить, Селина. — Ева всем видом показывала, что намерена игнорировать мои комментарии. Она уже все решила, значит, будет так, как она захочет. — Мы составляем список гостей, ты ведь придешь «плюс один»? С Коннором, кажется?

Я поперхнулась вином, разлив половину драгоценного напитка на юбку, и невнятно ответила:

— Эм… С Коннором… да, «плюс один», — а потом добавила: — Что ж, девочки, я вас оставлю!

— Ох, Селина… и дались тебе такие мучения с этой кофейней, — заботливо заметила мама.

Только искренность этой заботы помешала мне обрушиться на нее с гневной отповедью, и я молча побрела в спальню. В этом доме не хватало тишины и возможности уединиться. Даже в своей комнате я чувствовала себя так, будто стояла посреди шумной улицы. Но я изо дня в день напоминала себе о том, что владею уютнейшей кофейней и хотя бы имею крышу над головой в отличие от Дороти. Я ступила на тернистый путь, и никто не гарантировал мне быстрого успеха.

Стянув вчерашние водолазку и юбку, которые впредь никогда больше не собиралась надевать, потому что отныне они вызывали отвратительные воспоминания, я упала на кровать.

— Как я устала, господи... — прошептала я в подушку.

И тут же одернула себя. Благодарность. Я, между прочим, осуществила свою мечту и обязана бороться за свое дело, пусть ради этого придется пожертвовать сном и отдыхом. Когда-нибудь настанет день, и я найму сменщика. Ведь этот день настанет?

Телефон завибрировал.

Неизвестный номер: Привет.

Я минут пять всматривалась в цифры, пытаясь припомнить, кому они могли принадлежать.

С: Это кто?

Прошла минута, две, три...

Р: Нечисть.

Я отбросила телефон, словно у меня в руке оказалась бомба замедленного действия. Дыхание участилось, пульс отдавался болью в висках. Откуда у Дьявола мой номер?! Почему он вообще мне пишет?! Господи, да что же это такое, где моя стабильная, заурядная жизнь! Вернись, я все прощу! Надо придумать ответ. Или вообще не отвечать? Может, завтра же купить новую сим-карту? Тут же зазвенел телефон. Нет, это уже не Дьявол.

К: Эй?

Отлично. Половина двенадцатого, вставать ни свет ни заря, а двое мерзавцев решили нарушить мой покой! Я выключила телефон — поделом им, — повернулась к стенке и уснула лишь к двум часам, унимая дрожь.

ГЛАВА 5

НА СЛЕДУЮЩИЙ ДЕНЬ я встала без будильника в двадцать минут седьмого. Не спеша включать телефон, я всерьез задумалась о том, чтобы по пути на работу обзавестись новым номером. Только сначала напишу Эбигейл: какого черта она раздает мой номер налево и направо, ведь откуда еще Дьявол мог его заполучить? Еще оставался нерешенный вопрос с Коннором. На свежую голову мне показалось, что я поступила глупо. Очевидно, что я имела право рассердиться, завидев подозрительные сообщения, и все же та ночь… она вернула меня во времена первого курса. В начало нашей истории.

— Привет, сестренка, можно тебя на пару слов? — перехватил меня Пабло, как только я вышла из душа.

— Сердишься на меня?

Я тут же принялась строить глазки, как в десять лет, когда пыталась выпросить у брата последний кусок шоколадки или новую игрушку. Несмотря на весь мой не самый положительный настрой перед свадьбой брата, я не могла не заметить, каким счастливым он стал. Его обычно печальные карие глаза теперь сияли, некогда твердый голос становился мягче в присутствии Евы, и, главное, Ева ведь тоже помогла Пабло справиться с горем. Так что теперь под прицелом его темных, жгучих испанских глаз я покраснела от стыда за вчерашние колкости.

— Пабби, прости меня. Я не хотела ехидничать, просто… ты ведь и сам понимаешь, какие у нас трудности? Лондон…

— Сел, помолчи. Вот, возьми пирог. — Пабло положил кусок малинового пирога на блюдце и придвинул ко мне. — Будешь чай?

— Угу.

— Я не сержусь на тебя и понимаю, что ты беспокоишься о семье. Я тоже о ней беспокоюсь. Разве ты не видишь, что и я пашу как проклятый? Знаю, тебе кажется, что я где-то прохлаждаюсь, раз приношу домой копейки, но… обещай, что не скажешь маме?

— Боже, ты просишь совсем как в тот раз, когда разбил ее драгоценную шкатулку… а ведь выхватила ее я, и никто меня не выгородил! — припомнила я, усмехаясь.

Пабло расплылся в улыбке, от которой на щеках появились ямочки.

— Зато потом я отплатил тебе, отдав свой компьютер, а это, извините, жертва всех жертв для четырнадцатилетнего мальчишки! Ладно, ближе к делу. Ты ведь обещаешь?

— Смеешь спрашивать? Разве я, как Мэттью, люблю потрепать языком?

— Так вот, Сели, последние четыре года я… копил. Копил на дом. Конечно, не обошлось без помощи дяди Майкла, но его вложение — сущий пустяк. Дом, конечно, тоже не сказка, но хотя бы свой. Совесть не позволила бы мне жить с родителями Евы, а сюда ей не перебраться — не спать же нам в одной комнате с Мэттью? Или, того хуже, пришлось бы переселить тебя к нему и…

Пабло все говорил и говорил, а я ни куска проглотить не смогла, ни слова вымолвить. Мой брат купил дом. Свой дом.

— Пабло! — Я бросилась ему на шею и расцеловала смуглые щеки. — Бесстыжий врунишка! Мне бы поругать тебя за твои секреты, но я слишком горда!

Пабло, довольный, принимал мои поздравления.

— Но почему же ты не скажешь маме? Она так вообще до потолка подпрыгнет.

— Ты думаешь? А у меня предчувствие, что она обидится. Ведь вместо того чтобы полноценно помогать вам, я…

— Перестань! Тебе двадцать шесть, у тебя давным-давно своя жизнь, и что же, до сорока надо было ждать, когда Божественное провидение пошлет тебе собственное жилище? Ты трудился и копил, не забывая давать матери и нам хоть какие-то средства. Теперь ты можешь с гордо поднятой головой привести свою невесту в собственный дом. Пабло, это же такое счастье! Ох, как я мечтаю о своем доме…

— Ну ладно тебе, Сели, ты и дома-то не бываешь! — усмехнулся Пабло.

— А Ева знает? — спросила я. Мне было очень интересно своими глазами увидеть реакцию невесты брата: гордилась ли она им?

— Да, я… устроил ей сюрприз. — Лицо у Пабло преобразилось, и он стал похож на того Пабло, который с энтузиазмом зачитывал папе свои первые стихотворения. Жаль, что начинающему поэту пришлось идти на завод. — Пригласил на свидание. Она была уверена, что мы едем в театр, но нет… Когда мы проехали мимо театра, она стала возмущаться, мол, зачем я завез ее в район частных домов. Тогда я подъехал к дому. Ну ты ведь помнишь Борнвилл?

Я кивнула, едва не всхлипнув. До Борнвилла от нашего района далековато. Мы были там всей семьей всего несколько раз, но я запомнила чувство абсолютного комфорта и восхищения похожими друг на друга симпатичными домиками.

— Ну вот. Я вышел из машины, открыл ей дверь, протянул руку в сторону нашей новой обители и сказал: «Теперь он наш, Ева!»

— А она? Что она?

Я во всех красках представила себе этот романтический жест.

— Плакала так, будто мы не новоселье отмечали, а провожали усопшего. Не отходила от меня ни на минуту, — гордо заявил Пабло.

Тут в дверях показалась мама, и мы смолкли.

— Что у тебя с глазами, Селина? — выпалила она первым делом.

— Не выспалась, — пожала плечами я.

— Исхудала ты тоже из-за недосыпа? — ласково улыбнулась мама, присаживаясь за стол. — О чем болтаете?

— Да так, все о свадьбе! — бросила я. — Мне пора сушить голову и собираться на работу, всем хорошего дня!

* * *

Закончив с волосами и макияжем, я вылетела в прихожую. В светлых джинсах-тубах и белом джемпере, быстрыми движениями натягивала белые кроссовки на высокой платформе, когда подошел Пабло и шепнул на ухо:

— Маму ты, может, и обдуришь, но не меня. Я-то знаю, что глаза и нос у тебя краснеют только после истерик. Ну? Случаем, не Коннор им причина?

— Пабби… — умоляюще посмотрела я на брата.

Коннор — не та тема, которую я хотела бы обсуждать перед тяжелым рабочим днем. Перед бесконечной чередой рабочих дней.

— Сел, скажи только слово, и я разберусь с этим кретином, хорошо?

Я чуть не рассмеялась от умиления. В такие моменты я думала о том, какое счастье иметь старшего брата.

— Спасибо, дорогой, но все в порядке. Я правда очень устала. Но сейчас, кажется, «Лавандовая ветвь» постепенно обретает популярность. — Я вкратце поведала брату о своей оригинальной задумке с веточками.

— Ты всегда внимательно слушала бабулю Корнелию, а я вот, кроме истории о восставших из могил в День мертвых родственниках, совсем ничего не помню. Я очень рад, сестренка, что в твоем деле появился просвет, и желаю удачи.

Чмокнув брата в шершавую от щетины щеку, я поскакала к остановке. Сегодня до работы меня будут сопровождать The Neighborhood и моя любимая песня «Sweater Weather». Вновь позабыв о нормах этикета, я громким шепотом растягивала припев в самом дальнем углу автобуса, наблюдая за спешащими автомобилями. Эта песня всегда щемила душу. Может, потому, что мне хотелось, чтобы кто-то предложил согреть мои руки в рукавах свитера, или потому, что иногда во мне проскальзывали надежды на... романтику? В конце концов, иногда меня действительно задевало то, что Коннор совершенно позабыл об ухаживаниях, заботе и внимании. Но ведь и я погрязла в делах. Не знаю.

За последние четыре года я превратилась в ржаной сухарь. Да и мой парень не уступал мне в черствости. То есть я вроде бы очень даже добра и сострадательна, но бываю скупа на эмоции. После смерти отца я отключилась от мира и каждый день по камешку выстраивала стену вокруг своей души. Единственным жителем моего каменного царства стала заветная цель. Только ее я впустила и только ради цели продолжала жить. Цель заключалась не только в приобретении кофейни, но и в ее процветании, развитии, расширении. И сейчас, слушая лирические тексты, глядя, как кипит жизнь за окнами автобуса, я размышляла о том, правильное ли приняла решение, отгородившись от мира и работая, не видя света.

«А что тебе остается, Селина? У Пабло теперь своя семья, и за старшую остаешься ты», — подсказал мне разум. Верно. Я не могла предать близких, не имела права опускать руки и бросать все в тот момент, когда в кафе наконец повалили клиенты. Только не сейчас. Если выручка к концу апреля продолжит расти, я позволю себе нанять сотрудника да хоть и на два дня в неделю.

Но что насчет моей эмоциональной черствости? Взять хотя бы ту страшную ночь, когда я встретила Дьявола. Да, мне было до смерти страшно, я бежала быстрее любого марафонца, но страх быстро отошел на второй план, ведь я не могла позволить себе отвлекаться и отдыхать, мне ежедневно следовало быть в кафе со свежей головой. Страх мог поколебать мой дух, и тогда я бы не выстояла. Нет уж, Селина Гарсия не будет бояться никаких Эльбергов и Дьяволов. Я всего лишь пешка в их игре, и им не нужно тратить на меня время и ресурсы. Наверное.

Открывая свое детище по приезде в доки, я вспомнила, что совершенно забыла включить телефон и забежать за новой сим-картой.

— Была не была... — вздохнула я и включила телефон, удерживая кнопку блокировки.

Отложив смартфон, я принялась подключать кассовый и кофейный аппараты, подготовила десерты и побежала готовить суп. Сегодня вторник, значит, посетителей ждет наваристый борщ, рецепт которого моя бабушка когда-то выпытала у своей подружки-украинки. Борщ был редким явлением в Англии, по крайней мере в Бирмингеме, и его любили ничуть не меньше острого испанского супа.

Как я жалела, что у Эбби сегодня занятия. Раньше в утренние часы кафе пустовало, и я могла растягивать удовольствие от готовки, напевая песни и пританцовывая на кухне, сегодня же я отбегала от плиты не меньше семи раз, чтобы обслужить клиентов. Некоторых из них я видела уже в третий, а то и в четвертый раз.

— Знаете, ваш латте... у него идеальные пропорции. Раскроете секрет? — перегнулся через стойку нахальный парень лет двадцати пяти, зазывно подергивая бровью.

Конечно, я любезно его отослала, всучив бумажный пакет с эклером. К двум часам дня я зарядилась инициативой и амбициями от притока новых посетителей. Живот предательски заурчал от голода, и я метнулась за тарелкой супа, благо, клиентов на горизонте не было и от тарелки вкуснейшего борща меня отвлекала лишь вибрация телефона. Не переставая есть, я одним пальцем пролистала все уведомления.

Эбигейл прислала около десяти сообщений, шесть из которых были разгневанными смайликами. Она переживала о моем состоянии и грозилась устроить взбучку, если я ей не отвечу «сейчас же!». Были и сообщения от Коннора.

К: Селина, что происходит? Сбежала, ничего не сказав, еще и на сообщения не отвечаешь!

К: Я тебя обидел?

К: Сегодня вечером заберу тебя с работы.

— О-о-о, нет, — вздохнула я, промахнувшись ложкой и заляпав супом столешницу.

Ведь через восемь часов я буду с ног валиться! Наконец я пролистала до последнего сообщения:

Р: Как некрасиво игнорировать. Не говоря уж о вашей невежливости в кофейне.

— Подонок! — буркнула я с набитым ртом.

— О моя добрая душа... Я что-то не так сделал?

Я резко отбросила ложку, расправила фартук и вытерла грязные губы. Мои глаза чуть не выпали из глазниц, когда встретились с глазами мистера Берча.

— Мистер Берч! Как я рада вас видеть! — Позабыв обо всех приличиях, я обняла старика. При виде его потертого берета и густых бровей стало теплее, я воспринимала его почти как члена семьи.

— А я-то вас как, душенька... Супчика бы...

— Конечно! Вы, верно, помните, что по вторникам борщ?

— Да уж, не забыть...

Старика тяжело было временами понять, но, кажется, я уже свыклась с его обрывистыми репликами. Налив ему щедрую порцию первого, я положила на десерт его любимый фисташковый эклер и сварила эспрессо. Следовало воспользоваться моментом и расспросить Берча о той злополучной ночи, но только так, чтобы он не догадался о том, что я была неподалеку.

— Вы пообедаете здесь? — спросила я.

— Да я затем и пришел!

— Присаживайтесь, мистер Берч!

Я помогла ему расположиться за столиком, который обычно занимала Дороти. Кстати о Дороти, уже почти три часа, а она еще не заходила. А ведь по ней часы сверять можно!

— Эх, милая моя Селина...

Старик взял в руку ложку, и от моего внимания не ускользнуло, как та дрожала. Глаза мистера Берча блестели от скопившихся слез, и, если старик сейчас расплачется, моих слез тоже не миновать.

— Нет больше моей лавки, Селина. Отобрали мою душу! — Он потянулся за перепачканным носовым платком.

— Как же так, мистер Берч? Я просто оторопела, когда узнала, что вы продали свой магазин! Что вы, не плачьте, мистер Берч, не то я тоже заплачу!

— Продал?! Да ни за какие деньги я бы его не отдал! — возмутился старик. — Отобрали его у меня.

— Отобрали?! Но кто? — Я старалась изобразить удивление.

— Эти… — Он сплюнул с досады. — Бандиты, будь они прокляты! Они давно ко мне подбивались, еще зимой предлагали выкупить лавку. Я их и послал. Они тогда предупредили, что… пожалею.

— Да зачем же им именно ваш магазинчик, мистер Берч?!

— А поди разбери этих… — Старик приступил к обеду, так что я выжидала, пока он прикончит борщ. — Я вот зачем к тебе пришел, Селина. Может ведь и до тебя дойти! До твоего кафе.

— Моего кафе? Бросьте, более невыгодного расположения не найти…

— Есть у меня одна мысль, не старый же я дурак! Хотя старый, но все же не дурак. Эта антикварная лавка — шелуха. Иллюзия. Они неспроста выбрали ближайшее к Бирмингемскому каналу место, помяни мое слово…

От такого предположения по коже поползли мурашки, я взяла себя в руки и участливо поинтересовалась:

— А как же вы теперь? Чем занимаетесь?

— Я, моя дорогая, вышел на пенсию, — грустно ответил Берч. — Ну ничего… Все равно пенсия больше прибыли приносит. Только ведь… душу же забрали, Селина!

— Мистер Берч, неужели они вам угрожали?

Мистер Берч вдруг сел прямо и посмотрел на меня холодным, самоотверженным взглядом.

— Еще как, моя милая. Их было двое, этих… мерзавцев, прошу прощения. Один даже выстрелил, так пуля пролетела в сантиметре от моего виска! Тогда-то я и сдался. Подумал: если ж со мной сейчас покончат, кто же будет беречь могилку моей женушки?..

— Какой ужас, мистер Берч! Мне так жаль, что вам пришлось это пережить, да еще и магазин отдать! Вы заходите ко мне, обязательно, я всегда угощу. Но… неужели вы не обращались в полицию?

— Полиция? — Старик хрипло усмехнулся. — Да, они обращались ко мне с вопросом о том, что им поступил вызов… из-за выстрела. Пришлось солгать: мол, собирал манатки перед продажей, вот и разбил пару стекляшек… Не хочется мне больше иметь дел с этими подонками. А по поводу твоего предложения… Селина, думаешь, я такой старый, что уже и не замечаю ничего вокруг? Я ведь знал, как туго тебе приходится. Как ты держалась, пахала круглыми сутками одна! Конечно, этот маленький рыжий демон тоже здесь крутится, но вся тяжесть лежала и лежит на твоих плечах. Я теперь хорошо получаю, на одного так… выше крыши. Так что и не думай меня, как эту непутевую Дороти, подкармливать. Я буду платить и помогать тебе, дорогая.

Теперь и я не сдержала слез. Я и не знала, что мистер Берч понимал все, что со мной творилось, и как сложно мне держать лавку на плаву. Он часто ругал меня за переработки, но и словом не намекал на глубину своих переживаний обо мне. Да что мне его деньги, даже эти слова поддержки уже грели душу!

Мистер Берч оставил мне чаевые. Он попытался сделать это незаметно, да только уронил банку, наделав много шума. Это были крупные чаевые для того, кто позволял себе десерт раз в неделю. Мне не удалось избежать очередной истории о его покойной жене, но сегодня после нашего разговора я внимательно слушала старика. Мистер Берч ушел, оставив меня с еще большим бардаком в голове. Телефон завибрировал, и я удивилась, что прошло столько времени — была уже половина четвертого.

Р: Мисс Лаванда, неужели вы меня боитесь?

Вот же Дьявол! Самодовольный мерзавец!

С: Слишком много о себе думаете. Какого черта вы мне пишете и откуда у вас мой номер?

Пришли клиенты, я спрятала телефон под клетчатым полотенцем и широко улыбнулась, приветствуя их.

— Добрый день! Говорят, вы раздаете талисманы? — спросила девушка лет двадцати. На ней была черная косуха, широкие джинсы и очки в круглой оправе. Она пришла в компании женщины постарше, та, словно ощущая дискомфорт, все время оглядывалась.

— Верно. Веточку лаванды мы вручаем в подарок к кофе.

— Что бы вы посоветовали? — Девушка кивнула на меню за моей спиной.

— Если любите крепкий кофе — то эспрессо, американо или капучино, если полегче — латте или раф. Любой напиток можно сделать холодным, добавить сироп на выбор, — я протянула список имевшихся сиропов, — или взбитые сливки.

— Мам? — обратилась девушка к женщине.

— Раф с кокосовым сиропом, — ответила та.

— Можно, пожалуйста, раф с кокосовым сиропом и латте с имбирным пряником, — заказала девушка.

— Конечно!

Вручив им по стакану кофе, я достала пару лавандовых веточек.

— Вот, возьмите, пожалуйста, наш талисман.

Мать девушки нерешительно приняла веточку, посмотрела на нее и улыбнулась, взглянув на меня.

— Спасибо вам большое.

— Будем надеяться, ветвь сработает, — громко заявила девушка; ее мать тут же покраснела и шлепнула дочь по плечу. — А что? Дай я сделаю фото для блога.

Дочь быстро подобрала ракурс, несколько раз щелкнула камерой, схватила мать за руку и вышла с ней из кафе. Я еще долго смотрела им вслед, пытаясь переварить произошедшее, но снова ощутила вибрацию.

Р: Вы имели неосторожность указать свой контакт на визитке. Я действовал наугад. Кто, кроме вас, мог узнать во мне Нечисть?

С: Как интеллигентно вы поддерживаете беседу. Удивительно. Так вот, угомонитесь, уже сегодня я сменю номер.

Р: И ваше кафе переедет по другому адресу?

— Ух, я б его! — вслух выругалась я.

С: Идите к черту!

Р: Не забывайте о том вечере, Селина, и постарайтесь быть вежливее.

— Это угроза?! — разговаривала я сама с собой. Он вздумал мне угрожать?! Быть может, мистер Берч был прав? Зачем неуловимой банде нужна антикварная лавка? И устроенный ими аукцион точно был способом отвлечь внимание жителей и привлечь инвесторов. Старик Берч говорил что-то о канале. Эльбергу была необходима площадь близ канала. Но для чего? Может, не стоит морочить себе голову, раз это не касается моего кафе?

— А если коснется, Селина? — снова спросила я вслух.

Если же Эльберг позарится на мое детище, я готова восстать против целой банды! Они не получат мое кафе! Только вот есть одна серьезная проблема — помещение мне не принадлежит. Если Эльбергу приспичит заполучить мое место, им ничего не стоит переговорить с арендодателем и предложить удвоенную сумму платежа. С этой проблемой я и буду разбираться. Следовало подстраховаться, подумать о том, как защитить свои права на кафе, не имея ни гроша за душой. Самый верный способ — выкупить помещение. Что ж, можно обратиться к дяде Майклу и узнать у него, как лучше действовать. А может, дядя и вовсе решит лично мне помочь.

— Еще работаете? — послышался тоненький женский голосок.

Дама сворачивала промокший зонт. За своими размышлениями я и не заметила, как начался дождь. Крупные капли покрыли высокие окна кафе.

— Добрый вечер! Конечно. Что будете заказывать?

— Капучино стандартное. Сиропы имеются?

Дамочке этой было не меньше тридцати, но глаза у нее были такими нежными и юными, что выглядела она едва ли на двадцать пять.

Я перечислила все сиропы.

— Ирландский крем, — выбрала она.

— Десерты? Может, попробуете суп дня? Сегодня у нас борщ, — улыбнулась я шире.

— Да нет, спасибо большое, я так, выпить горяченького, на улице так промозгло.

Может быть, хорошо, что Коннор решил заехать? Хотя бы не промокну. Ведь если я простужусь, кофейне крышка! Я вручила даме веточку лаванды вместе с кофе, объяснив суть талисмана.

— Как оригинально! А я как раз задумалась, почему кофейня так называется? — улыбнулась в ответ женщина. — Я вот слышала, что на атмосферу в доме хорошо действуют фиалки, китайские розы — это для отношений, страсти. Молодоженам мне как-то посоветовали дарить мирт — для укрепления союза.

— Ого! Да, про фиалки я слышала, а вот про мирт — впервые. У меня как раз старший брат вот-вот женится. — Мы с женщиной одновременно хихикнули. — Мне о лавандовых ветвях рассказала бабушка. Она любила именно сухоцветы.

— Что ж, возлагаю на ваш талисман большие надежды! Спасибо!

Расправив зонт, она побежала, перепрыгивая лужи. Да, название оригинальное, но, кажется, ветки лаванды бесполезны. Как я, отъявленный скептик, могла когда-то поверить в чудодейственность ветви? Вряд ли лавандовая веточка могла привлечь любовь, зато корзина с цветами напоминала мне о бабушке. У каждой семьи наверняка есть свои передающиеся из поколения в поколение поверья, приметы.

Вибрация.

К: Стою сразу за двориком, у склада.

С: Может, зайдешь, выпьешь кофе? Мне еще двадцать минут тут торчать.

К: Ок.

Через пару минут я заметила стремительную крупную фигуру в капюшоне. Коннор вошел, завертев головой, точно пес, стряхивающий мух. Капли разлетелись по недавно вымытому полу.

— Можно ваш фирменный латте? — Он изобразил улыбку.

Только сейчас я заметила круги у него под глазами и то, как ссутулилась спина. Интересно, это контора его добила или тайные отношения с Ким?

— Сироп?

— Фисташковый.

Я принялась готовить. Как только Коннор получил свой стаканчик, я отключила аппараты, закрыла кассу, пересчитала выручку и, как всегда, отложила себе в кошелек деньги. За эту неделю мы с Эбби получили крупную зарплату.

— Лавандовая ветвь — талисман? — рассматривал табличку Коннор. — И что же ты его не используешь? Хватает меня?

Он ухмыльнулся, а я подумала о том, что ему одной меня недостаточно. Что наши отношения ему приелись и он приехал сюда из чувства долга. А затем в памяти возник образ крупных пальцев, придвигающих ко мне потерянную ветвь, и я тут же вздрогнула.

— Замерзла?

— Д-да. Слушай, нам надо поговорить, только давай в машине, ладно? Я пока тут приберусь.

Коннор напрягся; что-то подсказывало, что он уже догадывался о теме предстоящего разговора. Он застегнул серую ветровку и в ожидании сел на стул. Как только я закончила с уборкой, мы двинулись к машине. Пришлось намотать на голову шарф, и когда я оглянулась на доки, то готова была поклясться: там, возле кирпичного домика, глаза Дьявола следили за мной.

ГЛАВА 6

— ЗНАЧИТ, ТЕБЕ ИНТЕРЕСНО, почему я сбежала тем утром? — завела я разговор, как только машина выехала на оживленную дорогу.

— Ну…

— Не прикидывайся, Коннор. Ты знаешь, что я видела те сообщения, — отрезала я.

— Ты все не так поняла, Сел…

— Серьезно? Не придуривайся. Твое поведение, наши холодные и редкие встречи, все свелось к одному. Не понимаю я только того, зачем ты мне написывал и почему решил встретить?

— Селина, я… — начал Коннор довольно грубо, но голос его дрогнул. — Я сглупил, детка.

— Отличное оправдание.

— Между нами ничего не было, клянусь! Ким работает в конторе отца, и мы часто вечерами засиживаемся за документацией.

— В жизни не поверю, чтобы девушка «скучала» по такому увлекательному занятию.

— Сел, мы с тобой… мы ведь как родные, и то… какими были последние два года, это…

Слушай, переезжай ко мне, а? Будем видеться каждый день!

Я опешила. Взглянула на Коннора и попыталась заметить хотя бы намек на шутку или иронию, но нет, он был серьезен.

— К тебе? Ты же знаешь, твои родители меня терпеть не могут, да и я не могу оставить маму…

— Господи, Селина, вот в этом вся проблема! Родители мои к тебе хорошо относятся, просто они не такие ласковые, как твоя мать. Ты так и просидишь старой девой в этой…

— Давай скажи, Коннор: «поганой многоквартирке», «гнилой дыре» или…

— Хватит, — огрызнулся он. — Либо мы съезжаемся, либо расходимся. Мне надоели эти двухчасовые встречи.

— Зато Ким тебе не надоела…

Коннор оторвал руку от коробки передач и больно схватил меня за запястье.

— Коннор!

— Ни слова больше о Ким, ясно?

— Вот еще! Ты забываешься, дорогой. — Коннор сильнее сжал запястье, и я пискнула. — Отпусти!

Выпустив мою руку, он нахмурился, поворачивая к моему «нищему» кварталу.

— Дай мне время, ладно? У Пабло будет свадьба в середине мая, я постараюсь решить до праздника.

— Не тяни с ответом, Сел.

Меня так и тянуло бросить в ответ: «А то что, убежишь к своей Кимберли?» Но я вовремя прикусила язык, поблагодарила Коннора и вышла из машины. Дождь хлестал по волосам, и я ускорила шаг. Что ж… может, Коннор говорил правду. Может, это Ким проявляла к нему симпатию, оттого и писала с таким подтекстом. Пока у меня не было доказательств его измены, я не могла отвесить ему затрещину, но согласиться жить под одной крышей тоже была не готова. Мы до сих пор не поговорили о том, что нас беспокоит в отношениях, не попытались наверстать упущенное или подстроиться под график друг друга. С трудом верилось, что наша канувшая в Лету страсть вдруг возродится, стоит мне переступить порог его дома с чемоданами в руках.

К тому же за эти два дня я смирилась с возможным расставанием, причем преспокойно. Перспектива жить у Коннора была как положительной, так и отрицательной. С одной стороны, я наконец могла жить в роскошном доме и в отсутствие родителей Коннора, которые частенько отдыхали или летали в командировки, почувствовать свободу. С другой — родители все же большую часть времени будут жить с нами, да и история с Ким не улажена. К черту, я слишком устала, чтобы об этом размышлять, у меня есть целых три, а то и четыре недели на принятие решения.

На первом месте сейчас стоял вопрос с арендой. Завтра же позвоню арендодателю, спрошу о сумме выкупа и если она окажется не такой астрономической, какой я ее себе представляю, то возьму в долг у дяди Майкла и буду отдавать в течение... вероятно, всей жизни.

Домой мне повезло прийти, когда все уже улеглись в постели. Я и сама тут же плюхнулась на мягкий матрас, спина ответила благодарным покалыванием. Бедро пронзила вибрация.

Р: Зачем же вы носили талисман, раз у вас уже есть угловатый качок?

Да чтоб его!

С: Завтра же сменю номер, а вы мерзавец... Еще одна слежка, и я напишу на вас заявление!

Р: Селина, мне нравится ваш буйный нрав, только вот не стоит пренебрегать моими советами. Будьте любезнее.

С: И что вы предлагаете? Обсуждать с вами погоду?

Р: Со мной вы можете обсудить все, что угодно. А погода, кстати, сегодня отвратительная.

С: Не совсем понимаю, что вам от меня нужно.

Р: Многое...

Я выключила телефон. Что у него за манеры такие? Будто он начитался классических романов или нарочито вежлив. Чего он вообще добивается своими сообщениями? Чтобы я не переставала о нем думать? С этим он успешно справился.

* * *

Я сдержала обещание и сменила номер следующим утром, перед работой. Среда тянулась бесконечно долго, но грех жаловаться, когда появился настоящий поток посетителей. После того как Бирмингем затопило суточным ливнем, пришла жара, а с ней надвигался мой день рождения — отличный повод для встречи с дядюшкой Майклом. На четверг я договорилась с Эбигейл о выходном и поехала к другу семьи. Дядя Майкл, его жена Эстер и дочь Милли жили в пригороде. Их дом больше напоминал замок или старинное поместье Викторианской эпохи. Он был построен из камня цвета могильной плиты, на всех окнах имелись решетки с острыми наконечниками, а при въезде на территорию стоял античный фонтан.

Дом обрамляла высокая живая изгородь из кустарника, подстриженного идеально ровными прямоугольниками. Здесь мы жили первые месяцы после переезда из Валенсии — то были, кажется, счастливейшие дни в моей жизни. Не только из-за окружавшей роскоши, но и благодаря тому семейному теплу, которое всегда появлялось при встрече старых друзей. А еще в компании Милли мне было намного легче переносить пакости братьев.

Мои родители познакомились в Испании, куда мама со своей подругой Эстер приезжала в отпуск к морю. Дом моей бабули Корнелии располагался на побережье. Отец и дядя Майкл дружили со школы, как и мама с Эстер. Как-то теплым летним вечером девушки прогуливались по рынку, выбирая сочные фрукты. Они не знали испанского, так что обдурить их в цене было проще простого, да и не только в цене. Отец и Майкл как раз возвращались с работы, когда заметили, как их земляки потешаются над глупыми туристками. Они и сами не прочь были посмеяться, только вот их очаровали прелестные утонченные личики коренных британок.

Мы никогда не называли Санчесов друзьями, говоря исключительно «наши родные», «семья», «брат». Потому и я привыкла называть Майкла дядей, а Эстер — тетей.

— Селина, дорогая! Наконец-то ты почтила нас своим прибытием! — встретил меня Майкл.

Дядя Майкл был так похож на отца, что многие и правда считали их родственниками. Те же вьющиеся черные волосы, те же добрые карие глаза. Густые брови и борода, мощное телосложение и низкий рост, широкий нос и пухлые губы. Одним словом, они были чуть ли не близнецами. Такая схожесть ранила меня, я всегда отмечала у него жесты или мимику отца.

— Дядя Майкл! Прости, ты же знаешь, я не вылезаю из кофейни! — улыбалась я, пока дядя тащил меня в столовую.

Мы прошли первый этаж — холл с большим старым фортепьяно. Милли часто играла на нем после семейных обедов. А еще в холле висела громадная хрустальная люстра, в детстве я жутко переживала, что она свалится и раздавит меня насмерть.

— Эстер, вот и Сели!

Эстер же была полной противоположностью моей матери. Ее кожа не была фарфоровой, напротив, Эстер регулярно посещала солярий и была почти такой же смуглой, как я. Ее глаза цвета мха напоминали кошачьи, взгляд дерзкий, словно с презрением. Если мама была худой как тростинка, то Эстер полной в самых подходящих местах, но не толстой. Она всегда одевалась вычурно, но стиль ее отлично сочетался с атмосферой дома. Вот и сейчас она встречала меня в элегантном платье, расшитом мелкими камнями, переливавшимися на свету.

— Солнышко мое, здравствуй! Как Элейн? Пабло, Мэттью? Мы с твоей мамой созванивались пару недель назад, она говорила о свадьбе, кажется…

— Да-да…

— О, Эстер, ради бога, сначала посади Селину за стол!

Дядя Майкл придвинул мне стул.

— Пабло женится в середине мая, — сообщила я, накладывая себе салаты и горячее из говядины.

— Когда же мы получим свои приглашения? — удивилась Эстер.

— Они только определились с датой, думаю, через неделю приглашения уже разошлют, — ответила я. — Как у вас дела? Где Милли?

— О, Милли готовится к поступлению, торчит в лондонской библиотеке целыми днями. Надеюсь, это правда и она не сбегает туда на свидания или вечеринки, — сказала Эстер, крутя бокал вина в руке. — Можешь поверить, она отказалась от Оксфорда! Решила поступать в Йель.

— Университеты Лиги плюща очень престижны!

На месте Милли я бы ни за что не отказалась от Оксфорда, но и в Америке всегда мечтала побывать.

— Эстер, милая, это ведь ее будущее, а не наше, — вмешался Майкл.

— Конечно, но... это же Оксфорд! — Эстер осушила бокал. — Как твои дела, дорогая, как кафе?

Я рассказала им обо всем: как прошли эти полгода, как постепенно поднималась выручка, драматично поведала историю мистера Берча, тонко намекнула на возможный выкуп моего помещения. Мне было жутко стыдно о таком говорить, но ради своей кофейни... я на многое готова.

— Ты уже связывалась с владельцем? Он говорил, сколько стоит выкупить помещение? — деловито осведомился дядя.

— Да... — Я покраснела и залпом допила вино. — Двести сорок тысяч фунтов стерлингов.

— Что ж, деньги немалые, — вздохнул Майкл. — Может, предложить ему двести тысяч как первый взнос, а оставшиеся сорок заплатить в течение трех месяцев?

— Дядя, ты же знаешь, двести тысяч для меня... — Я заулыбалась от таких сказочных цифр.

— Кто сказал, что для тебя? — встряла Эстер. — Селина, мы обещали твоему отцу, что будем любить тебя и поддерживать, как родную дочь, как Милли.

— Девочка моя, я знаю, как туго вам приходится после смерти Хавьера и как вы все работаете не покладая рук. Я буду только рад помочь тебе. Только не обещаю, что все случится в ближайшее время, может, потребуется один-два месяца.

— Ох, дядя Майкл, Эстер! — Я чуть не разрыдалась.

Я просидела с ними до вечера, после чего мы прогулялись по территории поместья, и дядя Майкл отправил меня домой со своим личным водителем. Я оставила ему номер владельца помещения, чтобы он договорился с ним, так сказать, по-мужски о том, в какие сроки и на какой счет ему переводить средства. Всю дорогу до дома я не переставала улыбаться. Надо будет завтра же выставить объявление о вакансии! Теперь-то я могла себе позволить еще одного сотрудника. Даже если у дяди Майкла не все заладится, я смогу потянуть еще одну ставку в течение двух-трех месяцев.

* * *

Дома я переоделась в пижамные штаны и широкую лиловую футболку. Мама не могла не заметить моей лучезарной улыбки и, конечно, принялась расспрашивать. Я немного приукрасила рассказ, сказав, что дядя Майкл сам предложил мне выкупить кафе. Хотя вообще-то он так и сделал. Я только тонко намекнула.

— Селина, как чудесно! Мне и самой трудно поверить, что у тебя будут выходные! — смеялась мама. — И Пабло меня сегодня обрадовал. Ты знаешь, что он купил дом?

— Да, если честно, он мне уже сказал, но переживал, как ты отреагируешь…

— Это я-то как отреагирую? А как мать может отреагировать на счастье своего ребенка?! — Мама вздернула свой аккуратный носик. — Ну, знаешь ли, Селина Гарсия, надеюсь, ты не дала ему повода утвердиться в нелепых подозрениях…

— Что ты, мама, я сразу сказала, что ты будешь только рада!

Поболтав с мамой, я зашла к Мэттью, предварительно постучав. Брат валялся на кровати, скрестив ноги, и смотрел в телефон.

— Мэтт, можно одолжить ноутбук на часик?

— Угу, вон там.

Мэттью показал пальцем на рабочий стол. Я схватила ноут и собиралась было уйти, как вдруг заметила лавандовую ветвь поверх стопки книг.

— Мэтт, откуда у тебя веточка? — Я взяла ее в руки и покрутила перед братом.

— А! Эбигейл обронила ее, когда мы прощались. Я заметил, что она была приколота на булавку, но сама булавка, видимо, осталась при ней. Может, вернешь ей завтра? Брошка, случайно, не связана с кафе?

— Да-да, Мэтти, именно так…

Я задумчиво посмотрела на брата, погрузившись в свои мысли.

— Что-то еще, Сел? — прищурился Мэтт.

— Ой, нет. Все, верну через час! — потрясла я ноутбуком и убежала в свою комнату.

Объявление я вывесила через полчаса, а еще через час получила первый звонок и договорилась о собеседовании на завтра. Я все теребила в руках веточку, потерянную Эбигейл. Совпадение ли?

ГЛАВА 7

В СВОЙ ДЕНЬ РОЖДЕНИЯ, в воскресенье, я работала. Эбигейл обещала сменить меня к семи вечера, точнее, настояла, хотя я пыталась объяснить, что никаких планов не имею. Я уже наняла сменщика, Оскара, только график не совпал — вчера он уже отработал второй день. Оскар мне сразу понравился, по одному взгляду на него можно понять: ответственный, скромный и тихий парень. У него уже был опыт работы бариста, так что я без сомнений предложила ему выйти на смену в день собеседования. Мы плодотворно потрудились, Оскар схватывал на лету и оценил нашу идею с лавандовой ветвью. Даже пообещал вести в свои смены социальные сети кофейни.

Кстати о социальных сетях. Прошлой ночью я просматривала отметки на фотографиях нашего аккаунта и наткнулась на тех самых мать и дочь, недавно посетивших кафе. На фото женщина шла за руку с мужчиной, дочь выложила пост с текстом: «Если вы еще сомневаетесь в том, работает ли талисман кофейни "Лавандовая ветвь", просто посмотрите на мою счастливую мать».

Репостнув запись, я ответила десятком смайликов и поздравлениями, сидя с улыбкой до ушей. Действительно ли веточка сделала свое дело? Неважно, было приятно стать частью чьей-то счастливой истории.

Сегодня же я не успевала отвечать на поздравительные сообщения родственников, пытаясь пообедать, пока не было народа. Коннор поздравил меня непривычно ласково и многословно, но сообщил, что с того дня, как попал под ливень, слег с температурой и все еще валяется с кашлем и насморком. Бедняга, у него ведь тоже стоят дела в конторе. Пожелав скорейшего выздоровления и поблагодарив, я спрятала телефон под карточку меню, когда раздался звон колокольчиков.

— Добро пожаловать в «Лавандовую ветвь»! — воскликнула я в чудесном настроении.

Женщина в модной шляпке улыбнулась мне губами, обильно накрашенными темно-коричневой помадой, которая делала ярче голубые глаза. Ее бордовые волосы были коротко острижены и завиты крупными локонами. Легкая ткань длинного изумрудного платья струилась почти до пола.

— Привет, Селина, — улыбнулась она.

— Простите, мы… — Тут я вгляделась в лицо посетительницы. — Матерь Божия! Дороти?!

Дороти громко захохотала, и пусть она выглядела сногсшибательно, голос у нее все так же походил на двигатель грузового авто.

— Да, милая, это я. Пришла тебя отблагодарить.

— Меня? За что? — отупела я, не сводя с нее глаз. — Дороти, да неужели… неужели ты нашла жилье?

— Я нашла того, у кого оно есть. Еще в тот день, на аукционе.

— Пресвятая Дева Мария…

Выйдя из-за стойки, я взглянула на белый металлический столик и стулья — тот самый уголок, который всегда занимала Дороти.

— Я так рада за тебя! Ох, господи, у меня все вылетело из головы при виде твоего шикарного облика! Я ведь начала переживать, что ты так долго не заходила.

Дороти вновь «завела мотор»:

— Угостишь меня латте? Мне с лавандовым сиропом.

— Конечно, а суп? Сегодня острый, испанский!

— Нет-нет, спасибо. Я *сыта.*

Я рассмеялась от радости. Впервые я переделывала кофе не меньше трех раз, так у меня перепутались мысли. А когда Дороти протянула мне банкноту, я и вовсе одурела.

— Я как-то… не могу принять теперь, — усмехнулась я.

— Бери что дают! — проворчала она.

Мы сели за столик.

— Вот, милая, это тебе.

Дороти вытащила из пакета коробку, завернутую в яркую сиреневую упаковку, расписанную лавандой.

— Символично, — улыбнулась я. — У меня как раз день рождения!

— Ах! Надо же… ну тогда считай это и подарком, и благодарностью! Всего тебе наилучшего, моя добрая душа!

Я припрятала коробку в кладовку и вернулась за стол.

— Расскажи, что произошло?

И Дороти поведала, как уселась чуть ли не в первый ряд, где по бокам от нее восседала элита Британии. Она и виду не подала, что не имеет ни гроша за душой, пока настойчивый джентльмен, сидевший справа и выкупивший нелепую древнюю вазу, не предложил ей отобедать.

— И его не оттолкнул мой запах! Вот же смех! — заметила Дороти.

Она вежливо отказалась, ссылаясь на усталость, но джентльмен был напорист и предложил встретиться на следующий день. Дороти одолжила приличное пальто у старушки, владевшей продуктовым магазином, уложила волосы и отправилась в ресторан. Но она не смогла переступить порог. Дороти заметила размах блюд, костюмы и платья посетителей и поняла, что не может. Не может вот так взять и войти туда… ободранная, нищая. И только она собралась бежать, как столкнулась в дверях с тем самым джентльменом. Как оказалось, его зовут Роберт.

— Я наотрез отказалась идти в ресторан. Знаешь, что он мне сказал? Что я зазнавшаяся лицемерная дама! Тут-то я и выложила, что если кто и зазнался, так это он и что он понятия не имеет, каково это — жить без крыши над головой и смотреть в глаза тем, кто когда-то вышвырнул тебя из своего общества! Не буквально, конечно, но… Короче говоря, Роберт повез меня к себе. Нет, ты не подумай, ничего не было, чисто благородный жест. А я так вымоталась, да и денег на обратный путь не было, а воспользоваться душем… да это же рай! Но через пару дней я уже не устояла… но моим главным условием была работа. Роберт пообещал, что поможет мне, я собираюсь пойти бухгалтером в одну фирму… Без должного опыта он постарается подыскать мне хотя бы стажировку, если те откажут.

— А сам Роберт, он тебе симпатичен?

— Ты спрашиваешь, не пользуюсь ли я его добротой? Нет, милая. Я ведь могла и раньше кем-нибудь «воспользоваться». Не могла же я, женщина в возрасте, признаться, что со мной случилась любовь с первого взгляда!

Я рассмеялась и обняла Дороти.

— Ладно, Селина, Роберт ждет меня по ту сторону канала. Счастливого дня рождения!

Дороти ушла, а я так и сидела в оцепенении. Сказка какая-то! Прожить больше пяти лет, собирая объедки, и встретить обеспеченного мужчину, когда надежды на лучшую жизнь уже не было! Да, только в сказках так бывает, не иначе. И все же я была несказанно счастлива за Дороти. Последняя неделя принесла мне столько радости!

Подаренную коробку я решила вскрыть до прихода Эбигейл. Внутри лежали туфли, да не какие-нибудь, а лавандовые лодочки с блестящей застежкой от Джимми Чу! Я чуть не расплакалась, но затем заметила в коробке конверт, в котором обнаружила пятьсот фунтов стерлингов.

— Да она из ума выжила… — прикрыла я рот рукой.

Сегодня на мне было белое обтягивающее платье в рубчик на тонких бретелях, и новые лодочки к нему идеально подходили! Уже через пару минут я щеголяла в них по кафе, постукивая каблуками.

— А у тебя хорошее настроение сегодня, верно?

Эбигейл широко улыбнулась и протянула мне гроздь гелиевых шариков, кричавших «С днем рождения!». Я решила оставить их в кафе в качестве декора и на радостях выдала Эбигейл крупную зарплату.

— Да ты что, мне же теперь ее круглые сутки отрабатывать! — смеялась она. — Ну, как дела?

Я рассказала ей о возможной покупке помещения и обо всем, что произошло за эти долгие пять дней, пока мы не виделись. Эбигейл как-то загадочно улыбалась и в основном помалкивала, что было совершенно на нее не похоже. Она отругала меня за встречу с Коннором, но согласилась, что следует найти доказательства и швырнуть их ему в лицо, ни в коем случае не принимая его предложение о переезде.

— Так, все, Селина, проваливай отсюда и отдыхай! Сегодня праздник!

— Эх, куда мне идти? — грустно вздохнула я. — Ладно, спасибо, дорогая! Попробую прогуляться.

Чмокнув подругу, я вышла из кафе, не отрывая взгляда от своих новых прекрасных туфель. Состояние было на грани эйфории! Я не стесняясь прокружилась на месте, а затем резко обернулась в сторону канала. Показалась промелькнувшая тень. Я замерла, и в мысли мои ворвался Дьявол. Он ведь следил за мной в день встречи с Коннором. Спокойным шагом я двинулась в сторону антикварной лавки, где-то внутри надеясь хотя бы мельком взглянуть на него. И почему меня так тянуло?.. Но дорога вдоль канала была совершенно пуста, и, чтобы не проводить праздник в одиночестве, я решила устроить Коннору сюрприз.

В продуктовом магазине я купила пару лимонов и апельсинов, села в такси (сегодня могла себе позволить), воткнула наушники и наслаждалась опьяняющим предвкушением. В конце концов, я действительно соскучилась по Коннору (или по мужскому теплу). Если он предложил мне жить вместе, значит, уже готов к созданию семейного очага.

Подойдя к дому, я заметила, что гараж приоткрыт и машины его родителей нет. Наверное, опять умчались по делам. Я несколько раз постучала, но безуспешно. Только потом вспомнила, что вообще-то у меня уже давно есть свой ключ, еще с тех пор, как я жила у него в каникулы, когда уезжали родители. Итак, я вошла. Ярко-красная гостиная ослепила меня. Все диваны и кресла были обиты красным велюром, а зеркала обрамлены позолоченным металлом. Жуть, никогда не понимала вкусов его матери.

Я поспешила на третий этаж, размахивая полиэтиленовым пакетом, как ребенок. Пока не замерла, заслышав частые хлопки. А за ними стоны. А за ними вздохи. Я тяжело сглотнула и заставила свое сердце возобновить работу. Тело точно налилось свинцом, я еле передвигала ноги. Может, он от скуки включил фильм для взрослых? Может, сериал? Может…

Нет, не может. Остановившись в дверном проеме его комнаты, я выронила пакет, и фрукты выкатились на пол. Я раскрыла рот, но ничего не смогла сказать — тогда Коннор меня и заметил. А я заметила оседлавшую его голую Ким.

— Скотина! — Я собиралась это крикнуть, но в итоге прошептала.

Я развернулась и поспешила к крутой лестнице, удирая, чтобы эти сволочи не увидели моих слез. Они их не стоят, нет, не стоят! Идиотка! Зачем я вообще сюда приехала?! Вот тебе и доказательства!

— Селина! Селина, подожди!

Коннор бежал за мной. Я не оглянулась и ни разу не остановилась, пока не выбежала из дома. «Только бы не упасть, только бы не разрыдаться у него на глазах, господи!» — молилась я.

— Селина, постой!

Я все же остановилась и повернулась. Коннор стоял у двери в надетых наизнанку шортах.

— Селина, ты все не так…

— Серьезно?

— Боже, какой я идиот, Сел!

— Верно подмечено.

— Не уходи!

— Присоединиться к вам? Отметим мой день рождения?

Коннор ахнул, лицо его выражало искреннее сожаление, уши покраснели от стыда. Но ему не было оправданий. Я побежала, чтобы злосчастный дом исчез из поля зрения как можно быстрее.

* * *

Когда такси подъехало к докам, солнце скрылось за горизонтом, уступая место луне. Я, заплаканная и разъяренная, двигалась в направлении чешского паба. На набережной, у канала, собралось много народу, большинство входило и выходило из заведения Нила Буша. Я так и не купила ему щетку взамен выброшенной.

Ночью белое платье сильно выделялось в толпе, оттеняя мою смуглую кожу среди белесых чистокровных англичан, и я старалась не обращать внимания на пристальные взгляды. Длинные шоколадные волосы укрывали спину почти до пояса, согревая от ветра.

Я держалась гордо и не позволяла своему разуму воспроизводить премерзкую картину, увиденную всего час назад. Не позволяла я и пролиться слезам, скопившимся в уголках глаз. Сегодня мой день рождения, и пошел к черту Коннор Маккаллен! Я распахнула дверь в паб.

В лицо сразу ударил густой дым и множество отвратительных запахов — от пота до рвоты. Кондиционеры плохо справлялись, поэтому в небольшом зале было душно, жарко и противно. Но я пришла сюда наклюкаться с горя, а не принюхиваться.

— Божественное явление! Нога мисс Гарсия снизошла до моего гнилого трактира!

Нил Буш улыбался мне из-за барной стойки пожелтевшими от табака зубами. Я скромно пожала плечами и оглядела зал. Здесь было несколько столов и угловых или двухместных диванов, обитых темно-коричневой кожей. На стенах висели мишени для игры в дартс с воткнутыми в них дротиками и металлические картины с шикарными машинами и соблазнительными девушками. Почти все диваны были заняты, главным образом мужчинами. Сидела компания байкеров — их я узнала по банданам, наколкам и черным кожаным жилетам, еще ребята из колледжа, судя по возрасту и толстовкам с эмблемами, да и обычные офисные работники, пришедшие отдохнуть.

Я присела за стойку, чтобы быть поближе к Нилу и подальше от обособленных компаний. Шум и звон пивных кружек уводили меня из омута грусти. Я делала опасный ход — за последние четыре года я пила не больше одного бокала вина в день, — и не знала, как буду вести себя, если опьянею. Главное, не провести ночь в туалете.

— Так я узнаю причину твоего внезапного появления, да еще и без щетки? — спросил Нил. — Что будешь пить?

— Прости, Нил, я замоталась... К тому же и хозяйственного магазина теперь нет поблизости, — призналась я. — У меня день рождения, так что наливай что-нибудь праздничное и качественное, я тебе доверяю.

— Я тебя понял, — с видом знатока кивнул Нил.

Я действительно доверяла Нилу. Во-первых, он нам с Эбби все уши прожужжал о разных сортах пива, во-вторых, он был моим хорошим знакомым и вряд ли стал бы разбавлять мои стаканы водой или подливать дешевое пойло в целях экономии.

Скоро я осушила уже три пол-литровых стакана с пенящейся жидкостью. Признаюсь, сознание помутнело, и пришлось пересесть на свободный маленький диванчик, куда я попросила Нила принести четвертый стакан.

— Сел, ты... уверена? У меня байкеры больше двух не выпивают...

Мой испепеляющий взгляд он воспринял в качестве ответа и шустро удалился. Только вот Нил был прав. Первый же глоток нового стакана сотворил ужасное — пробил брешь в моей стене. Стене, которую я возводила годами, с которой свыклась, на которую опиралась. Передо мной уже не стоял массивный деревянный стол, не слышался гогот взрослых мужчин. Теперь передо мной мелькали воспоминания, ударяя, жаля, раздирая, побуждая к эмоциям. Я чуть не выронила тяжелый стакан из толстого стекла, когда опьяненное сознание вернуло меня в один из горьких дней: я сидела на постели отца, он еле поднимал веки, уже тогда мы знали, что остались считаные часы. Отец попросил меня рассказать о планах на будущее, чтобы следить за мной и подавать сигналы с небес. Такое он давал обещание, пока я сжимала его исхудавшую руку и посвящала в грандиозные планы об открытии кофейни, да не одной, ведь моей основной мечтой была своя кофейня близ Прованса.

Уронив первые слезы, я постаралась отогнать воспоминания, но тут же нахлынули другие мысли. Осознание, что никакой свободы нет. Еще как минимум три-четыре месяца мне выплачивать арендную плату, потому что я не посмела сказать дяде Майклу, какой ничтожной была выручка. Стыд накрыл с головой. Неужели это я, независимая Селина, взяла у родного человека крупную сумму денег без рассрочки? Нет уж, что бы дядя Майкл там ни говорил, а я верну ему все до копейки. Может, к тому времени я буду на пенсии, но верну.

Я рассматривала народ, но мой нетрезвый взгляд не желал фокусироваться. Почему им весело? Почему на них алкоголь действует как увеселитель, а на меня — как омут памяти? Мне захотелось отключиться от грустных мыслей, особенно когда они подобрались к Коннору: вновь и вновь перед глазами всплывала счастливая голая Ким, ее колышущаяся грудь и собранные в хвост розовые волосы. Ладно, в груди я ей уступала, но разве это причина для измены?

— Скотина… — буркнула я в стакан пива и отпила еще глоток.

Схватив салфетку, я вытерла глаза. Пошел к черту, Коннор, пошло к черту все! Сегодня мне двадцать три и у меня… что у меня есть? Счастливая семья и кофейня. Да, это уже повод для гордости. А теперь пора хорошенько отпраздновать. Я уже не чувствовала тела, когда осушила четвертый стакан.

— Почему н-никто н-не танцует? — пробормотала я. — Не дело!

Я чуть не свалилась у барной стойки, когда попросила Нила сделать музыку погромче. Это была песня в жанре альтернативного рока, но мне так хотелось танцевать, что даже будь это классическая симфония, я бы все равно танцевала.

— Эй, мальчики! — подошла я к столу с байкерами.

Суровые крупные лица, похожие на бульдожьи морды, медленно повернулись в мою сторону.

— Давайте танцевать, а? — Я сопроводила приглашение подпрыгиваниями и подергиваниями.

Один из них что-то прорычал, но другой, с самой длинной бородой, поборол улыбку и встал из-за стола, зазывая товарищей. Таким образом, через минуту мы уже исполняли нелепые, несуразные танцы в центре миниатюрного зала, задевая друг друга. Картинка мелькала, вертелась, я потеряла контроль и еле-еле держалась на ногах, но мне вдруг стало так хорошо! Когда Нил вышел на «танцпол», он смеялся и коварно на меня поглядывал.

— Селина, заходи почаще, давно здесь не было так весело! — старался он перекричать музыку.

— С... удостовольтрением! — Я очень старалась выговорить нужное слово.

Я не ощутила рук Нила на своей талии, не заметила, как они медленно подбирались к моим бедрам. Я все кружилась, зазывая студентов колледжа, у которых эта забавная картина — толпа байкеров и невысокая девушка — вызывала смех, и все же они поднялись и подхватили танцевальную волну. От беспрерывно мелькающих людей мне стало дурно.

— Нил... мне нужно...

Нет, я упорно не замечала его рук на своей заднице. Он кивнул и потянул меня за собой, придерживая за талию. Последнее, что я помню, — отвратительные желтые лампы уборной и Нил, захлопывающий за собой дверь узкой кабинки.

ГЛАВА 8

МЕНЯ ДЕРНУЛО В СТОРОНУ, затем прозвучал гудок автомобиля, так громко, что я резко подскочила и ударилась головой о дверную ручку. Получилось разлепить лишь один глаз. Меня покачивало из стороны в сторону, жуть как болела затекшая спина, ноги онемели, и теперь их пробирала щекотка. Я попробовала привстать, но голова просто раскалывалась, а перед глазами закружились звезды. Так. А что, собственно, я делаю в машине? Должно быть, Нил вызвал мне такси?

Я все же открыла второй глаз. Через тонированное окно виднелось понемногу светлевшее небо. Скоро рассвет. Телефон! Пошарив в сумочке — слава богу, ее не оставили в пабе, — я нашла смартфон и попробовала включить, но аккумулятор уже умер. Ладно, нужно встать и осмотреться. Сесть я пока не рискнула, приподнялась на локтях. Я ехала в длинной-длинной машине, напоминавшей катафалк. Господи, да неужели меня сочли мертвой? Что, если я отключилась прямо в пабе?

— Так и знал, что разбужу вас гудком, но этот лихач собирался нас подрезать, — сказал водитель.

Водитель. Что-то в его голосе заставило меня сесть, наплевав на самочувствие. Через зеркало заднего вида за мной наблюдали глаза Дьявола.

— Ах! — вскрикнула я.

За окном мелькали деревья и ни одного жилого дома на горизонте. Этот мерзавец везет меня в лес. Он решил избавиться от меня за то, что я хамила! Но я так просто не дамся!

— Остановите машину! — заорала я. — Прямо сейчас, или я выпрыгну на ходу!

— Селина, успокойтесь…

— Остановите чертову машину!

Я начала колотить его сумкой, и он, пытаясь отбиться, завилял по пустой дороге.

— Вы сейчас угробите нас обоих!

— Лучше уж я заберу вас с собой, если мне все равно придется умереть! — Я продолжала орудовать сумкой.

— Да с чего вам умирать-то?! Прекратите сейчас же!

Он дал по тормозам, и я чуть не вылетела вперед к коробке передач. Пришлось отдышаться и разогнуться. Хватая ртом воздух, я ощутила смертельную жажду. Но машина остановилась, значит, нужно бежать. Я дернула за ручку двери и вылетела пулей. То есть я хотела вылететь пулей, а получился куриный полет. Бухнувшись в траву, я заныла от боли, отозвавшейся в мышцах. Попыталась вспомнить хоть что-то из вчерашнего вечера, чтобы понять, как очутилась в ловушке Дьявола, но помнила лишь острую горечь, прилив депрессии и жажду.

— До чего же вы чудна́я! — Дьявол вышел следом и протянул мне руку.

Я на четвереньках поползла по полю. Взгляд метался от одного дерева к другому — никакой надежды на цивилизацию и спасение. Я заметила указатель — мы находились в пригороде, как раз в той стороне, где жил дядя Майкл. Черт, телефон-то разряжен! Я даже не смогу позвать на помощь! Но… можно добежать…

— Селина, черт возьми, поднимайтесь!

Темные глаза сощурились, Дьявол протягивал напряженную руку.

— Я сама! — взбунтовалась я.

Кое-как поднявшись, я осмотрела теперь уже серое платье и, самое главное, целехонькие туфли. Мне было жуть как холодно, зубы стучали не переставая.

— Пожалуйста, сядьте в машину. Я не знал, где вы живете, поэтому мы здесь.

Дьявол говорил со мной таким тоном, будто я капризный ребенок. Или злая собака, которую нужно задобрить. Если тут кто и злой, так это он! Я пялилась на него и никак не могла решить, что делать. Первые лучи солнца коснулись его темных волос и бронзовой щетины, и я позволила себе оглядеть своего похитителя. Он был на голову выше меня, одет в черную джинсовую рубашку и такого же цвета джинсы. Я впервые видела его в повседневном виде, обычно он одевался официально. «Обычно? С чего это мне знать, что он “обычно” носит?» — тут же одернула себя я. Одно подметила точно — от него сложно было оторвать взгляд. А еще от его близости подкашивались колени.

Дьявол видел, что я мешкаю, и применил особый прием — коварно и соблазнительно улыбнулся. Не знай я, что он состоит в банде, и встреть его без пистолета за спиной, позволила бы себе засмотреться на эту лукавую улыбку.

— Пожалуйста, Селина…

— Ладно, — холодно ответила я, но прошла мимо его протянутой руки и пересела на переднее сиденье. В крайнем случае вытолкну его на ходу и пересяду за руль.

Как же приятно было вернуться в теплый, прогретый салон!

— Воды? — Дьявол потянулся к бардачку, задевая пальцами мои коленки. Ноги тут же покрылись мурашками.

— Замерзли? Печка работает на максимум.

Конечно, его вездесущие глаза все подметили.

— Да, прохладно, — соврала я.

Мурашки были не от холода. Сама не знаю, какого черта они вылезли в такой неподходящий момент!

— Она не отравлена? — спросила я, принимая бутылку, хотя была готова выпить и отраву, лишь бы перестать ощущать песчаную пустыню во рту.

— Да уж, кажется, вы действительно считаете меня нечистью, — усмехнулся он. — Скажите же, зачем мне вас убивать?

— Не прикидывайтесь джентльменом — вы законченный бандит. А я... понятия не имею, как оказалась в вашей машине. Кстати, а как, собственно, я в ней оказалась?

Дьявол завел двигатель, развернулся и направился в Бирмингем. Пока он выполнял этот маневр, я осушила целую бутылку. Полегчало, в идеале еще бы поесть и холодного кофе выпить. А для начала добраться до безопасного, людного места.

— Почему же если бандит, то сразу законченный? — внезапно спросил он.

— Не знаю, каким криминалом вы еще занимались, но грозить пенсионеру пистолетом, запугивать его, отнять единственную радость в жизни — уже конченое дело.

Дьявол вдруг резко повернул голову в мою сторону и посмотрел в глаза, и под его томным взглядом я почувствовала себя нагой.

— Вы никогда никому не должны говорить о том, что произошло той ночью в доках, — пригрозил он.

— Да я и не говорила, потому и не понимаю, зачем меня преследовать. Мой знакомый рассказал кое-что. Вы, значит, из банды Эльберга?

— А ему откуда известно?

— Чужих секретов не раскрываю. — Я скрестила руки.

— Да. Из нее, — грустно ответил Дьявол, крепче сжимая руль.

— Так могу я узнать, что делаю в машине бандита, раз вы… не собираетесь меня убивать?

Похмелье помогало мне держаться спокойно, чему я сама удивилась. Голод и жажда взяли верх над страхом перед Дьяволом, но только не перед мамой, которая, должно быть, уже всех поставила на уши и искала меня всю ночь.

— Слушайте, у вас, случаем, нет зарядки?

Дьявол любезно протянул шнур, воткнув в прикуриватель. Затем достал зубами сигарету из пачки, прикурил, и дым растекся по салону, вызывая у меня тошноту.

— Я наблюдал за вами там. В пабе, — ответил он.

Его голос — бархатный, с хрипотцой — хотелось слушать и слушать. Дьявол будто сошел с книжных страниц. Раз он тоже был в пабе, значит, видел мой позор. Супер!

— Я не помню… не помню, как очутилась в машине. Вы меня похитили? — прошептала я.

Мне вдруг захотелось расплакаться, но тогда я разрушу свой образ бесстрашной фурии. Дьявол, однако, рассмеялся.

— Да что вы себе напридумывали? — улыбнулся он.

Эту улыбку я видела впервые. Он вроде бы насмехался надо мной, но злиться я была не в силах, слишком уж он был похож на хитрого, милого лиса.

— Если вы соизволите рассказать мне все от и до, я, может, и не буду ничего придумывать.

— Я увидел, как этот… бармен тащит вас в туалет. Скажем так, я перехватил вас у него, как раз тогда вы и потеряли сознание. Кофейня была закрыта, я положил вас на заднее сиденье и катался около двух часов, выжидая, когда вы проснетесь и скажете, где живете. Я не собирался вас убивать. — После последней фразы он еле заметно улыбнулся.

— Господи, неужели я и Нил… там…

Я схватилась за голову, четко вспомнив фрагмент этой ночи — Нил прижимается ко мне, тянет за руку и ведет в кабинку, а затем…

— Нет, — отрезал он, нахмурившись, лицо его стало серьезным.

— Если вы везете меня домой, то здесь направо.

Дьявол тут же включил правый поворотник.

— Что ж… я, видимо, должна вас поблагодарить?

От стыда я густо покраснела и прикрыла лицо волосами, отвернувшись к окну. Мне не хотелось обсуждать с бандитом детали своего позора и возможного… приключения в кабинке.

— Да, дважды.

— Дважды?!

Наплевав на смущение, я бросила на него гневный взгляд. Кажется, моя злость его только забавляла, на лице у Дьявола тут же появилась хитрая улыбка.

— Да, первый раз я спас вашу жизнь, второй — вашу честь.

— Негодяй, да как вы… — Я резко остановила поток агрессивных высказываний. — Ладно. Спасибо вам за эту ночь, но «спас жизнь»? Вы вообще не имели права издеваться над стариком!

— Если вы продолжите так кричать о случившемся, тогда точно попрощаетесь с жизнью, а если не вы, так ваша семья.

От этих слов у меня внутри все похолодело.

— Семья?! Вы смеете угрожать моей семье, да я…

— Селина… — Мы остановились у светофора, Дьявол развернулся ко мне, и меня обдало его горячим дыханием. — Запомните, вас не было там в ту ночь, вы понятия не имеете о банде Эльберга и о том, что я, как вы выразились, бандит. Заверяю, я для вас не опасен, но вот остальные… пожалуйста, будьте умнее.

Я кипела от злости, но ответила спокойно:

— Я вас поняла. — Спорить не было смысла, я и так не собиралась никому ничего рассказывать. — Позвольте узнать, откуда у бандита такая манера общения?

— Какая? — Уголки его губ поднялись, цвет светофора сменился на зеленый, и мы резко двинулись в путь.

— Здесь налево, — указала я. — Ну, чрезвычайно вежливая. Ощущение, будто вы начитались Шекспира.

— Так оно и есть.

— Ни за что не поверю, — невольно хохотнула я.

Он как-то странно на меня посмотрел, буквально обжигая взглядом темных глаз.

— Значит, если бандит, то сразу неуч?

— Вероятно, раз мозгов хватило только на совершение преступлений.

— Какая вы прямолинейная, — рассмеялся Дьявол.

— Слушайте, мне ваши манеры очень по душе, но я себя чувствую какой-то Джейн Эйр.

— Что ж, тогда я буду мистером Рочестером.

Я залилась румянцем, но не посмела посмотреть в его сторону.

— И вы тоже прячете где-то свихнувшуюся женушку?

И снова раздался его веселый, хрипловатый смех.

— Селина, до чего вы… забавная. Нет, если память не изменяет, жены у меня нет. Кстати, меня зовут Райан, но если тебе больше нравится Нечисть, я не против.

Мне больше нравится Дьявол, но тебе об этом знать необязательно.

— Очень приятно, Райан, — кивнула я. — Меня вот мучает вопрос: как ты разглядел меня той ночью с «угловатым качком»? Зачем преследовал? Все это выглядело жутковато, не говоря о сообщениях.

— Ты все-таки сменила номер?

— А как ты думаешь?

— Мне нравилось тебя пугать, — признался он, по-кошачьи улыбнувшись. — Ты хоть представляешь, как нелепо выглядела, прикрываясь той шваброй?

— Щеткой.

— Сути не меняет.

— Мне так подсказал инстинкт самосохранения, чего уж теперь! — взмахнула руками я. — Согласна, так себе вышел камуфляж.

Я вдруг осеклась и задумалась, почему вообще с ним разговариваю, да еще с такой легкостью.

— Вот здесь направо, и приехали.

— Как скажешь.

— А ты… почему вообще решил меня вчера вытащить из паба?

— Скажем так, не мог оставить красивую девушку в беде.

Его ответ был настолько скучным и неправдоподобным, что я не сразу расслышала слово «красивая». Почему в его присутствии щеки вечно заливает румянец? Машина остановилась у моего дома.

— Я видел, что ты плакала вчера. По себе знаю: когда очень больно и грустно, хочется чем-то заглушить эти чувства, а последствия у такого желания часто не из приятных.

— Какой ты внимательный сталкер, — подметила я, а Дьявол подавил смешок. Я выдернула шнур зарядного разъема. — Спасибо большое за это ночное приключение.

— Тебе спасибо.

— За что? — уставилась я на него.

— За хорошее настроение.

— И все же как ты оказался в банде Эльберга?

— На то есть свои причины. — В его глазах отразились досада и боль, но с чем они связаны? Я не рискнула спросить.

— Как и на то, почему ты мне помог?

— Именно.

Дьявол резко повернулся ко мне, наши глаза встретились, и я, не знаю зачем, задержала дыхание. Он смотрел на меня, как… не знаю, как охотник на добычу? Как, должно быть, мистер Рочестер смотрел на Джейн? Его рука снова скользнула по моему колену, и чертовы неподвластные мурашки высыпали на бедрах.

— Твоя сумочка, — поднял он. — Эти мурашки уже явно не от холода.

Хотелось стукнуть его по наглой, лукавой… слишком красивой физиономии, но я надменно вздернула подбородок и резко открыла дверь.

— Прощай, Нечисть!

— Я бы сказал, до скорой встречи, мисс Лаванда.

Я знала, что он улыбается, спиной чувствовала его выражение лица, вновь и вновь покрываясь мурашками. Я тут же свалила все на утреннюю прохладу. Но когда его двигатель заревел и из салона полилась песня Arctic Monkeys «Why'd You Only Call

Me When You High?», которую я недавно распевала в автобусе, меня словно громом поразило. То, что он демонстративно включил эту песню, не могло быть случайностью, я уверена, потому что всю дорогу мы ехали в тишине, а именно сейчас, стоило мне выйти, он выкрутил звук на максимум. Я поспешила домой, так и не сумев унять дрожь.

ГЛАВА 9

— СЕЛИНА, ДА КАК ТЫ МОГЛА! Я чуть с ума не сошла! — встретила меня на пороге мама. — Девочка моя, ну хоть бы одно сообщение! А Эбигейл до того перепугалась, что пришла к нам с ночевкой — поджидать тебя!

— Эбби у нас?

— Да, она еще спит на старой кровати Пабло в комнате Мэттью. Мы не ожидали, что сегодня ночью твоя кровать будет пустовать.

— Мамочка, любимая моя, мне двадцать три года, в конце концов…

— Да хоть все сорок, ты — моя маленькая Сели! Я ведь не ругаю тебя, гуляй где и с кем хочешь, но не пропадай ночами, я чуть…

— Ладно, мамуля, иди сюда. — Я прижала ее к себе.

— Милая, ну и несет от тебя, конечно. Марш в душ! Знать не хочу, откуда все эти ароматы…

— Вот и правильно.

А в душ я не просто пошла — побежала. Мне не терпелось смыть с себя пролитый алкоголь, лапы Нила и весь стыд, пережитый за эти сутки. Интересно, Эбби помнит, что обещала сегодня отработать без меня? Я была готова даже закрыть кофейню на сутки, настолько невозможным казалось ехать на работу через полтора часа.

— А вот и она! — Эбби и Мэттью сидели за круглым кухонным столом и уминали торт, испеченный мамой в честь праздника. — Тебе крышка, Селина Гарсия.

— Эбби, давай не тут... — Я выразительно глянула в сторону брата.

— Мне тоже интересно! — возмутился он.

— Так, вы, кажется, забываетесь, детишки! — дерзко бросила я, заваривая кофе. — Вы что, в школу?

— Я на тренировку, Эбби в кафе, — ответил Мэтт. — Значит, день рождения прошел успешно?

— Не твоего ума дела, братец! — буркнула я.

— И вот с *этим* я живу почти восемнадцать лет... — драматично произнес Мэттью.

— Между прочим, *это* меняло тебе подгузники и кормило с ложечки, так что прояви уважение к старшей сестре в ее болезненном состоянии!

Мэттью и Эбби прыснули со смеху и пододвинули стулья, уступая мне место. Пабло и Ева съехались сразу после разговора с мамой, и я с грустью взглянула на опустевшее место во главе стола. Мама после бессонной ночи осталась дома и громко посапывала на диване. Прикончив торт, я собралась в спальню.

— Эбби, пиши мне, ладно?

— Окей! Завтра смена Оскара?

— Нет, мы договорились, что я буду работать три дня, а затем он выходит на два. Я пока не готова платить ему по полной.

— Ты уверена, что сможешь завтра выйти?

Я наградила ее гневным взором и скрылась за дверью своей комнаты. Наконец можно уединиться со своими мыслями. Прижав к себе вторую подушку, я вспоминала события минувшей ночи. Стыд, тоска — все это вновь окутало мое сознание. Я ведь так и не заглянула в телефон и не узнала, пытался ли Коннор дозвониться до меня. Надеюсь, что нет: совсем не хотелось, чтобы перед глазами опять прыгала Ким. На (почти) трезвую голову я убедилась в верности своих ночных размышлений, решив отдавать долг дяде Майклу вместе с арендной платой. Будут выходить копейки, но если откладывать каждые два месяца, получится не такая уж постыдная сумма.

А затем мысли вернулись к Дьяволу. Я машинально провела рукой по коленям, к которым совсем недавно прикасались его пальцы. Анализируя свое поведение, я осознала, какой взбалмошной и глупой предстала в глазах Дьявола. Может, где-то даже переборщила с хамством, учитывая то, какую заботу и доброту он проявил, но ведь должен он понимать, какой страх у меня вызывает? Может, по большей части меня ужасает сам Эльберг, но и Дьяволу доверять я была не готова. Однако где-то внутри разгоралось желание увидеться вновь, пусть и рискуя нарваться на неприятности. Мне вдруг резко захотелось поехать к докам и наподдать Нилу Бушу. Вот куплю ему новую щетку и здорово ею на нем отыграюсь!

Я была благодарна Дьяволу — ладно, так и быть, Райану — за помощь. Меня поразили его вежливость, внимательность, а главное — адекватность и дерзость. Я не стала думать о том, каким образом он узнал о моей любимой группе и включил ли музыку в машине специально. Не думала я и о том, как прожигал его взгляд, и о том, почему я так остро реагировала на его малейшие прикосновения. Я просто крепко уснула, отгоняя непрошеные мысли.

* * *

Я проспала вплоть до следующего утра. Непозволительная роскошь. Скажи кто-нибудь пару недель назад, что мне будет дозволено проспать целые сутки, я бы рассмеялась ему в лицо. Этого времени как раз хватило, чтобы полностью восстановиться и вернуться в строй. Я ужас как соскучилась по кофейне. За долгие семь месяцев я привыкла держать все под контролем, и теперь отдыхать было как-то... неловко и беспокойно.

Эбигейл, кажется, вчера всерьез занялась уборкой. Она даже оттерла сиреневые обои от микроскопических капель кофе. Блестела вся аппаратура, витрина с десертами, кухня, белые столики сияли. Эбби также разложила в держатели новые салфетки с рисунком лаванды и обновила стаканчики. Раньше у нас были белые кофейные стаканы трех размеров с мини-эмблемой: лавандовая ветвь в круге. Теперь же по стенкам стаканов тянулась ввысь лаванда, напоминая о Провансе. Моей мечте.

Я подошла к зеркалу, чтобы заплести косу и поправить длинное приталенное платье цвета хаки, и ужаснулась тому, как похудела. Я и раньше была стройной, если не брать в расчет широкие бедра, а теперь… даже они уменьшились в размерах. Свои новые божественные лодочки я припрятала дома в шкафу, пообещав себе надеть их в следующий раз только на свадьбу Пабло, ведь в ночь дня рождения я их чуть не угробила. Так что сегодня я порхала в мягких, удобных бежевых босоножках на невысокой платформе.

С самого утра в кофейне побывало не меньше двадцати человек, так что я едва успела сварить суп, одновременно обслуживая посетителей. Во время обеда я листала телефон, раздумывая над шестьюдесятью пропущенными вызовами от Коннора. Конечно, я не собиралась перезванивать, подумала только, что зря сообщила ему свой новый номер после смены сим-карты. Да и вчерашнее эсэмэс от Эбигейл выбило меня из колеи.

Э: Селина, только что заходил какой-то бородатый байкер и попросил поблагодарить тебя за чудесное настроение. Это как понимать?!

С: Я всего лишь заставила их танцевать!

Э: Я уже все выяснила. О «веселой испаночке» уже пишут баллады. Считаю, Нил должен тебе теперь платить проценты за привлечение клиентов. Или ввести тебя в вечернюю программу танцев.

Отставив тарелку, я задумалась о Ниле. Этот паршивец еще не получил от меня за попытку… не могу даже позволить себе подумать об этом слове! Эбигейл сказала, что не видела его вчера, а из-за потока клиентов не нашлось минутки дойти до паба. Слава богу, Эбби не знала ни о свинском поведении Нила, ни о моем спасителе.

Однако мне не пришлось ждать закрытия, чтобы встретиться с Нилом. Я сидела, уставившись на дверь в ожидании посетителей, и тут Буш как раз прошел со стороны склада через мой дворик. Он обернулся на мою кофейню и встретился со мной взглядом через стекло. Я даже рот от удивления раскрыла. Его лицо было похоже на бифштекс. Кто-то хорошенько наподдал ему, и теперь под глазами Нила светились два фонаря. Нил, встретившись со мной взглядом, тотчас отвернулся и, накинув капюшон, ускорил ход.

— Господи, кто же его так?.. — вслух поинтересовалась я.

У меня были предположения, но я как-то сразу их отвергла. Зачем Дьяволу встревать в этот конфликт? Он ведь сказал, что я потеряла сознание и что он просто донес мое пьяное бесчувственное тело до машины. Как бы то ни было, совесть совершенно не грызла меня, когда я довольно улыбнулась, вспоминая побитого Нила.

К концу смены я не чувствовала усталости. Видимо, следует почаще высыпаться, тогда и энергии будет хоть отбавляй. Отпустив последнего посетителя, я перевернула табличку на «Закрыто» и сделала себе холодный латте с лавандовым сиропом. Официально — вкуснейший напиток на Земле. Правда, Коннор как-то сказал, что сироп отдает ржаным хлебом, но кого теперь интересует мнение этого кобеля, верно?

Я воткнула наушники, накинула светлую рубашку поверх платья, вышла и закрыла кофейню.

— Спокойной ночи, моя дорогая. До завтра, — попрощалась я с ней.

Но не успела сделать и шагу, как заметила на канале небольшую лодку. Странно. Любопытство подтолкнуло меня к докам, и, притаившись за кирпичным строением, я поглядывала на приближающуюся лодку, вытащив наушники. В пабах царила тишина, я слышала только свое дыхание и плеск воды. В лодке сидел один человек, который греб веслами, его лицо было закутано шарфом, голова прикрыта шляпой, а тело — черным пальто. В общем, одет он был слишком тепло для весенней погоды.

Хлопнула дверь. Кто-то вышел из антикварной лавки. Этот человек тоже было укутан так, что не разглядеть, лишь по походке и фигуре я догадалась, что это мужчина. Он нес большой чемодан и двигался к узкому помосту. Как только лодка скрылась во тьме под мостом, мужчина из лавки направился обратно в магазин уже без чемодана. Я тихими короткими шажками пятилась назад, чтобы не попасться, как вдруг…

— Чш-ш… — Дьявол приставил к губам палец, ладонью другой руки прикрывая мне рот.

Он так резко дернул меня за руку, что у меня от испуга чуть не случился инфаркт, и теперь я стояла, притиснутая к холодной кирпичной стене, а Дьявол прижимался ко мне всем телом. Моя грудь касалась его торса, обтянутого черным джемпером. Я выровняла дыхание и взглядом попросила Дьявола убрать ладонь с моего лица. Он наблюдал за доками и только через пару минут опустил руки.

— Молчи, — прошептал он.

Мои губы продолжали ощущать прикосновение его рук. Отчего-то меня пробила дрожь, подкосились колени, но Дьявол тут же подхватил меня.

— Напугал? — уже обычным голосом спросил он.

Я, если честно, не могла не то что ответить, но даже дышать, шевелиться, мыслить и существовать, пока его крепкое тело придавливало меня к стене. Он, кажется, догадался об этом, взглянув на мой открытый рот и злосчастные мурашки на плечах, оголившихся из-за съехавшей рубашки. И что сделал этот наглец? Прижался ко мне еще сильнее. Судя по его самодовольной улыбке, эта близость, вернее, то, как я на нее реагировала, забавляла его.

— Может, все же отодвинешься от меня? Мне тяжело дышать! — в бешенстве пропыхтела я, обретя способность двигаться.

Дьявол наклонил голову и прошептал мне почти в губы:

— Думаю, тебе тяжело дышать по другой причине...

Ах вот что возомнил о себе этот... Его горячее дыхание отозвалось спазмом в животе. «Должно быть, несварение!» — ругнула я себя и не без труда отпихнула Дьявола. Да он просто танк!

— Снова следил за мной? — как ни в чем не бывало спросила я, не рискуя двинуть ни к докам, ни в сторону дворика.

— Не такая уж ты незаметная, раз постоянно попадаешься мне на глаза, — ответил он.

— Может, проблема все-таки в тебе и твоей мании преследовать меня?

— А может, это твой талисман привязал меня к тебе?

Я собиралась возмутиться, но тут Райан снова прижал меня к стене, а сам вышел из-за угла. И без его напутствия я догадалась, что следует держать язык за зубами и не шевелиться. Как только Райан отошел, оставив меня в одиночестве, я невольно закрыла глаза, представив его крупное, теплое тело рядом со своим. Неконтролируемая фантазия понеслась дальше, и я вообразила, как его губы касаются моих... Живот свело с такой силой, что пришлось сжать кулаки и отругать себя за столь нелепые, постыдные мысли.

Райана не было минут десять, вернулся он с недовольным выражением лица и яростным взглядом.

— Селина, не ходи на остановку. — Это была не просьба, а приказ.

— Почему?

— Слушай внимательно: ровно через пятнадцать минут пройди через дворик к закрытому ресторану, ну, с черно-белой обветшалой вывеской, поверни налево — и выйдешь к моей машине. Ты ведь ее помнишь?

Еще бы не запомнить этот длинный древний катафалк!

— Угу, — кивнула я.

— Отлично. Возьми ключи, а когда доберешься, ляг на заднем сиденье.

— К чему…

— Пожалуйста, не усложняй. Все, сверяй часы.

Он вложил мне в ладонь брелок с ключами и ушел в сторону доков. Я засекла время. Минуты тянулись смертельно медленно, меня била дрожь, как от холода, так и от страха. Молодой месяц слабо освещал закуток, в котором я пряталась, так и не шелохнувшись, пока не истекло назначенное время. Секунда в секунду я принялась выполнять указания Райана, то и дело оглядываясь через плечо. Его напряженный голос вселил тревогу в мой и без того беспокойный мозг.

Черный автомобиль стоял под деревом с густой листвой. Мне потребовалась пара минут, чтобы понять, как открыть чертову дверь, ведь у меня никогда не было ни прав, ни своего авто. Как только мое тело распласталось на заднем сиденье, разум принялся отсчитывать время. А сердце буйствовало, впечатленное недавними прикосновениями.

— До завтра, Гас, — послышался голос Дьявола.

— Давай, Эванс, — ответил незнакомец. — Поскорее бы укатить в Лондон. Там дельце поинтереснее.

— Не то слово... — с энтузиазмом подхватил Райан.

— Ты что, не закрываешь тачку? — удивленно спросил Гас, когда Райан открыл переднюю дверь.

— Ты, может, не заметил, как я снял сигналку? Разуй глаза, чувак, — бросил Райан и захлопнул дверь, давая понять, что разговор окончен.

Я не смела двинуться или заговорить. Забравшись в машину, я сразу бросила ключи на водительское сиденье, так что Райан уже завел двигатель. Машина плавно выехала с подъездной дорожки.

— Можешь сесть, — позволил мне Дьявол. Никак не могу решить, какое имя ему больше к лицу.

— Это был...

— Да, член нашей банды, — ответил Райан, не дав мне закончить.

Я проследила за его взглядом через зеркало. Суровое и обеспокоенное выражение лица не сулило ничего хорошего.

— Объяснишь, какого черта я валялась на заднем сиденье? И куда ты меня везешь?

— Домой, если ты туда хочешь. Дорогу я помню.

Я облегченно вздохнула, когда его лица едва коснулась улыбка, но тут же напряглась, осознав, что бандиту теперь известен мой адрес. Идиотка! Непредусмотрительная идиотка!

— Ты всегда выборочно отвечаешь на вопросы?

— Нет, я всегда отвечаю на них неохотно. — Он снова улыбнулся и резко затормозил. — Пересядешь?

— А? — нахмурилась я, а потом догадалась. — Ах, конечно!

Переместившись на переднее пассажирское, я пристегнула ремень, и Райан продолжил путь.

— Пообещай, что больше не будешь идти на поводу любопытства?

— С чего бы мне раскидываться обещаниями? И какое вообще тебе дело?

Он немного подумал и не без иронии ответил:

— Не хочется, чтобы именно мне поручили тебя устранить.

— Какой великодушный жест! — фыркнула я. — И все же не понимаю, с какого перепугу ты, участник банды, вновь прикрыл меня перед своими?

— На этот вопрос у меня целых два ответа.

— Да ты сегодня балуешь меня своей многословностью! Пожалуй, я хочу узнать тот, что ближе к истине.

— Мне просто захотелось прижаться к тебе, — совершенно спокойно ответил он.

Будто я спросила «как дела?» и он ответил «нормально». Но этот мерзавец точно знал, что его ответ вызовет волну мурашек и сделает щеки пунцовыми.

— На секундочку, я состою в…

Вот черт дернул! За четыре года отношений я привыкла к своему «статусу» занятой персоны.

— …отношениях? Прости, но все в ту ночь слышали, как ты кричала на танцполе что-то вроде «катись в ад, Коннор, и прихвати с собой свою грудастую шлюху».

Я хлопнула себя ладонью по лбу:

— Замолчи…

— Не стоит смущаться. Если этот подонок посмел изменить *тебе*, — на этом слове он сделал акцент, — то вполне заслуживает дороги в ад.

— Мы можем поговорить о ситуации в доках, а не о моем унижении?

— Чтобы я упустил возможность наблюдать, как твои щеки постепенно превращаются в два спелых томата?

Я толкнула его локтем и тут же ойкнула. Нет, этот Дьявол точно состоит из железа, а не из плоти.

— Да что тут объяснять, Селина? Ты в очередной раз могла стать свидетельницей того, чего видеть не должна. Если бы тебя заметили, то не стали бы разбираться, понимаешь?

Я поняла и медленно кивнула.

— Если я правильно поняла, тот мужчина с чемоданом сбросил в лодку…

— Селина, — резко оборвал Райан и посмотрел на меня, в его глазах отражалось пламя. — Выкинь из головы все, что видела. Забудь и не возвращайся к этому.

— Послушай, Райан. Я ведь там работаю. Я могла просто проходить мимо, к остановке. Что прикажешь делать?

— Поменяй график работы кафе. Закрывайся и открывайся на час раньше. Предупреди своих, чтобы не засиживались и уходили сразу после закрытия.

— Но почему именно я? В доках еще два паба, несколько магазинов, склад и…

— Потому что другие меня не волнуют, — резко перебил он, но затем смягчился. — Я хотел сказать, другие не подглядывают исподтишка и не оказываются рядом в самый неподходящий момент.

Я надулась и уставилась вперед, на дорогу. Мы ехали по ночному Бирмингему, оранжевый свет фонарей мелькал за окном. Вот и мой любимый парк.

— Остановись здесь! — попросила я.

Райан, быстро среагировав, притормозил и плавно перестроился вправо, припарковав машину.

— Я… пойду прогуляюсь. Спасибо, что снова прикрыл меня. Хотя, мне кажется, никто бы меня и не заметил. — Я натянуто улыбнулась и уже схватилась за ручку, когда теплая ладонь Дьявола легла на мое бедро.

Даже через платье я остро ощутила его прикосновение.

— Ты что, собираешься в полночь разгуливать по парку в одиночестве? Селина, ты точно из Бирмингема?

— Вообще теоретически из Валенсии, но…

— Никуда ты не пойдешь одна. Либо я везу тебя домой, либо гуляем вместе.

Я бросила взгляд на парк. Нет, домой я точно не собиралась, к тому же завтра на смену выходит Оскар.

— Пойдем, — ответила я, даже не взглянув на него, и выбралась из машины.

Мы прошли через главные ворота, и нас тут же окутал аромат цветущих яблонь. Белые лепестки, унесенные ветром, покрывали тропинку и газон. Фонари тускло освещали дорогу, и в такой тьме невозможно было разглядеть всей красоты парка, а жаль. Райан глубоко вдыхал пряный воздух, я смирно плелась рядом, раздумывая над тем, где бы присесть.

— То есть ты посчитал, что безопаснее прогуливаться ночью с бандитом, нежели в одиночестве? — спросила я, нарушая молчание.

— Все-то ты видишь во мне злодея, — хмыкнул Райан.

— Разве не так? Не отрицай, ты ведь работаешь на Эльберга, вот и ответ.

Я поплотнее запахнула рубашку, когда мы повернули к пруду.

— Почему мы всегда мусолим этоу тему?

«Потому что это пугает меня. Мешает довериться тебе, а все мои мысли, как нарочно, вертятся вокруг тебя!» — хотелось сказать мне.

— Всегда? Кажется, мы видимся второй раз. То есть по-человечески видимся, — исправилась я, улыбнувшись.

— Лучше расскажи о себе. Ты упоминала, что родом из Валенсии. Очевидно, что в тебе течет испанская кровь, но почему вы переехали?

Взглянув на Райана, я не заметила хитрого взгляда, только искреннюю заинтересованность. Взор его блуждал по проплывающим крякающим уткам.

— Ну... — Стоит ли вообще посвящать бандита в свою жизнь? — Моя мама родом из Англии, здесь у нее своя квартира. Как только отец вместе с лучшим другом открыл филиал своей юридической фирмы в Лондоне, мы перекочевали сюда. Некоторое время жили в поместье, вернее, в большом доме у друга семьи, потому что в маминой квартире долго шел ремонт.

— Скучаешь по Валенсии?

— Скорее... по бабушке. Она умерла четыре года назад, — спокойно произнесла я, хотя глаза тут же защипало. — Присядем?

Райан свернул к лавочке, мы сели слишком близко друг к другу. Но от него исходило такое тепло, а мне было так холодно, что я наплевала на все приличия и предрассудки.

— Мне очень жаль. Я о бабушке. — Райан облокотился на спинку лавки.

— Спасибо. Она была чудесной. У нее на любое происшествие находился позитивный аргумент, на любую проблему — метод решения, а уж сколько легенд и историй она мне поведала!

— Да, — горько усмехнулся Райан, — этого у старшего поколения не отнять. Часто именно их истории вселяют в нас веру, пока не повзрослеешь и не поймешь, что нет в жизни никакого волшебства.

— А ты? Всегда жил здесь?

— Нет, в Бирмингеме я по делу. Всю жизнь прожил в Лондоне, — ответил Райан нехотя. — Но пришлось снять здесь студию, кое-какие обстоятельства вынудили переехать и сдать лондонский дом.

— А вы... проживаете все в одном доме, когда выезжаете на задание? В каком-нибудь скрытом от глаз особняке? — поинтересовалась я, тут же вызвав насмешку у Дьявола.

— Упаси боже, Селина! Здесь мы живем в съемных квартирах. В основном нам бронируют номера в отелях, но если срок проживания дольше двух недель, то снимают квартиру, — пояснил он. — Ты, значит, живешь с мамой? Я думал, вы с этим... как его? Клаусом?

— Коннором, — уныло протянула я. — Нет. Хотя он предложил мне съехаться буквально неделю назад. Не понимаю зачем. Черт разберет вас, мужчин. Мы встречались четыре года, оба понимали, что сильно отдалились друг от друга, особенно с началом работы. Все вело к расставанию, но я… надеялась, что ситуация изменилась, раз он принял такое решение — съехаться.

— Значит, ты его еще любишь? — спросил Райан, проводя пальцем по губам.

Вопрос заставил задуматься. Люблю ли я Коннора? Любила ли я его последний год или просто относилась как к родственнику? Не знаю. Но сейчас сердце не трепетало при мысли о нем.

— Нет, не думаю, — ответила я после долгой паузы. — Коннор был… он появился как раз тогда, когда был необходим. Если честно, сейчас я понятия не имею, чего хочу. Последние несколько лет я жила мечтой и, видимо, буду продолжать бороться за жизнь кофейни.

Райан слегка нахмурился, достал сигареты и закурил.

— Хорошая работа. Я о кофейне, — похвалил он, затягиваясь. — Целеустремленность — залог успеха. Я восхищен твоим упорством.

— Благодарю, — кивнула я. — Я люблю кофейню, вложила в нее всю душу, подарила ей сердце, отдаю все свободное время, но теперь… иногда кажется, словно я превратилась в робота. Мне хочется, чтобы она приносила мне удовольствие, а не ощущение каторги.

В парке было так тихо, точно весь город вымер. Слышался треск тлеющей сигареты и уханье филина. Почему-то присутствие Дьявола теперь вместо страха внушало спокойствие — наверное, оттого и развязался мой язык. Однако каждое свое предложение я тщательно формулировала, так как не могла знать наверняка, почему Дьявол вообще со мной разгуливает и выпытывает о прошлом.

— «Лавандовая ветвь» и есть твоя мечта? — спросил он, выбросив окурок в урну.

— Открытие кофейни как таковой было моей главной целью. Как только она осуществилась, я позволила себе поставить новую, но пока она больше тянет на несбыточную мечту. Мне бы очень хотелось открыть кафе в Провансе. Филиал «Лавандовой ветви».

— Ей там самое место, — нежно улыбнулся Райан, и я быстро отвела глаза.

— Что мы все обо мне? Расскажи о своих целях. Ведь что-то подтолкнуло тебя в… ну ты понял, — пожала плечами я. Руки у меня уже заледенели, но возвращаться домой совершенно не хотелось. — Только не говори, что когда-то в детстве Эльберг приютил тебя под своим крылом, заменил отца и все такое…

Дьявол хохотнул над моим ухом, и от его смеха сразу стало теплее.

— Нет, все не так драматично. Наверное. — В его глазах снова промелькнула боль, которую я уже однажды заметила. — Мне очень нужны деньги. Эльберг платит больше, чем… Словом, платит много.

— А заработать честным путем?

— Они нужны были срочно, — отрезал он.

— Из тебя все надо вытягивать, да? — усмехнулась я.

— Просто ты слишком любопытна, — не остался в долгу он.

— Раз уж ты получил нужную сумму, почему не уйдешь?

— Ох, Селина, — громко выдохнул он. — От Эльберга не уходят. По крайней мере живыми или свободными. Если все получится, я уйду от него летом, но шанс невелик.

Я не нашлась что ответить. Конечно, Райана могли повязать в любой момент. Сидя с ним рядом, становилась ли я соучастницей? Я поежилась, представив Райана за решеткой. Разумеется, Дьявол это заметил и, потянувшись за пачкой сигарет, вновь коснулся моей руки.

— Господи, да ты вся заледенела! — спохватился он, а потом хитро улыбнулся. — Позволь согреть твои руки в рукавах моего свитера?

Я отодвинулась.

— Значит, та песня не была совпадением, — произнесла я вслух, вскочив с лавки. — Ты следил за мной постоянно?!

Райан снова рассмеялся, встал и взял меня за руки. Я была так возмущена, что не сразу их отдернула.

— Признавайся!

— Селина, дело в том, что я впервые увидел тебя задолго до того, как ты спряталась за щеткой, — мягко произнес он.

— Что это значит?..

— Автобус, — продолжал улыбаться Дьявол. — Я несколько дней подряд видел тебя поющую. И на остановке.

Порой я негромко напевала свои песни в общественном транспорте или на остановках и меня никогда не смущали пассажиры. Но то, что Дьявол был тому свидетелем, вогнало меня в краску. Я развернулась и поспешила к дороге.

— Селина, да постой же! — догонял он. — Куда это ты?

— На остановку, куда же еще. Буду петь песни.

— Сядь в машину, — уже нервно потребовал он.

— Райан, ты меня пугаешь, честно, — почти шепотом пролепетала я, не сбавляя темпа.

Он на долю секунды замер и все же схватил меня за руку.

— Пожалуйста, позволь отвезти тебя домой, ладно?

Он заглянул мне в глаза, и в его взгляде я заметила смятение и… отчаяние.

— Ладно… — сдалась я.

Мы ехали молча почти всю дорогу, но когда автомобиль завернул в мой квартал, я спросила:

— Ты не сказал, зачем тебе нужна была крупная сумма.

— Я и не собирался об этом говорить.

Больше попыток возобновить беседу я не предпринимала. Не хочет — пусть молчит. Кто я такая, чтобы лезть в его дела? А на его вопросы я отвечала по своей воле, он ведь не настаивал.

— Селина, я… — Райан навис над моим пассажирским сиденьем, припарковав авто. Его нос случайно скользнул по моим волосам, вызвав волнующую щекотку. — Не пойми меня неправильно, я не следил за тобой. Просто запомнил, вот и все. А потом ты оказалась там, и… Мне было необходимо предупредить тебя, чтобы держала язык за зубами.

Я еле дышала, глядя ему в глаза. Между нами не было никакой дистанции, и, собрав всю волю в кулак, я отвернулась и потянулась к двери.

— Спасибо за вечер, больше никаких глупостей, обещаю, — улыбнулась я, уже стоя на улице.

Райан совсем загрустил. Мне было даже совестно, что я привела его в такое расположение духа, но почему? Чем я его обидела? Или его терзали какие-то демоны прошлого? Ведь я отчетливо видела, как потемнели его глаза, когда я спросила о цели и сумме. Оставалось только гадать, пока я медленно шла к нужному подъезду.

ГЛАВА 10

ДВЕ НЕДЕЛИ МЫ СУДОРОЖНО ГОТОВИЛИСЬ к свадьбе. Все свои выходные я проводила либо с мамой, либо с Евой, либо с Пабло, и только один выходной совпал у нас с Эбигейл, за два дня до торжества. Мы поехали в торговый центр, чтобы выбрать платья. Я бы приобрела его раньше, но Эбби взяла с меня обещание съездить вместе.

— Не могу поверить, что скоро буду в Лондоне!

Довольная Эбби тянула меня за собой по магазинам. Конечно, она была приглашена. В первую очередь как почти член семьи и уже во вторую, о чем мне стало недавно известно, как «плюс один» Мэттью. Господи, неужели мой братец впервые в жизни принял правильное решение?

— Сюда!

Мы вошли в небольшой бутик вечерних платьев. Наряжаться я любила, а вот деньги тратить — не очень. Судя по ярким, шикарным моделям, развешанным по всему залу, здесь их придется потратить намного больше, чем я могла себе позволить.

— Добрый день! В нашем магазине действует скидка пятьдесят процентов на второй товар в чеке! — поприветствовала продавец.

— Спасибо, — кивнули мы.

— Значит, пробьем одним чеком! — уже тихо и весело шепнула мне Эбби.

Клянусь, мы перемерили восемьдесят процентов представленных товаров, пока Эбби не определилась с платьем. Было много славных вариантов, но когда она вышла из примерочной в длинном изумрудном платье без бретелей, так гармонично подчеркивавшем ее морковные волосы и россыпь веснушек, я и столпившиеся в ожидании продавцы воскликнули:

— Оно!

— Я тоже так думаю! — хлопнула в ладоши Эбби. — Селина, а ты? Сделала выбор?

— О, я возьму вот это! — Я указала пальцем на второе из трех примеренных платьев.

Совершив покупку, мы пошли в ресторанный дворик и заказали по бургеру.

— Слушай, а ты уже сказала Еве, что пойдешь одна? — спрашивала Эбигейл, откусывая бигмак.

— Конечно, они ведь считают гостей.

— И что же, не последовало расспросов?

— Думаю, Пабло и так все понял в тот день… Мама только расстроилась. Наверное, она тоже привыкла к тому, что я занятая девчонка, а значит, не попаду в неприятности.

— Вернее, она расстроилась, что тебе уже двадцать три, а ты теперь свободна как ветер, — хмыкнула Эбби.

— Думаешь, мама хочет сплавить меня замуж? — хихикнула я.

— Ну, она как-то заикнулась о том, что ждет внуков от Пабло.

— Так это же от Пабло. Мы никогда не обсуждали мое возможное замужество. Как насчет вас с Мэттью?

— А что мы? — Эбби хотя и попыталась изобразить безразличие, все же засуетилась, прикрываясь стаканом колы.

— Давно вы вместе?

— Помнишь, мы ходили на выставку?

Я кивнула.

— Вот. С того дня мы… сблизились. Я ведь ночевала у вас.

— Угу, заняла койку Пабло.

Эбби поперхнулась и отвела взгляд.

— О нет! Вы что, в ту ночь?.. — Я изобразила гримасу отвращения.

— Селина! Нам через месяц восемнадцать! — толкнула меня Эбби.

— Эбс, не пойми меня неправильно, я рада за тебя, но это же мой брат, поэтому… не хочется думать об этом. Я просто очень за вас рада, — тепло улыбнулась я и взяла ее за руку.

Мы еще полдня гуляли по торговому центру, после чего разъехались по домам. В последнее время мне не нравились часы уединения, потому что все мысли крутились вокруг Дьявола. Мы не виделись с того самого вечера в парке. Я уже сто раз пожалела, что сменила сим-карту, но все же упорно продолжала убеждать себя в том, что мне просто интересно с ним общаться. Не больше. Во всем, что касалось чувств между мужчиной и женщиной, я не особо соображала и не имела толковых советчиков. Разучилась распознавать знаки внимания, кроме очевидных, как, например, Нил и его грязные руки в ту ночь в пабе.

Да и времени на разборки у меня не было. Заниматься самокопанием — не мое, еще не хватало разбудить давно уснувших демонов. Я с содроганием вспоминала, как подействовал алкоголь на мою стену, блокирующую старую боль и прочие депрессивные порывы, и не хотела повторения. Все свои силы я продолжала тратить на кафе, стараясь как можно меньше думать о Конноре или Дьяволе.

А на носу свадьба! Долгожданная поездка в Лондон придавала сил, так что в предпраздничный день я работала как заведенная. Может, теперь у нас и была толпа посетителей, но я ловила себя на мысли, что скучаю по мистеру Берчу и Дороти. Интересно, зайдут ли они еще?

Звон дверных колокольчиков отвлек меня от чистки кофейного аппарата. Вошла девушка. Мне она показалась знакомой.

— Здравствуйте! — воскликнула она, широко улыбаясь. — Вы меня не помните?

— Простите, у меня такой поток посетителей в последнее время…

— Я забегала к вам в ливень, мы еще обсуждали фиалки.

— А, точно! — Я вспомнила ее. — Что будете заказывать?

— Можно кокосовый раф? А вообще-то я пришла, чтобы поблагодарить вас.

— Меня?..

— Да. Знаете, я не веду собственный блог, но в социальных сетях видела несколько историй любви, начавшихся с вашей лавандовой ветви. Признаюсь, я была уверена в том, что их сочиняет ваш сотрудник и выкладывает с фейковых аккаунтов. Но дело в том… Боже, сама не могу поверить в то, что произошло!

Девушка говорила так быстро, что я с трудом улавливала суть, делая раф.

— В тот вечер я вышла из кафе, в одной руке держа зонт, в другой веточку лаванды. Мне очень нравится ее запах, поэтому я шла, вдыхая и ни о чем не думая. Подошла к остановке, и тут промчался внедорожник и окатил водой из огромной лужи! Зонтик спас мои волосы, а вот одежду спасти не удалось. Этот негодяй проехал светофор, я бранилась, поджидая автобус, но спустя несколько минут внедорожник подъехал к остановке. Молодой человек, водитель, предложил довезти меня до ближайшего торгового центра и сердечно просил прощения. Я подумала: «А вот и сяду ему назло, перепачкаю сиденье грязью!»

Но в итоге мы разговорились, потом оказалось, что работаем в соседних офисах, и вот… В общем, мы теперь встречаемся и… не знаю, я еще никогда не испытывала таких чувств.

Я стояла, раскрыв рот, вникая в рассказ милой девушки и представляя все услышанное кадрами романтичного фильма.

— Вау! — выдавила я.

— Простите, что вываливаю это все на вас, но мне так хотелось поделиться! И сказать, что я верю, однозначно верю в силу лавандовой ветви! Можно забрать раф?

Оказывается, я вот уже несколько минут сжимала стакан в руке, позабыв о заказе.

— Конечно, извините! Как я могу?..

— Бэлла.

— Селина, очень приятно. Бэлла, это потрясающе! Я от всего сердца поздравляю вас и желаю счастья! Вы действительно почти убедили меня в силе нашего талисмана. Я рада, что вы нашли время и рассказали эту историю. Вы не могли бы оставить мне свою электронную почту на случай, если я попрошу изложить вашу историю для нашего сайта?

— О! Конечно!

— Раф за счет заведения, — расплылась я в улыбке.

— Спасибо, Селина!

Девушка буквально светилась от счастья! Оставив бумажку со своим почтовым адресом, Бэлла схватила кофе и упорхнула из кафе, оставив меня шокированной и заинтригованной. Могла ли я желать большего для своего детища? Могла ли надеяться на то, что смогу подарить людям не только вкусный кофе, обед или десерт, но и любовь? Переписав почту Бэллы в смартфон, я загорелась идеей усовершенствовать аккаунты «Лавандовой ветви» и делиться историями посетителей. Эмоции переполняли меня, пока я энергично прибиралась на кухне.

— Оскар! — позвонила я сменщику. — Завтра все в силе? И вообще, ты точно справишься с пятью сменами подряд?

— Конечно, Сел, я не подведу.

— Все чаевые забирай себе, только не забудь отложить на аренду тридцать процентов. Мы с Эбби, считай, в мини-отпуске.

— Не бери в голову, Сел, я и без надбавки отработаю. Тем более ты обещала мне пять выходных после.

— Эх, черт меня дернул! — рассмеялась я. — Ладно, спасибо тебе, удачи! Обязательно звони мне, если будут какие-нибудь… недоразумения.

— Ок!

Оскар повесил трубку, а я поспешила домой. В наушниках играла Индиана «Smoking Gun», и от первой же строчки «мои губы мягки от поцелуев», озвученной томным голосом певицы, меня накрыла дикая, жуткая мысль! Я вновь отчетливо представила себя целующей Дьявола и тут же помотала головой, заставляя видение исчезнуть. Нет уж, эту песню напевать вслух я себе не позволила.

Ночь перед свадьбой выдалась нервная и бессонная, отчасти от переживаний, отчасти от жутких видений, преследующих меня в мимолетных снах.

* * *

Тяжелые, густые и еще теплые от утюжка темные локоны спадали до поясницы. Я два часа простояла перед зеркалом, приводя волосы в божеский вид, и теперь принялась за лицо. Тональный крем, подводка, тушь, румяна, оттеняющий скулы скульптор и нюдовая помада — все это в сумме дало вполне приличную картину. В ушах сияли гвоздики в форме звезд, шею я оставила голой. Атлас моего темно-фиолетового платья, сшитого в стиле комбинации, завораживающе переливался на солнце, лучи которого просочились сквозь небольшое окно.

В комнату вошла Эбби и помогла мне перевязать перекрестную шнуровку на спине. К слову, только эта шнуровка и прикрывала мою спину. Я же заколола морковные волосы подруги в пучок и застегнула на шее колье из зеленых, под изумруд, камней.

— Нервничаю, точно свадьба моя, — пыхтела Эбби, крутясь у зеркала. — Все, выходи, подъехал дядя Майкл.

Я послушно двинулась в гостиную, где мама принимала сердечные капли. На ней был строгий элегантный костюм цвета пыльной розы, ее светлые волосы я завивала рано утром, и теперь, когда кудри подраспустились, она была похожа на юную фею.

— О, Селина, спускайтесь живо! Майкл и Эстер уже заждались! — нервно бросила мама, надевая розовые босоножки.

Терпеть не могу праздничную суету: вокруг сплошная нервотрепка, все друг с другом ругаются, трясутся, подгоняют. Но сегодняшний повод не позволял поддаваться панике, и я казалась единственным адекватным человеком в нашей чудной семейке. Дядя Майкл подогнал два внедорожника, за рулем белого была Эстер, за рулем черного — он сам. До Лондона, с пробками или без, не меньше двух часов пути, поэтому уже в девять утра мы двигались по шоссе. Конечно, и я немного мандражировала, но только от предвкушения встречи с братом. Уже не терпелось увидеть его, шикарно разодетого, со счастливой улыбкой на устах.

Эбби и Мэттью держались отстраненно, но от моего любопытного взгляда не скрылось то, что они держатся за руки. Всю дорогу я улыбалась, глядя в окно, всем сердцем радуясь за обоих братьев.

* * *

Надо отдать должное родителям Евы — ресторан они выбрали просто потрясающий. Похожее на усадьбу здание из белого камня поражало своими размерами. Снаружи все было организовано для главной церемонии: арка из нежно-розовых роз, алтарь, кремовая ковровая дорожка и ряды белых стульев с резными спинками. Внутри же был накрыт фуршет: столы, уставленные едой, а в центре зала возвышался трехъярусный торт. Пол просторного помещения был выложен белым мрамором, стены цвета слоновой кости, большие французские окна декорированы шелковыми портьерами.

Со второго этажа усадьбы вели две лестницы, последние ступени которых как раз почти смыкались возле арки. Сначала спустился Пабло. Я сразу же прослезилась, похвалив себя за то, что использовала водостойкую косметику.

— До чего же он красив, мой мальчик! — вздыхала мама, помахивая Пабло мокрым от слез платочком.

Не то слово. Его густые блестящие темные волосы были тщательно уложены, черные, под стать смокингу туфли, сияли, белая рубашка подчеркивала смуглую кожу и глаза цвета оникса. Не менее шикарно выглядела и Ева. Ее платье в стиле минимализма смотрелось очень нежно. Тонкие бретели, открытая спина, обтягивающий фасон — она напоминала статуэтку.

Под конец церемонии у всех девушек растеклась тушь. Когда влюбленные произносили свои клятвы, я чуть не захлебнулась слезами. Тяжело радоваться одиночеству, глядя на чью-то любовь.

Мы налетели на Пабло с объятиями и поцелуями, а потом набросились на Еву. Гостей пригласили в зал, где ожидало обильное угощение. Наверное, это был самый счастливый, добрый и веселый день за последние… не помню сколько лет. Мне очень повезло с семьей, и я с любовью разглядывала каждого, сидя за столом. Никаких пьяных дебоширов, никаких споров, лишь прекрасные пожелания и веселые, порой даже интеллектуальные беседы.

В семь часов, когда все отведали свадебный торт, объявили танцы. К десяти вечера я не чувствовала ног и к внедорожнику дяди Майкла шлепала босиком, размахивая своими лавандовыми лодочками. Если родители Евы организовали праздник, то Пабло отвечал за размещение гостей. Ну то есть членов своей семьи. Дядя Майкл, ясное дело, свою семью разместил сам. У них имелась небольшая квартирка в центре Лондона.

— Как быстро все закончилось! — грустно вздохнул дядя. — Ну что, вас в отель?

— Мы с Эбби немного прогуляемся, дядя, выброси нас около Вестминстерского дворца, — попросил Мэттью.

— Как же вы потом доберетесь? Уже ночь-полночь! — возмутился дядя. — Знаете, если что, приезжайте к нам. Адрес пришлю эсэмэской.

— Спасибо, но мы доберемся на такси, — вежливо ответил братец и покрепче обнял Эбби.

Рыжеволосый демон бросила на меня смущенный взгляд и попыталась сжать губы, скрывая счастливую улыбку.

— А тебя, милая? — обратился ко мне дядя.

— О, в моем возрасте уже негоже разгуливать по ночам. Того и гляди, ноги отнимутся. В общем-то, после жарких танцев они уже отнялись.

Эбби тут же посмотрела на меня, и я поняла, какая история вертелась у нее на языке, поэтому быстренько погрозила кулаком. Дядя Майкл расхохотался.

— Да мне тогда уж пора в кладбищенский склеп!

Дядя высадил Мэтта и Эбби, а затем доставил меня к отелю. Пабло предупредил, что ему не удалось забронировать соседние номера, так что мы с мамой, братом и Эбби оказались разбросаны по разным этажам. Администратор выдал мне ключ-карту, проинструктировал и сообщил о том, что утром я могу заказать завтрак в номер по телефону. Я поблагодарила и поднялась на седьмой, самый верхний этаж, все еще держа в руках лодочки. Ноги еле двигались, и я плавной походкой ступала по мягкому синему ковролину, стараясь не споткнуться и абсолютно не глядя перед собой, пока не врезалась в какого-то высокого мужчину, чуть не потеряв равновесие.

— Простите, я…

Встретившись глазами со своей преградой, я замерла и чуть ли не вскрикнула:

— Дьявол?!

Слово вырвалось прежде, чем я подумала.

— Почти, — быстро ответил он, хмыкнув. — Что ты здесь делаешь, Селина? Преследуешь меня?

Ох уж эта самодовольная ухмылка! Так бы и вдарила туфлями!

— Вообще-то мой брат…

Со стороны лифтов послышались голоса. Дьявол схватил меня за плечи и втолкнул в номер. Не мой, судя по цифрам на двери. Еще через минуту в дверь постучали.

— Эванс, ты идешь в казино?

— Нет, что-то мне дурно! — крикнул он надломленным голосом.

— Слабак!

Послышались хохот и удаляющиеся шаги. Все это время Дьявол прижимал меня к платяному шкафу, прикрыв мой рот ладонью. Сердце стучало так бешено, что он не мог этого не почувствовать. Как только шаги стихли, Райан убрал свою широкую ладонь, и я отвела ото рта прядь волос, которую он в спешке прихватил.

— Селина, ну, почему ты всегда так не вовремя? — прошептал он.

— Какого черта! — возмутилась я, со всей силой оттолкнув его в сторону. — Я вообще-то здесь живу! Вернее, ночую! У моего старшего брата свадьба, и мы на четверо суток теперь…

— Четыре дня?! — Глаза у Дьявола полезли на лоб.

— Зачем ты затащил меня в свой номер?!

Райан подозрительно улыбнулся:

— Извини, нужно было тебя спрятать. Нас не должны были застать за разговором.

— Дева Мария! Я надеялась, хоть в Лондоне смогу делать все, что захочу, не оглядываясь по сторонам! Это уже не смешно…

— Ты ведь слышала, Гас в тот вечер в доках упоминал, что следующее задание у нас будет здесь. А что же *ты* собиралась делать, будучи в Лондоне?

— Ну… достопримечательности посмотреть, сходить в паб…

— То есть снова напиться и пойти на поводу у какого-нибудь ублюдка? — сердито спросил Райан.

— Да как ты… — Я замахнулась и шлепнула его туфлями. — Тебе какое дело?!

Райан приблизился вплотную, так что теперь я отчетливо ощущала аромат его кожи — табак вперемешку с мятой, — теплое дыхание и крепкое тело.

— Селина…

Он смотрел на меня так, словно подбирал слова и никак не мог найти подходящие. А затем коснулся моей шеи и прильнул к губам. Я оторопела и, не успев распробовать его на вкус, оттолкнула, наградив свирепым взглядом. Однако бабочки в животе и напряжение только усилились, я едва могла сопротивляться. Это выше моих сил.

Райан помедлил, и я, словно сорвавшись с цепи, сама бросилась в его объятия. И если первый поцелуй был неуверенный, то сейчас страсть захватила нас. Я никогда не испытывала подобного. Меня затягивало в водоворот ощущений, ранее неизведанных, не поддающихся контролю. Райан приподнял меня, и я, обхватив ногами его бедра и прильнув к нему всем телом, зарылась рукой в его волосы, другой рукой обняв за шею. В нашем долгом поцелуе было столько жадности, словно каждый из нас ждал его целую вечность. Внутри все трепетало от удовольствия. На мгновение он замер. А потом нежно поцеловал меня в верхнюю губу и осторожно поставил на пол.

— Извини, я... — начал было он, и я вновь ощутила аромат мятной жвачки и табака, к которому примешивался запах виски.

— Все в порядке, — на выдохе ответила я.

Нет, не в порядке. Меня сейчас просто разорвет от переизбытка чувств, не поддающихся описанию.

— Мне пора.

Но я медлила, не уходила. Мы смотрели друг на друга еще несколько секунд, словно отчаянно сопротивлялись новому порыву. Райан сглотнул, сделал шаг в сторону постели, взъерошил волосы и снова посмотрел на меня.

— Селина, если ты не выйдешь прямо сейчас, я... не уверен, что устою перед тобой.

Не удостоив его ответа, я выскочила в коридор, добежала до своего номера и заперлась там. Около двадцати минут я просидела, подпирая дверь и касаясь пальцами губ, хранящих вкус поцелуя. Меня то знобило, то бросало в жар от непрошеного желания, я не могла найти в себе силы не только дойти до кровати, но и встать, а лишь тихонько шептала:

— Что это было, господи?

Наконец я направилась в душ, хотя мне совсем не хотелось смывать с себя запах Райана. Обхватив себя руками, я попыталась воспроизвести его объятия, но тут же опомнилась. Почему так сложно разобраться в собственных ощущениях? Я злилась и на него, и на себя за то, что поддалась искушению. Но ведь он действовал спонтанно, совершенно точно желая этого поцелуя не меньше меня. Его глаза. В них отражалась такая страсть, с какой на меня еще никогда не смотрели. Ох! Хватит на сегодня впечатлений. Спать. Срочно спать. Проворочавшись около двух часов, я все же уснула.

ГЛАВА 11

УТРОМ МНЕ ХОТЕЛОСЬ весь день провести в постели, особенно после завтрака в номер. Ноги гудели после вчерашних танцев, а сердечный ритм учащался всякий раз, когда раздавались шаги за дверью. Следовало отвлечься, и лучшего способа, кроме как погрузиться в музыку, я не нашла. И действительно отвлеклась, даже успела вздремнуть. Я проснулась в момент, когда плейлист дошел до песни Hippie Sabotage «Devil Eyes», и вслух пропела — «В твоих глазах что-то дьявольское, ты просто пришел и застал меня врасплох…» — но сразу, чертыхнувшись, выдернула наушники, пока не началась тахикардия. Как я раньше не замечала, что эта песня идеально описывает Дьявола?

Надо брать себя в руки. Я в Лондоне, городе, полном потрясающих зданий и видов, и какого-то черта торчу в номере отеля! Наши вещи развезли по номерам, как только мы прибыли в Лондон, так что теперь я крутилась у зеркала, прикладывая к себе то одну вешалку, то другую. Остановив выбор на черных джинсах и укороченном ярко-голубом топе, я написала Эбби.

С: Спишь? Я уже готова к прогулке.

Э: Давно встали, Мэттью собирается с парнями в гольф-клуб, через пять минут поднимусь к тебе.

С: :-*.

Редко бывает, чтобы разница в пять лет между подругами была такой неощутимой. Может, это потому, что Эбигейл я воспринимала больше как сестру? С ней мне было комфортно так, как ни с кем другим. Пунктуальность — второе имя Эбигейл, через пять минут мы уже входили в лифт.

— Придержите, пожалуйста! — крикнул мужчина.

Эбби зажала кнопку, лифт повторно прозвенел. Четверо мужчин вошли в лифт, правда, четвертый на секунду завис в дверях.

— Ну, Эванс! — поторопил его один из вошедших.

Я попробовала слиться со стеной — не вышло. Эбби разглядывала мужчин с неподдельным интересом и, конечно, узнала Райана. Как только ее рот открылся, я больно-больно ущипнула ее за руку.

— Сдурела?! — шикнула она.

Я бросила на нее испепеляющий злобный взгляд, намекающий на последующие объяснения, и она умолкла. Мое плечо задевал коренастый блондин невысокого роста. Лицо его было расслабленным, янтарные глаза источали доброту, чему я удивилась. Двое других — брюнеты — напоминали пресмыкающихся. У того, что повыше, чересчур смазливое лицо, он оглядывал нас безразличным взглядом, прищелкивая языком. Второй брюнет крутил на пальцах автомобильный брелок, громко пыхтя и следя серыми хрустальными глазами за указателем этажной стрелки. Райан, конечно, старался на меня не смотреть, как и я на него, только вот упершийся в меня блондин не мог не слышать моего бешеного сердца, так как тишину в кабине нарушало лишь оно и щелкающий язык противного высокого брюнета. В общем, так себе поездочка.

— Спасибо, что подвезли, дамы! — бросил нам брюнет, крутивший брелок, приподняв шляпу.

— Всегда пожалуйста! — расплылась я в улыбке.

Райан поперхнулся и поторопил своего товарища, сжимая зубами сигаретный фильтр.

— А теперь, какого хрена сейчас было? — уставилось на меня веснушчатое лицо.

— Пожалуйста, давай сядем в экскурсионный автобус, и я тебе все объясню.

Не было никакого желания говорить о своих приключениях посреди холла отеля.

— Ладно.

День выдался чудесный. Наша экскурсия началась с улицы Пикадилли, где мы с Эбби уселись на втором этаже красного двухэтажного автобуса, укрывшись клетчатым пледом. Сегодня Лондон был на удивление солнечным и сухим, но ветер все же заставлял ежиться. Первым пунктом был

Букингемский дворец — официальная резиденция Елизаветы II. Пока гид излагал исторические факты, я рассматривала цветущие клумбы и фонтан. Затем мы двинулись к Биг-Бену.

Проезжая Тауэр, я неотрывно смотрела на старинную крепость. Подумать только, здание хранило в себе девятьсот лет воспоминаний и истории! Я вообразила, как в давние времена в стенах Тауэра сидели узники в ожидании смертной казни, и вздрогнула. Порыв ветра будто донес протяжный стон загубленных душ.

— Уважаемые туристы, добро пожаловать в Тауэр! Прямо сейчас мы попадем на территорию великой крепости, — объявил гид, вызвав одобрительные возгласы.

У нас был краткий обзор, поэтому мы посетили не сорок одно помещение, а всего три. В первую очередь нам показали знаменитых воронов. Мы присоединились к Йомсну-надзирателю. Не было единой версии, откуда появилась легенда: «Если в крепости не останется воронов, то корона и сам Тауэр падут», однако на протяжении веков в стенах крепости продолжали холить и защищать придворных птиц. Всего их было семь, они поражали своей разумностью — реагировали на голос, даже выполняли задания смотрителя!

Потом нас повели в Башню драгоценностей, возведенную в 1365 году. Какое-то время здесь хранили документы, но затем архив перенесли в башню Виктории. Меня не сильно впечатлили драгоценности королевы, больше поразил эшафот. Ведь прямо на этой земле была казнена Анна Болейн.

Мы с Эбби забежали в сувенирную лавку и прикупили каждому члену семьи по безделушке. Укладывая покупки в сумку, я наткнулась на веточку лаванды, которую в злополучный день в доках мне вернул Дьявол. Покрутила ее в руках, глупо улыбаясь воспоминаниям, пока Эбби не дернула меня за руку и не потащила за толпой туристов. Я пыталась незаметно фотографировать величественную архитектуру, пока нас выпроваживали к остановке.

Дальше мы проследовали по Тауэрскому мосту. Честно говоря, он никогда не привлекал меня так, как Золотые ворота в Сан-Франциско. Зато Эбигейл с восторгом перечисляла все фильмы, в которых был задействован мост: «Шерлок Холмс», «Иллюзия обмана — 2», «Форсаж-6» и так далее. У меня чуть рука не отсохла, пока я фотографировала ее в разных углах второго этажа автобуса. И в результате этот демон заявил, что не вышло ни одной нормальной фотографии!

Еще мы успели проехать подземелья Лондона и Вестминстерское аббатство. Пожалуй, именно готическая церковь произвела на меня самое мощное впечатление. Фантазия погрузилась в мистические раздумья о вампирах и ведьмах, и не важно, что гид и слова о мистике не произнес.

Где-то между Тауэрским мостом и подземельями я рассказала Эбигейл, что приходил мистер

Берч и что он продал магазин не по своей воле. Я ни словом не обмолвилась о банде Эльберга или о том, как видела подозрительную лодку с не менее подозрительным мужчиной с чемоданом, и уж тем более не поведала о том, что нас связывает с Дьяволом.

— Ты хочешь сказать, что этот Райан заставил Берча продать магазин?! — разбушевалась Эбби.

— Нет же! То есть… возможно… — Я запуталась в собственных объяснениях. — Короче, Эбби, Райан, видимо, неплохой человек. Он пару раз меня очень выручил.

— Но ты ведь велела ему убираться из кафе и запретила мне с ним общаться…

— Эбигейл. — Я сделалась серьезной. — Райан — неплохой человек, замешанный в чем-то очень нехорошем. Ни тебе, ни мне не следует подавать виду, особенно при тех мужчинах, которые были в лифте, что мы знакомы с Райаном. Хорошо? Если он зайдет в кафе — пожалуйста, общайтесь. Но только не при этих…

— Господи, до чего странные вещи ты говоришь. Бред какой, Сел! Они что, преступники?

Я посмотрела на подругу, не найдясь с ответом.

— Бо-о-оже… — протянула она. — Ладно, знаешь, ты права. Буду держаться подальше от этих мужланов. Только вот ты сказала, что иногда общаешься с Райаном, что он тебя не раз выручал. Ты уверена, что сама ничем не рискуешь?

Нет, не уверена. Даже на долю процента.

— Да, уверена. Все хорошо, Эбс, — улыбнулась я, сжимая ладонь подруги.

Вечером мы побродили по центру, где нас высадили из автобуса, и посетили несколько кофеен. Поужинали мы в последней, а в предыдущих разведывали обстановку. Я, конечно, сравнивала десерты и меню, твердо решив, что пора тоже ввести в ассортимент два вида сэндвичей. Запоминала оформление, интересовалась у официантов, какое блюдо самое популярное — оказалось, типично английский завтрак с яйцом, беконом, тостом и джемом. Какой сезонный напиток самый запрашиваемый? В Лондоне отдавали предпочтение чаю, как холодному, так и теплому.

— Скоро лето, может, тоже пора вводить холодный чай? — советовалась Эбби за ужином. — И ты заметила, во всех кофейнях был раскуплен баноффи?

Я кивнула.

— Наверное, стоит заменить чизкейк на баноффи.

— Согласна, еще стоит добавить клаб-сэндвич. Или хотя бы роллы — куриный и рыбный. С тунцом или семгой. У нас ведь, кроме супа, ничего мясного нет, салат раз в неделю завозят. И самое важное — добавить завтрак.

Эбигейл отпила капучино и поморщилась.

— Отвратительно, еще и дороже нашего.

— Они завысили цены, потому что находятся в центре столицы, — вздохнула я, оглядывая темное помещение в стиле лофт. — Ничего, в конце концов, мы можем гордиться нашим качеством, оригинальными десертами и супами.

— Вот бы открыть здесь филиал, а? — мечтательно вздохнула Эбби.

Я кивнула, хотя мечтала вовсе не о Лондоне. Перед глазами всплыло двухэтажное кафе близ Прованса с широкой крупной вывеской «Лавандовая ветвь», наполненное французами и туристами.

— Ой, Сел, уже десятый час! Наши, должно быть, вернулись с гольфа. — Эбби поглядывала на наручные часы. — И скорее всего, приняли на грудь.

— Благо пьяный Мэттью теперь твоя забота! — подколола ее я. — Вызывай такси.

Изначально я планировала отправить Эбигейл домой, чтобы самой поехать в клуб или паб, но настроение было настолько гнилым, что хотелось распластаться на постели и пролежать так до самого отъезда в Бирмингем. Спустя десять минут мы мчались по вечернему Лондону. Одно хорошо — то, сколько интересного и удивительного нам удалось сегодня рассмотреть на экскурсии. В отеле Эбигейл вышла на втором этаже, а я на седьмом. Поборов необъяснимое желание дойти до двери Райана, я все же открыла свою.

— Привет, Сел, — прозвучал шепот в темноте.

Со страху я выронила сумку и карту, затем быстро включила свет. Дьявол восседал на моей постели.

— Какого черта ты вломился в мой номер? — прошипела я.

— Хотел поговорить, мне кажется, вчера… ты сбежала.

Райан осторожно привстал, будто боялся, что я сорвусь и выбегу из номера. На нем была серая толстовка и такие же спортивные штаны, подчеркивающие… не самые невинные части тела. Откашлявшись, я заставила себя посмотреть ему в глаза. Еще утром на нем, как и на его товарищах, был строгий костюм.

— Как ты вообще сюда вошел? — спросила я, озираясь на замок.

— Ну, Сели, если бы я не умел вламываться куда не просят, какой из меня был бы бандит? — ухмыльнулся он.

Я, никогда не страдавшая психическими отклонениями, ощущала себя пациентом с биполярным расстройством. Мне хотелось броситься ему на шею, прижаться к твердой теплой груди и впиться в губы, но в то же время мне следовало вышвырнуть его из номера прямо сейчас и прекратить это… общение?

— Боишься? — спросил он томно, подойдя ко мне.

— Нет, не боюсь, — честно ответила я.

Наперекор логике я давно перестала его бояться. Я видела, что и он борется с собой, со своими желаниями. Райан то протягивал ко мне руки, то нерешительно прятал их за спиной.

— Присядь на кровать и позволь мне вымыть руки, — спокойно попросила я и ушла в ванную.

Оценив свое отражение, я поправила волосы, вымыла руки и попыталась унять дрожь, которую сдерживала в присутствии Дьявола. Нужно перевести дыхание. В конце концов, мы собираемся просто поговорить, а ведь именно это нам необходимо для выяснения… происходящего. Райан послушно сидел на кровати, упершись локтями в колени и обхватив ладонями лицо. Я присела рядом. Впервые между нами возникла такая неловкость — оба не знали, с чего начать.

— Селина… — Он обернулся, и снова его губы оказались в опасной близости. — Знаю, я не должен был позволять себе… поцелуй. Но удержаться не мог. Я и сейчас еле держусь.

Я нервно сглотнула.

— Ты заняла мои мысли еще в тот самый день, когда я в пробке наблюдал за твоим пением в автобусе. — Райан задумчиво улыбнулся. — Подумал, что ты милая и забавная. А потом именно ты какого-то черта оказалась той ночью, когда… в общем, в доках. Я искал встречи, зная, чем это чревато. Конечно, ты была напугана и не хотела иметь со мной ничего общего, и это было верным решением, но, увидев тебя снова, я понял, что пропал. Твоя дерзость, целеустремленность, агрессивные нападки в попытке показать, что ты сумеешь постоять за себя. И за всем этим, внутри напыщенно-самоуверенной и любопытной особы, кроется нежная, чувственная девушка.

Я усмехнулась, покраснев от стыда.

— И когда увидел тебя в пабе, сначала грустную, с печалью в глазах, а потом такую сексуальную, заводную на танцполе... — Райан тяжело вздохнул. — Разве я мог позволить этому мерзкому бармену исполнить задуманное? Я наплевал на все и забрал тебя. Пусть ты и ненавидела меня, может, и продолжаешь ненавидеть за то, кем я являюсь, только с тобой я чувствую себя простым человеком, вспоминаю о своих истинных целях и мечтах.

Слезы подступили к моим глазам.

— Я говорю тебе все это для того, чтобы ты поняла мои мотивы. Это никак не связано с бандой и прочим криминалом. Я не извращенец. Просто идиот, которому даже сотни прочитанных классических романов не прибавили навыков во всем... этом. Меня влечет к тебе со страшной силой, которая пугает меня самого. Это не входило в мои планы, но я не могу не думать о том, как ты потихоньку ослабляешь оборону и награждаешь меня улыбкой.

Я незаметно нащупала сердце, чтобы проверить, продолжает ли оно биться.

— Ко всему прочему, ты была в отношениях. Не буду врать, когда я узнал, что этот придурок тебе изменил, то был на седьмом небе от счастья в надежде, что ты с ним распрощаешься. Это неправильно, но это был мой шанс. Вот так, Сел, просто знай, что я не собирался тебя убивать и расчленять в лесу, как ты подумала сначала.

Сквозь слезы я рассмеялась. Не знаю, почему меня так тронули его слова. Вероятно, потому, что глубоко внутри я надеялась их однажды услышать. Он, как настоящий мужчина, пришел и объяснился, не тянул время и не играл со мной в кошки-мышки.

— Теперь не будешь брыкаться при каждой встрече? Или прямо сейчас вытолкаешь меня из номера, запустив лампой вдогонку? — улыбнулся он, касаясь своим носом моего.

Заметив слезы, он тут же нежно смахнул их большим пальцем. Я закрыла глаза, наслаждаясь этой близостью и нежностью прикосновений. Мой разум боролся с нахлынувшими чувствами.

— Я не ненавижу тебя, Райан, в этом можешь быть уверен, — почему-то шепотом произнесла я. — Но… разве ты вообще можешь находиться здесь, не навредив себе или мне? Я тебя не знаю. А то, что знаю о тебе, вообще-то должно отталкивать.

— Ты права, — резко ответил он, отвернувшись. — Просто я подумал, что тебе стоит знать мои истинные намерения.

Дьявол поднялся и пошел к двери.

— Райан! Стой! — выкрикнула я на эмоциях.

Он остановился, но не обернулся.

— Скажи мне хотя бы вот что. Если твои друзья заметят тебя в компании со мной, что это за собой повлечет?

— Друзья! — Райан фыркнул. — По сути дела ничего. За это ни меня, ни тебя убивать не станут, если никто не будет знать подробностей нашего знакомства. Но ты можешь стать мишенью, в случае… непредвиденных обстоятельств.

— Что ж, понятно…

Я понятия не имела, что следует сказать или сделать, а пока раздумывала, Райан ушел, в очередной раз оставив меня наедине с безумными идеями. Не хочу признавать свою неправоту. Да, я хотела его остановить, да, может, я тоже могла признаться, что он вскружил мне голову и если бы не природная холодность и умение концентрироваться на цели, я бы давно поддалась соблазну. Рискнула бы всем, чтобы быть с ним. Но ведь и он мог открыться. Рассказать о себе хоть что-то!

Больше я не плакала, на то не было причин. Я сама дала ему уйти, да и Райан принял это решение без моей помощи. У меня сейчас слишком много забот, особенно финансовых, чтобы раскисать и тратить время на страдания. Завтра меня ожидает семейный день, где не будет места переживаниям. В конце концов, я здесь ради брата. Его свадьбы. Его счастья. И я должна разделить это счастье, несмотря на отсутствие своего.

ГЛАВА 12

СЕМЕЙНЫЙ ОБЕД СОСТОЯЛСЯ чуть позже часа. На нем собрались мои братья, Эбби, мама, Ева и ее родители. В основном обсуждалось будущее новоиспеченных молодоженов и их медовый месяц. Пабло и Ева сразу после нашего отбытия улетали в Грецию, и я приложила максимум усилий, чтобы не выдать кислой миной свою белую зависть. Я не путешествовала, наверное, с переезда в Бирмингем.

Мы сидели в небольшом ресторане до пяти вечера. Погода, решив, что три солнечных дня подряд для Лондона и так выше крыши, окатила город ливнем. Мы с Эбби вырядились в платья. Эбигейл выбрала морковное платье под цвет волос, в стиле восьмидесятых, и выглядела как самая яркая звезда Вселенной. Я же надела светло-зеленое обтягивающее платье до колен, поверх которого накинула длинное горчичное пальто.

Еще два часа мы провели в Музее естествознания. К концу экскурсии я была полна впечатлений, но, сидя в такси вместе с Эбби, Мэттью и мамой, резко поникла. Конечно, я давно не отдыхала и уж тем более не тратила время на «окружающий мир» и путешествия, а сердце все равно требовало вернуться в кофейню и взяться за работу. Будто без меня там все стояло, хотя, по отчетам Оскара, выручка становилась все внушительнее.

Завтра будет последний день в Лондоне, который решено было провести в отеле: насладиться спа-комплексом. За целый день я отлично справилась, не думая о Дьяволе, и даже не дрогнула, проходя в свой номер. Семейные посиделки так вымотали, что я отключилась, едва коснувшись подушки.

* * *

Полдня я составляла отчеты, делала записи и занималась бухгалтерией, высчитывая затраты предыдущих и последующих месяцев. Прогноз оказался довольно утешительным, теперь появилась возможность откладывать мизерный процент на новую кофейню, мою мечту — Прованс. Лето приближалось, а с ним близилось поступление Эбигейл в колледж. Мэттью подал заявления в Лондонский университет и в Кембридж. С его способностями ни у кого не было сомнений — он поступит куда пожелает. Кембридж вроде как почти готов был выделить ему стипендию. У Эбигейл дела обстояли сложнее. Она, конечно, подалась вместе с Мэттью, но была не такой способной студенткой и не имела ни гроша за душой, надежда на стипендию угасала с каждым собеседованием, и, вероятно, ей придется идти по моим стопам в Бирмингемский колледж. Я желала ей только лучшего, однако потерять ее к концу лета и как подругу, и как сотрудника не могла. Я не представляла, как переживу это расставание, но все-таки это ее будущее. Она заслуживала лучшего образования.

Вечером мы с Эбигейл наслаждались массажем и прочими процедурами, позволившими окунуться в мир блаженства и абсолютного релакса. К концу всех манипуляций над телом я чувствовала себя бескостным, еле движущимся существом.

— Господи, до чего классно… — потягивалась Эбби, волосы которой были обмотаны полотенцем.

— Не говори… — протянула я, запахивая халат.

В своих номерах мы переоделись в вечерние платья. Сегодня в главном зале отеля намечалось какое-то мероприятие для постояльцев. Мы, конечно, были приглашены. Танцевать мне очень хотелось, а вот ехать для этого куда-то — нет. Вселенская лень опустилась на мои плечи после массажа. Заколов передние пряди вьющихся волос, я подкрасила тушью ресницы и вышла из номера в обтягивающем атласном бежевом платье длиной чуть выше колена.

Главный зал подходил и для игры в покер, и для званого ужина, и для танцев. Он был огромен, в длину не меньше ста метров, стены наполовину выкрашены под красное дерево, наполовину оклеены полосатыми блеклыми обоями. Десятки массивных столов расставлены по кругу так, чтобы в центре осталось место для танцев, а на небольшом возвышении расположился старинный черный рояль. Нас рассадили, подали горячее, закуски и наполнили бокалы белым сухим вином. Я пообещала себе выпить не более двух бокалов, помня о злополучном вечере в пабе.

Когда все гости насытились, объявили танцы. Не совсем логичный ход, но что поделать. Мы с Эбигейл первыми сорвались с мест.

— Начинаем вечер танцев, дамы и господа! — объявил в микрофон хостес. — Пожалуйста, выберите себе пару, предлагаю начать вечер с лансье!*

Я уставилась на Эбигейл, которую незаметно украли и повели в центр. А украл ее тот самый коренастый блондин, плечо которого задевало меня в лифте. Но если здесь блондин, значит…

Я и сообразить ничего не успела, как чья-то мужественная горячая рука ухватила меня за талию и потащила к кружащимся парам. Сейчас как раз был поворот вокруг оси партнера, и я разглядывала шикарного Дьявола и его шоколадный смокинг, идеально сочетавшийся с бронзовым отливом волос.

---

* Лансье — английский танец, схожий с кадрилью.

Мы кружились, пока мелодия не закончилась, и для меня было открытием то, как профессионально двигался Райан. Он вел меня, давая насладиться танцем и нашим тандемом. Казалось, мы так и притягивали взгляды окружающих. А может, так чувствовалось потому, что на время танца вся Вселенная для меня перестала существовать. Только мощное тело Райана и его темные дьявольские глаза.

— Это было прекрасно! Спасибо вам за чудесное исполнение! Позвольте теперь объявить вальс! — снова донесся голос из микрофона.

— Составишь компанию? — спросил Райан, стараясь скрыть улыбку.

— Ну, раз ты того желаешь… — наигранно пожала плечами я.

И снова включилась музыка. Нежные высокие ноты убаюкивали, унося нас в вальсе. Райан нарочно прижимал меня к себе как можно крепче и не сводил глаз, иногда поглядывая, не врежемся ли мы куда-нибудь. Под его неотрывным взором у меня подкашивались колени, и я то и дело наступала ему на ноги. Он не жаловался, хотя усмешка появлялась на его небритом лице. Пальцы Райана с каждой минутой опускались все ниже, доходя до поясницы, я рефлекторно прогнулась и замерла, как только выключилась музыка. Смущенная, я смотрела на его галстук, не смея заглянуть в глаза — знала, пропаду. Дыхание было таким частым, точно у меня случился приступ астмы, но не от вальса. Не от танцев.

— Немного передохнем, друзья! Есть ли среди вас любители живого звука?

Все дружно загудели, и я, опомнившись, выпустила руку Райана и отошла. С нас не сводил глаз противный брюнет.

— Отлично, присаживайтесь, через пять минут будем наслаждаться живым выступлением!

Однако даже через десять минут никакого звука мы не услышали, лишь осушили по бокалу вина и отведали закусок. Волосы у Эбби прилипли ко лбу от пота, но лицо оставалось очень довольным. Может, она не вспомнила, где раньше встречала этого блондина?

— Простите, пожалуйста, вышла небольшая заминка. Может, кто-то из вас владеет клавишами?

Я сидела спиной к центру, так что ничего не видела и не слышала, увлеченная беседой с Эбигейл. Конечно, ее волновал мой танец с Дьяволом. Я попыталась объясниться, когда вдруг услышала знакомую мелодию, а вместе с ней… божественный голос.

— *…Ты что, даже понятия не имеешь, как глубоко проникла в мое сердце? На этой неделе я мечтал о тебе почти каждую ночь…*

Пальцы Дьявола едва касались клавиш, быстро меняя позиции, он бросал на меня многозначительные взгляды исподлобья, от которых сводило живот и… не только. Он исполнял мою песню. Arctic Monkeys. До этой минуты я не могла представить, насколько сексуальной эта песня может быть. Я отвернулась, чтобы перевести дыхание.

— *...Мне интересно, открыто ли твое сердце И если это так, то я хочу знать, когда оно закроется... ...Просто я постоянно на грани попытки поцеловать тебя...*

Клянусь, у меня началась лихорадка. Если бы не околдовывающий бас Райана, я бы выбежала из этого зала пулей. У меня спина горела, ощущая его обжигающий взгляд. Теперь я знала, что у него не только дьявольский взгляд, но еще и дьявольски томный голос, и дьявольский талант к музыке. И когда он пропел последнюю строчку:

— *Ползу обратно к тебе...*

Это было уже слишком! Ведь он чувствовал, как на меня действуют и песня, и голос. Он обращался ко мне через песню? Все, никаких танцев, от выходки Дьявола у меня подкосились ноги.

— Эбигейл, я... мне нужно в номер, — выпалила я, перекрикивая взрывающийся аплодисментами зал.

— Что такое? Я с тобой!

— Конечно, со мной! Мэттью небось заждался!

На деле я просто не собиралась оставлять ее одну с людьми, среди которых были бандиты.

Мы расстались в лифте. Я обмахивалась рукой, пытаясь унять жар. Вломившись в свой номер, я выпила полбутылки воды. Это как понимать?! Почему его чертов голос довел меня до исступления?! Да от него можно потерять контроль не хуже, чем от алкоголя! «Еще и мою песню спел, подлец!» — шипела я, кружась по комнате.

В душе я смыла пот от танцев и... убийственного желания. Мне было стыдно за собственные мысли, и, переодевшись в черную комбинацию, я закуталась в одеяло, но, не успев лечь в постель, услышала, как кто-то шарит в замке моей двери. Этот «кто-то», видимо, передумал ломиться и решил постучать. Только этого не хватало, господи.

— *Снова ползу к тебе...*— тихо пропел он, делая уверенные шаги мне навстречу.

Я попятилась, Райан захлопнул дверь. Если он прикоснется ко мне, я не сдержусь. Просто не смогу. Не сейчас. Не сегодня. Наткнувшись на шкаф, я застыла, пряча руки за спиной. Короткая комбинация еле прикрывала ягодицы, не говоря уже о декольте, открывавшем грудь. Дьявол пожирал меня глазами, но рукам воли не давал. Пока.

— *Ты хочешь, чтобы я приполз к тебе обратно?* — снова пропел он, окончательно выбив воздух из моих легких.

Я понимала, этот вопрос — не просто песня. Он спрашивал разрешения. Стоит мне сказать «нет», и он тут же выйдет из моего номера, но я не могла вымолвить ни слова. Райан провел пальцами по оголенному плечу, и оно мгновенно покрылось мурашками.

— Знаешь, а ведь они не врут... — улыбнулся он, делая еще один шаг навстречу, вжимая меня в этот треклятый шкаф.

Он обхватил ладонями мое лицо и припал в страстном поцелуе. Я чуть не потеряла сознание и вцепилась ему в плечи, чтобы не упасть. Его поцелуи были напористыми, я не успевала дышать. Дав себе волю, я обняла его за шею и прильнула к нему. Он тут же среагировал и принялся исследовать губами мою шею, медленно спускаясь к декольте. Когда его губы приблизились к набухшей от желания груди, он отпрянул и посмотрел мне в глаза. В них звенел немой вопрос, и вместо ответа я крепче обняла его, закусив губу. Не могла же я сказать вслух, что изнемогаю от желания. Что умру, если он посмеет оставить меня в этой комнате.

Правильно истолковав мой жест, Райан осторожно уложил меня на постель, нависая надо мной, а потом в ночной тени сбросил галстук, снял рубашку и швырнул на пол. Я с трудом подавила желание покрыть поцелуями его идеальное тело. Оставшаяся одежда тоже оказалась на полу, и я увидела, как сильно он желал меня. Оторопев, я почувствовала себя юной, неопытной девушкой. Он резко приподнял меня и стянул комбинацию, я тут же сжалась от наготы, но Райан не думал медлить и прильнул к моей груди. Ощутив прикосновение его языка, я вскрикнула.

Райан осыпал поцелуями мою грудь, спускаясь все ниже. Если было возможно умереть от переизбытка желания и чувств, то, пожалуй, я бы умерла прямо сейчас. Никогда в жизни я не испытывала ничего подобного и, представив, что последует дальше, чуть не задохнулась.

Казалось, эта сладкая пытка длилась вечно, я извивалась под ним, сходя с ума. Мне хотелось сказать о своих чувствах, но его прикосновения, ласки лишили меня способности говорить и соображать. Я лежала с закрытыми глазами, отпустив душу в полный наслаждения полет. Тело перестало подчиняться, оно стремилось навстречу Райану, требуя абсолютной близости. Райан вошел в меня, поцелуем перехватив громкий стон.

— Ты еще прекраснее, чем я думал… — шептал он мне на ухо. — Селина, ты…

— Райан! — снова вскрикнула я.

Ускорившись, Райан нежно провел носом по моей шее, покусывая и целуя в самых чувствительных местах. А потом громко вздохнул и перевернул меня так, что я оказалась сверху.

— Боже, Селина… — прошептал он, закрывая глаза.

Коснувшись груди, он сжал ее, а я, желая быть ближе к нему, потянулась за поцелуем. Все чувства в это мгновение были настолько обострены, что, казалось, стоило Райану лишний раз провести языком по моей шее или груди — и все, я распадусь на атомы. Мы словно оказались не в номере отеля, а взлетели к Млечному Пути, и лишь звезды освещали нам путь, давая свободу и безграничные возможности, намекая на то, что у наших чувств нет границ, как у самой Вселенной.

— Ох, Дьявол! — простонала я и рухнула в изнеможении.

Райан тяжело дышал, зарывшись носом в мои волосы, пока я пыталась унять дрожь в теле.

— Позволишь остаться? — прошептал он мне в макушку.

— Д-да… — еле выговорила я.

ГЛАВА 13

ПРОСНУВШИСЬ В ТЕПЛЫХ ОБЪЯТИЯХ, я улыбнулась и крепче прижалась к нему. Аккуратно вытащила телефон и посмотрела на время — одиннадцать утра. Мы проспали двенадцать часов. Немудрено после того, что…

— Доброе утро, красавица… — прохрипел он мне в плечо.

Я нехотя развернулась, и наши носы соприкоснулись. Райан легонько коснулся моих губ своими.

— А ты… не должен быть в своем номере? — прошептала я.

— Должен, — с досадой ответил он. — Схожу в душ и пойду на встречу. Она в двенадцать.

— Не хочется, чтобы ты уходил…

Райан расплылся в хорошей улыбке и положил руку мне на талию. От нежности жеста внутри разлилось тепло.

— Как я мечтал услышать эту фразу из твоих уст! Теперь уходить еще тяжелее. Ладно, нужно спешить. Я воспользуюсь твоим душем?

— Да, пожалуйста… — хмыкнула я.

Я смотрела в окно, прикрывая наготу одеялом, вспоминая каждое мгновение этой ночи. Улыбалась как идиотка. Только звуковой сигнал телефона вывел меня из транса. На экране моего смартфона не было ни единого уведомления, так откуда же шел звук? Я переползла на другую сторону постели и расслышала очередной «дзыньк» где-то снизу. На полу валялась одежда Райана.

Отругаю себя за это позже… Струи воды продолжали стучать по душевой кабине, пока я нагло шарила в карманах Райана. Заветный телефон лежал в брюках, и я тут же посмотрела на уведомления.

Дейзи: Я очень соскучилась, ты обещал приехать.

Дейзи: Пропущенный звонок

Дейзи: Эй, Райан!

Я чуть не выронила телефон, но все же аккуратно вернула его в карман, а сама нырнула под одеяло. Это что, дежавю?! Я что, настолько круглая дура, что меня каждый может обвести вокруг пальца? Или на мне проклятие какое-то?!

Вода стихла, скрипнула дверь душевой кабинки. Я как зачарованная прислушивалась к тому, как Райан обтирался полотенцем. Когда он вышел, то сразу замер, заметив, что я на него смотрю. Райан то ли смутился, то ли нахмурился, а я тем временем пыталась дышать глубже и искала в его глазах хоть какой-то признак наглой лжи.

— Что-то случилось?

— Ничего. Собирайся, опоздаешь.

— Ты что, расстроилась? Мне нужно ехать, я и сам не хочу… Или ты жалеешь о…

Райан одевался в тишине, а когда закончил, я бросила на него гневный взгляд:

— Да. Жалею. Проваливай из моего номера, ты, Дьявол!

— Селина, да что…

Я схватила лампу с прикроватного столика:

— Я сказала — вон из моего номера!

Его лицо скривилось от боли и обиды. Поделом ему. Очередной кобель. Райан не сказал больше ни слова. Должно быть, я сильно его задела и на секунду даже готова была отругать себя, а потом вспомнила, что уже проходила подобную историю. Мне не хватало только застать голую Дейзи, восседающую на Райане. Второй такой удар меня уничтожит. Дверь захлопнулась, и я дала волю слезам.

* * *

Я отослала всех родственников, стучавших в дверь, проведя оставшееся до отъезда время в постели. Подушка намокла от слез, и когда мышцы живота уже сковало от истерики, я взяла себя в руки. Ну не сумасшедшая ли? Во-первых, уже следующим утром меня ждало кафе, по которому я тосковала и ради которого следовало настроиться на рабочий лад. Во-вторых, я обидела Райана. Да ведь такие сообщения он мог получить от матери, сестры, подруги, кого угодно! Да, совпадение странное, оно меня и вывело из себя. Боль от уже пережитой измены ранила, и казалось, теперь я в каждом слове буду видеть подвох. Но еще больнее было осознавать, что, вероятно, со мной что-то не так, раз мне изменяют. Недостаточно красива? Недостаточно фигуриста? Недостаточно сексуальна? Скучна?!

Стоило для начала разобраться с чувствами к Райану. Он признался мне в своих, а я и двух слов не связала, да еще и обидела его, не объяснив причин. Представляю, какой очумелой я выглядела в его глазах. Утром просила остаться, а через каких-то двадцать минут гнала вон, заверив, что жалею о нашей ночи. А ведь я не просто не жалела, я жаждала продолжения. Еще никогда в жизни я так не трепетала от мужчины: его голоса, тела, улыбки, речи. Он возродил меня, разрушил стену, показав, что не все эмоции страшны.

Я должна с ним поговорить. Собрав растрепанные волосы, я на секунду замерла у зеркала, вспоминая, как Райан держал их в руках, и тут же получила удар от бабочек в животе. Я собрала свои немногочисленные пожитки, натянула теплое коричневое платье из кашемира и поторопилась в номер Дьявола. Плевать, что там могли жить его сообщники. Сама виновата, что не удосужилась попросить номер его телефона. Я постучала не меньше десяти раз, когда сзади послышался голос:

— Добрый день, мисс, извините, но этот номер уже занят, — говорил администратор отеля.

— Я знаю, вот хотела… — обернулась я, но тут же заметила семейную пару, которую сопровождал администратор. — О… вы въезжаете?

— Верно, номер освободили в двенадцать часов, но бронь у мистера и миссис Вазовски уже была…

— Прошу меня извинить…

Я поспешно вернулась в свой номер за чемоданами. Значит, они съехали. Дьявол как-то сказал, что, если их «дельце» занимает не дольше пары недель, им снимают номер, а не квартиру. По всей видимости, сегодня он отбывал из Лондона, и мне уже не встретить его.

Хотелось волосы на голове рвать за бесконечную глупость. Я настолько зациклилась на своей цели, что не замечала самой жизни, не говоря уже о людях и их желаниях. Все люди мира казались мне муравьями, трудягами, борющимися с трудностями ради своей мечты, но я упускала, что между борьбой и долгожданной целью есть жизнь. Почему?! Почему всегда для того, чтобы что-то осознать, нужно это что-то потерять?

Я не без должного внимания отнеслась к его переживаниям, все время думая о своих. Меня, похоже, вообще мало что волновало, кроме выручки и того, что Дьявол принадлежал банде. На все плюсы закрывала глаза, зацикливаясь на минусах. Вспыльчивая, эгоистичная девчонка!

— Селина, мы ждем тебя уже полчаса, парковка… — ворвалась Эбби.

— Да-да, идем, — буркнула я и повезла чемоданы к лифту.

Говорить не хотелось, хотя сверлящие глаза Эбигейл спрашивали меня: «Так ты объяснишь танец с Райаном?» Ничего не оставалось, кроме как вернуться к прежней жизни в кофейне. Я ведь всегда так поступала. И неважно, что мне было тяжело мыслить и двигаться вперед, желая лишь одного — вновь увидеть Райана. Если потребуется, воссоздам свою баррикаду от внешнего мира. О том, что мы больше никогда не увидимся, я себе думать не позволяла.

* * *

Оскар отлично справился с пятью сменами подряд, и теперь мне предстояло безвылазно торчать в «Лавандовой ветви». За последнее время я успела расслабиться и забыть о том, что когда-то работала тридцать дней в месяц. Эбигейл отправилась в школу, ближайшие три дня придется работать без нее, а с увеличившимся потоком клиентов это становилось сложновато. Нужно было успевать заниматься самой кофейней помимо обслуживания посетителей.

Утро я потратила на суп, затем обзвонила поставщиков, заказала новую поставку десерта, в которую включила баноффи и исключила чизкейк, не забыв и про яйца с беконом. После обеда занялась уборкой, в голову взбрела идея ремонта. Сиреневые обои пора содрать, некоторые пятна не отмывались, и вообще хотелось покрыть стены лавандовой краской, а вместо паркета выложить белую плитку. Что говорить о столах и стульях? После лондонских кафе интерьер моей кофейни казался более подходящим для забегаловки, а мне хотелось романтического уюта. Эту проблему я решу покупкой двух деревянных диванчиков, которые обложу подушками в фиолетовых тонах.

Пока я мечтала о перестановке и занималась заказами, вошли две блондинки. Я их уже видела, они заказывали кофе в день аукциона.

— Добрый день! — поздоровалась я и встала за кассу, расправив фартук. — Что будете заказывать?

— Вы, может, помните нас? — спросила милая блондинка, кажется, ее звали Мадлен.

Я сделала вид, что приглядываюсь. Волосы миловидной Мадлен были все так же идеально уложены, будто она даже на ночь закрепляла их лаком. Ягодная помада оттеняла зубы, отчего улыбка казалась ослепительно-белой, а закрытое длинное темно-синее платье подчеркивало фигуру. Надменная Шерил сегодня либо переборщила с румянами, либо отчего-то испытывала смущение. Ее строгий черный брючный костюм подчеркивал длинные ноги, шпильки завершали уверенный, стильный образ.

— Кажется, вы были на аукционе? — спустя пару минут «раздумий» спросила я.

— Да-да, нам, пожалуйста, два латте, одно миндальное, а другое фисташковое, — кивнула Мадлен. — С тех пор мы побывали во многих городах Англии, но нигде не пробовали столь вкусного кофе! Шерил, верно я говорю? Помнишь то латте в Манчестере? — Мадлен передернуло.

— Угу… — Шерил не отрывала глаз от коробочки с лавандой.

— Размер?

— Средние, оба.

— Лестно слышать такое, — засмущалась я, прячась за кофейным аппаратом.

— Что вы, это правда! Жаль, что мы живем в Лондоне. Но в следующий раз, когда будут дела в Бирмингеме, обязательно к вам зайдем!

Я улыбнулась в ответ. Похвала всегда дурно на меня влияла: переполненная гордостью, я могла пуститься в разговоры со множеством подробностей и даже перейти на личные темы. Короче говоря, развязывала язык.

— Ваш кофе. — Я придвинула два стакана, а затем потянулась за двумя ветвями лаванды. — И веточки в качестве талисмана. Десерт?

Возбужденная Мадлен схватила стакан и ветвь, Шерил уже направилась к дверям.

— Больше спасибо, но нет! — второпях отвечала Мадлен.

Она бросила в уже переполненную копилку десять фунтов и поскакала за подругой. Да, именно так она передвигалась на каблуках. От меня не укрылась бурная реакция Мадлен и сдержанное поведение Шерил, и все же я не стала забивать голову странными посетительницами. Да и голова моя была занята кое-кем другим.

Я прислушалась к Райану, и теперь кафе закрывалось в девять вечера. Мы ничего от этого не теряли, в позднее время нас обычно посещало не более двух человек. Оставалось два часа до закрытия, когда я поделила копилку на три равные доли, убрав свою часть в сумку, а оставшиеся в конверты с подписью «Оскар» и «Эбигейл». Затем поужинала супом, так как пообедать не удалось, полистала новостную ленту в соцсетях, обслужила еще около двадцати посетителей и засобиралась домой.

Бирмингем был тихим по сравнению с шумным, быстрым Лондоном, этим он мне и нравился. Уют и спокойствие, никто никуда не спешит. Воткнув наушники, я стащила фартук, поправила черные лосины и одернула объемный свитер цвета капучино до половины бедра. Нажав «play», я под музыку закрыла кассу и проверила состояние кафе, после чего закрылась и сделала шаг в сторону остановки, но тут мой плейлист переключился на «Do I Wanna Know?». Мою песню. Нашу песню. Я не сразу поняла, что замерла, глядя на мерцающую воду Бирмингемского канала. Перед глазами стоял образ Дьявола за роялем, а также голого Дьявола, его обнаженный торс, губы, покрывающие мое тело поцелуями. Не заметила я и слез, давно стекавших на рукава свитера.

Как только отыграла последняя нота, я пришла в себя и встрепенулась, вытерев слезы. Беглым взглядом я окинула доки в надежде увидеть дьявольские глаза, но доки пустовали, тишину нарушали лишь всплески воды от приближающейся лодки.

— Вот черт! — шепнула я.

Лодка была мне знакома. Я, не глядя на антикварный магазин, поторопилась к чешскому пабу. Но уже на последнем отделявшем меня от паба метре я врезалась в высокую фигуру и услышала премерзкий щелчок языка.

— Простите, — буркнула я, стараясь не поднимать глаз.

— Мы знакомы? — спросил противный брюнет из лифта.

— Э-э…, боюсь, что нет, — отчеканила я и побежала в паб.

В пабе двое ребят сидели за барной стойкой, диваны пустовали. Заметив меня, Нил нырнул под стойку.

— Слушай, — начала я, приближаясь, — я бы с удовольствием тебе накостыляла, но сейчас мне бы не помешал сидр.

Нил с опаской приподнялся, смерив меня взглядом. Без приветствия и прочих церемоний он наполнил мне кружку. Когда же я осушила ее чуть ли не залпом, он решился заговорить:

— Селина, я хочу попросить прощения. Если бы я знал, что у тебя есть парень…

Я захохотала, сжав ручку кружки.

— Нил, для начала: на свете нет ни одной причины, дающей тебе право пользоваться девушками в… состоянии опьянения, во-вторых, нет у меня парня.

— И кого же ты ко мне подослала?

— Я никого не подсылала. Это что, из-за меня тебя так разукрасили? — опешила я.

— Ага. Тот щетинистый громила.

Вот это поворот. Я не знала, что ответить Нилу, и уж тем более не собиралась приносить извинения. Бросив на стойку три фунта, я вышла из паба. Ни лодки, ни брюнета в доках уже не было. Легкой походкой я направилась к остановке.

* * *

Второй из пяти рабочих дней пролетел быстро, на третий же я вся извелась. Дьявол не выходил из головы. Я поймала ссбя на мысли, что мне нравились наши внезапные встречи, нелепые, забавные диалоги и наша… ночь. Не буду врать, что в первый, что во второй рабочий день я с надеждой поглядывала на дверь. Мне так хотелось увидеть его точеную крупную фигуру, лукавую улыбку и слегка растрепанные волосы. И несмотря на то, что надежды мои рушились, я продолжала вздрагивать при каждом посетителе.

Мое отчаяние дошло до того, что я усердно теребила лавандовую ветвь, некогда возвращенную мне Райаном. Что со мной стало? Откуда эта сентиментальность? Я не хотела быть той Селиной, чьи чувства легко задеть, состояние которой легко расшатать. Но другая Селина не любила жить, она любила работать и зарабатывать — типичный Телец.

Когда отец был жив, каждый день был наполнен эмоциями. С его богатой фантазией невозможно было соскучиться — что ни день, папа придумывал нам с братьями занятия. И пусть одна игра оказывалась нелепее другой, нам было весело. Казалось, так будет всегда: дружная семья, веселые посиделки, безграничная любовь родителей, способная оградить от всех напастей жизни. Но нет. Жизнь — сплошная борьба. Борьба с совестью, с чувствами, с собой, с людьми — всего не перечесть.

Вот и сейчас я боролась с собой, отгоняя дурные мысли. Я понимала, что ждать Дьявола бессмысленно. Я обидела его, и он имел полное право проучить меня или оставить в прошлом. Только вот от этого понимания легче не становилось. В глубине души я надеялась, что тот противный брюнет сообщит о встрече со мной, хотя в моих же интересах было, чтобы он меня не узнал и начисто вышвырнул из уголков памяти.

Сняв фартук, надетый поверх длинного красного платья, я на автомате проверила перед уходом кофейню и закрыла дверь. Как хорошо, что завтра со мной будет Эбби! Закрывая дверь, я заметила чье-то отражение в витрине. Райан?!

— Привет, Сел. — Нет, голос слишком низкий.

Я покрепче сжала ключи и обернулась.

— Коннор? — поморщилась я.

— Вижу, ты не очень рада меня видеть.

— Как ты догадался? — ахнула я, сдерживая смех.

Он насупился. Его русые волосы были скрыты под кепкой с эмблемой родительской конторы, сам он заметно исхудал и оброс.

— Если ты хотел кофе, то мы уже закрыты. Теперь работаем до девяти, — продолжила я, надеясь спровадить бывшего.

Как назло, вечернее небо затянуло тучами и грянул гром, а за ним упали первые капли дождя.

— Ты ведь можешь открыть кафе, чтобы мы поговорили.

— Нет, Коннор, не вижу смысла. К тому же не хочу осквернять кофейню. — Я прикрыла волосы рукой, чтобы хоть как-то спастись от дождя.

— Селина, послушай. — Коннор схватил меня за свободную руку, как только я собралась идти. — Я очень сожалею, знаю, мне нет прощения, и…

— Верно, прощения тебе нет. Закончили?

— Да выслушай же ты! — Коннор оскалился, я застыла в испуге. — Вернись ко мне. Мне никто не нужен, Сел! Я с ума схожу, вспоминая о тебе, и сейчас, глядя на то, что потерял, готов сам себе рожу разбить!

— Я бы на это посмотрела… — вздохнула я.

— Прекрати вести себя как стерва! — рявкнул он.

— Не смей разговаривать со мной в таком тоне! Это не я развлекалась с кем-то в твой день рождения, соврав о простуде! Я поверила тебе, увидев сообщения. В ту ночь мне казалось, что мы… снова влюбленные студенты, какими встретились несколько лет назад. Но этого не вернуть, Коннор, я не смогу простить тебя. Мы нуждались друг в друге, поэтому сошлись на первом курсе, мы выросли вместе, добились своих целей и, повзрослев, отстранились, глубоко внутри зная, что между нами ничего быть не может.

— Чушь! Ты дорога мне, мои чувства к тебе только вспыхнули, когда я осознал, что могу… что потерял тебя.

Я рассмеялась ему в лицо, он лишь ожесточился. Выглядел Коннор слишком потрепанно, не в его привычке забывать о гигиене, но красные глаза говорили либо о бессонных ночах, либо о чем-то более серьезном.

— Поздно спохватился, Коннор. Может, твои чувства и вспыхнули, а вот мои угасли, — ехидно заметила я.

Дождь перешел в ливень, Коннора хотя бы прикрывала кепка, а вот я уже промокла и заледенела на ветру. Коннор схватил меня за обе руки и впечатал в витрину кафе, от удара заныла спина. Ахнув, я растерянно посмотрела ему в глаза — чем закончится этот разговор? Что творится с Коннором? Он совсем обезумел, нужно как-то сбежать.

— Ты что же, уже кого-то нашла мне на замену? Ах ты шустрая…

— Во-первых, — перебила я, — отпусти меня. Сейчас же.

Коннор медленно разжал пальцы и отстранился.

— Во-вторых, это уже не твое дело, понимаешь? Коннор, ты сделал свой выбор в пользу Ким! Ты взрослый мальчик, вряд ли кто-то тебя подтолкнул на такой поступок, разве что сам Сатана, но и в этом я сомневаюсь. Я не люблю тебя, Коннор. Я благодарна тебе за те четыре года, но все кончено.

— Кто он?

— О чем ты?

Коннор наступал, и я тут же подумала, что слишком уж часто меня к чему-то прижимают. Изловчившись, я оказалась у него за спиной. Когда он обернулся, в глазах блестела ярость. Нет, с ним точно что-то не так. В последние полгода у него, конечно, бывали вспышки агрессии, но сейчас в него будто демон вселился.

— Мне пора, Коннор. Я уже промокла, а завтра снова на работу, не дай бог простужусь и…

Коннор подлетел, схватив меня за плечи, и начал трясти.

— Селина, останься со мной!

— Убери руки, Коннор! Я не буду с тобой!

— Почему?!

— Я, кажется, уже объяснила, что не люблю тебя и что ты изменил мне. У меня новая жизнь, как и у тебя…

— У тебя кто-то был? Есть? Поэтому ты не даешь мне шанса? Хотя… кому ты нужна, кроме меня! Сварливая, зацикленная, вечно сонная, да тебе впору оформить брак с кофейней!

Каждое слово обжигало, словно раскаленный клинок. Закусив губу, я попросила:

— Коннор, отпусти меня.

Он снова убрал руки, но не расслабился, а был наготове, чтобы схватить меня вновь.

— Не поэтому, Коннор. А потому, что ты мне из-ме-нил! Чувств нет, ничего нет, все. Конец.

— Шлюха!

Его выражения перешли все границы. Никогда еще я не чувствовала такой ярости. Я влепила Коннору пощечину и отскочила.

— Чертов мерзавец, это я-то шлюха? Ты кувыркался за моей спиной бог знает с кем еще, кроме Ким! Папенькин сыночек потерял одну из своих игрушек и теперь сердится?!

Коннор оскалился, ноздри его раздулись в порыве гнева — еще чуть-чуть, и вылетит пар. Он замахнулся, я отпрянула влево, но Коннор перехватил меня и обеими руками оттолкнул от себя со всей силы, повалив на щебенку. Я рухнула на бок, от удара острая боль пронзила руку и голову, которую я не успела зафиксировать.

— Ты…

Получив удар ногой в живот, я скрючилась. Господи, как бы он не убил меня на месте! И это Коннор, некогда тихий, нежный и спокойный парень!

Звезды летали перед глазами, я попыталась отползти от него подальше, одновременно нашаривая в кармане телефон, чтобы вызвать полицию. Руки не слушались; казалось, от боли я теряю сознание, но угроза, исходящая от нависавшего надо мной тела, не давала отключиться. Слезы смешались с ливнем; набрав заветные цифры, я осмелилась взглянуть на Коннора.

Он замахнулся ногой в сторону моего лица, и, сгруппировавшись, я ждала удара, однако ничего не произошло. Кто-то сбил Коннора с ног, и я, выронив телефон, все же потеряла сознание.

ГЛАВА 14

ПАХЛО ЧАБРЕЦОМ, ТАБАКОМ и полынью. От смеси этих ароматов я и проснулась, не в силах разлепить глаза. Тело ныло, напоминая о пережитом кошмаре. Меня сильно знобило. Я вскрикнула, завертелась на чем-то мягком, вероятно на кровати, и сбросила одеяло.

— Селина, выпей.

О, этот голос способен воскресить мертвого, клянусь. Я невольно улыбнулась, понимая, кого увижу перед собой.

— Дьявол?

Температура была такой высокой, что картина плыла перед глазами. Но все-таки я узнала Райана. Он протягивал мне черную матовую кружку, из которой как раз и доносился аромат чабреца.

— У тебя тридцать девять. Так как пароля на твоем телефоне нет, я решил отправить сообщение Эбигейл, — сказал он с присущей ему серьезностью.

Он сидел меньше чем в метре от меня, а голос его звучал будто из другого помещения. Я часто заморгала, чтобы поймать фокус.

— Пожалуйста, выпей чаю.

— Райан, а… где я?

Я приподнялась на локтях. Мое состояние и обстоятельства напоминали недавнее пробуждение в автомобиле. Не жизнь, а сплошное дежавю. Я медленно покрутила головой, от температуры болело и щипало в глазах. Подо мной оказалась широкая постель, справа в черном кожаном кресле сидел Райан. В помещении, на первый взгляд студии, были кухня с небольшой барной стойкой и двумя высокими стульями, и двухместный кожаный диван под стать креслу, разделявший зону кухни и спальни. Перед ним на низкой тумбе стоял телевизор, а рядом лежала игровая приставка.

— Ты в моей квартире, — хмыкнул он. — Не переживай, я тебя и пальцем не тронул… вернее, ничего с тобой не делал.

Он говорил холодно, не так, как раньше. Я догадывалась о причине и все же сильно расстроилась.

— А Коннор… он…

— Получил по заслугам и, надеюсь, больше не посмеет к тебе приблизиться. По крайней мере в ближайшее время он физически не сможет до тебя дотронуться.

— Господи, Райан, он хотя бы жив?

Дьявол захохотал. Внутри все потеплело, но было неясно, то ли от его смеха, то ли от растущей температуры.

— Он совсем спятил. Клянусь, в жизни бы не подумала, что он способен на такое…

Райан промолчал. Коннор явно его не интересовал.

— Значит, с Эбби ты договорился? И что она?

— Я писал от твоего имени, и она обещала выйти на смену утром.

— Сколько времени? Уже утро?

— Да, уже десять. Ты проспала двенадцать часов.

— Ничего не помню…

Я попыталась встать и заметила на руке повязку.

— Ты ободрала руку о камень, довольно сильно, — объяснил Райан, заметив мое замешательство. — И лицо я обработал.

— Лицо?!

В ужасе я вскочила, держа путь к двери, за которой, как я подразумевала, была ванная. Райан не остановил меня, и, доковыляв до зеркала, я тоскливо вздохнула. На правой щеке было несколько длинных царапин. Не глубоких, но явно бросавшихся в глаза.

— Урод, — процедила я отражению, думая о Конноре.

— Очень даже красивая.

Райан стоял в дверях, лукаво улыбаясь. Но как только наши глаза встретились в зеркале, его улыбка угасла. Он засуетился и поставил кружку на журнальный столик.

— Я могу вызвать тебе такси до дома, — предложил он. — Ты ясно дала понять, что не хочешь меня видеть, но я просто не мог бросить тебя во дворе доков.

— Что ты такое говоришь?! — спохватилась я, медленно выходя из ванной, чтобы заглянуть ему в глаза. — Ах да… Райан, я должна тебе все объяснить и, пока этого не сделаю, никуда не уеду. Договорились?

Похоже, и он не очень-то хотел отпускать меня домой, потому как сразу же присел на диван, готовый выслушать. Я начала рассказ с того дня, когда увидела сообщения Ким в телефоне Коннора. Затем коротко описала вечер, когда застала их в постели, а потом отправилась в паб Буша. Покраснев, я рассказала об увиденных сообщениях в телефоне Райана. Десять раз извинилась за то, что посмела залезть в его переписку. Райан, как ни странно, прекрасно понял мои чувства. Еще не оправившись от предательства, я подумала, что снова угодила в любовный треугольник.

— Прости меня, я ни в коем случае не жалею о том, что между нами было. Если, конечно…

— У меня нет девушки, Сел, — усмехнулся он. — Если бы была, я бы ни за что ей не изменил. К тому же совсем недавно я открыл тебе свои чувства.

— Тогда… кто эта Дейзи? — тихо спросила я, попивая чай.

— Как только поправишься, я вас познакомлю, — ответил он, и в глазах его я снова прочла знакомую, еле уловимую боль. — Дейзи — моя племянница.

— Господи! — Я хихикнула, покраснев. Райан явно облегчил мою душу, но теперь мне стало очень стыдно. — Спасибо тебе, Райан. Спасибо, что уже трижды спас мою шкуру.

— Селина…

Когда он так произносит мое имя — тихо, проникновенно, — мне хочется быть только с ним, принадлежать лишь ему. Дьявол придвинулся ко мне на диване, отобрал кружку, поставив ее на стол, и положил мои ноги себе на колени. От такой близости у меня закружилась голова.

— Когда ты… выгнала меня, я подумал, что не нужен тебе. Мне было больно, очень больно. Теперь я понимаю твои мотивы, а ты знаешь о моих настоящих чувствах. Я хочу знать, хочешь ли ты быть со мной? Потому что, если нет, я не готов и дальше играть в эти игры, для меня это…

— Хочу, — перебила я, даже не раздумывая.

Дьявол улыбнулся, в его глазах вспыхнул привычный огонек, и он нежно прикоснулся к моим губам. Какие мягкие, чувственные губы! Я просто таяла в его объятиях, по которым так скучала. Райан целовал меня осторожно, сдержанно. Обхватив мое лицо крупными ладонями, он принялся целовать оцарапанную щеку, нос, лоб, снова губы, а я лишь поддавалась ему, мечтая об одном — чтобы он не останавливался.

— Кажется, температура спала, — хрипло прошептал он, целуя меня в лоб.

— Да? А мне что-то… стало жарче…

Дыхание сбилось, я прошептала ответ в его шею. Райан прикоснулся к моим коленям, его пальцы неторопливо скользнули вверх по бедрам. Я едва дышала, не отрывая глаз от его рук. Мы молчали, улавливая дыхание друг друга. Когда его руки приблизились к бедрам, я напряглась и громко вдохнула. Обняв Райана за шею, я прижалась крепко-крепко, боясь снова потерять его. Слегка прикусила его мягкую кожу, пахшую табаком, отчего он сильнее сжал мои бедра и притянул к себе, усадив сверху.

— Теперь ты моя, Селина. Только моя, — шептал он.

— Повтори…

— Ты только моя…

Меня накрыло блаженство, я готова была целовать его днем и ночью. Я желала его, доверяла ему и только в его объятиях чувствовала себя в безопасности, как бы парадоксально это ни было. Мой рай на земле — в объятиях Дьявола.

— *Ты хочешь, чтобы я приполз к тебе обратно?* — пропел он мне строчку из моей песни. Нашей песни.

В ответ я качнула бедрами, изогнув спину. От наслаждения и возбуждения боль притупилась. Райан верно понял мой позыв и стащил с меня футболку. Видимо, мое платье насквозь промокло под вечерним ливнем.

Представ перед ним абсолютно голой при свете дня, я смутилась и прикрыла руками грудь. Не знаю, откуда взялось это смущение, но рядом с ним я испытывала трепет.

— Селина, ты идеальна, — сказал он, целуя мои пальцы. — Убери руки, тебе нечего стесняться.

И я послушно переместила руки ему на плечи. Грудь соприкоснулась с его всегда таким горячим телом. Райан громко втянул воздух, а я пальцами провела по его ключицам, затем по накачанной, твердой груди. Он, кажется, уже еле сдерживался, и как только моя рука скользнула к его домашним шортам, он встал, удерживая меня за бедра, одаривая страстными поцелуями.

Доведя меня до исступления, он вошел, придерживая меня рукой за спину. Вскоре мы переместились в постель. Я была в его власти. Глаза закрылись, и с каждым мгновением я приближалась к эйфории. Жадно целуя Райана, я впивалась ногтями ему в спину, царапала руки, кусала шею, изнемогая от переизбытка чувств. Еще через минуту меня накрыло волной. Мы были морем, штормом, и никогда между нами не будет штиля. Штиль — безмятежность и спокойствие. Мы — буря страсти, желания и… любви?

Ноги продолжали дрожать, когда Райан пристроился на соседней подушке, накрыв мою грудь ладонями. Я глупо улыбалась, неспособная связать и двух слов.

— Как самочувствие?

— Лучше некуда… — шепнула я в ответ и почувствовала: он улыбнулся.

— Я о температуре и ранах.

— Все прекрасно, правда. Мне намного лучше.

— Тебе нужно поспать.

— А тебе… нужно идти? — Я очень надеялась, что нет.

— Сегодня нет.

Я сильнее прижалась к нему спиной и укуталась в одеяло.

— Завтра моя смена в кафе, — вспомнила я и загрустила.

— Я отвезу тебя утром. Когда у тебя выходной?

— Послезавтра.

— Тогда послезавтра… послезавтра я свожу тебя кое-куда. Познакомишься с Дейзи. Идет?

— Идет.

Я жутко занервничала, но виду не подала. В конце концов, может, Дейзи откроет мне завесу прошлого Райана.

* * *

Пожалуй, это был самый тяжелый рабочий день в моей жизни. Нет, я не устала. Я сходила с ума от разлуки с Райаном. Как одержимая, не могла перестать думать о нем и о том, что мне жизненно необходимо его присутствие, его поцелуи и ласки. Нам следовало обсудить дальнейшее развитие отношений. Я хотела ночевать в его студии каждую ночь, вернуться в свою детскую комнату было бы мучительно.

Пришлось рассказать о Райане маме. Мои царапины привлекли ее внимание, как и участившееся отсутствие по ночам, и после долгих напористых расспросов я сдалась. Правда, из лучших побуждений немного приукрасила и приврала, чтобы не выставлять Коннора таким уж монстром, а Райана — бандитом. Сказала, что мы с Дьяволом познакомились на аукционе (история Дороти вдохновила меня на эту ложь). Мама подвоха не заметила, но долго и яростно бранилась в адрес Коннора.

Эбигейл отработала со мной вторую половину смены. Ее морковные волосы сегодня были убраны в косу, а зеленые глаза искрились любопытством.

— От ненависти до любви… — бормотала она, разделяя новую партию стаканчиков.

— Знаю, о чем ты думаешь. Все, что я тебе говорила, — правда. Те люди в лифте… они нехорошие, Эбби, и ты никогда не должна даже намекать, что знакома с ними.

— Я помню твои наставления, и пусть это звучит как параноидальный заговор, я к тебе прислушалась. Но мне не нравится, что ты стала скрытной.

— Эбби…

— Ничего, это ведь не мое дело. Ты не суешь нос в наши с Мэттью отношения, с какой стати мне тебя расспрашивать? Я только… переживаю за тебя. И очень хочу выбить из Коннора всю дурь.

Я рассмеялась, выронив чековую ленту.

— Думаю, ему и так хорошенько досталось.

— Сел, да ты могла обратиться в полицию, в конце концов!

Тогда бы пришлось впутывать Райана. Я не могла так рисковать, ему явно не нужно лишнее внимание полиции.

— Его достаточно наказали, Эбс. Каким бы уродом он ни был, я не хочу рушить его будущее.

— Какая мать Тереза! А если этот пришибленный снова к тебе пристанет? О своем будущем ты подумала?

— Меня есть кому защитить, — загадочно улыбнулась я.

Я знала, что Коннор не рискнет идти в полицию, чтобы накатать жалобу на Райана, ведь тогда бы я точно заявила на него самого. Райан сказал, что сломал ему руку и отбил ребра, не более. Было у меня и подозрение, что Коннор либо начал пить, либо принимал запрещенные препараты, иначе я никак не могла объяснить его поведение. Не мог человек так резко измениться за месяц без вмешательства извне. Да и вряд ли он на самом деле так уж страдал из-за нашего расставания.

Вечером мы с Эбби содрали обои за кассой и покрасили стену в сиреневый цвет — на все помещение времени не хватило, но мы уже были довольны результатом. А еще в тот же день нам доставили полупрозрачные занавески в пол, и, не имея стремянки, мы пытались повесить их, не рухнув при этом на пол.

В последнюю смену я также отослала хозяину арендную плату, отложив небольшой процент для дяди Майкла. Выплатила себе и Эбигейл зарплату, а Оскар свое уже получил. Покрытие аренды принесло немалое облегчение, и я с чистой совестью уехала домой, напевая нашу с Райаном песню в ожидании скорой встречи.

ГЛАВА 15

ЕДВА РАССВЕЛО, а я уже прихорашивалась у зеркала. Мы наконец обменялись номерами, и Райан в девять утра сообщил, что через два часа заедет за мной. Я нервничала так, будто собиралась на первое в жизни свидание. Натянув дырявые джинсы, я долго подбирала к ним футболку — остановилась на розовой. Когда раздался звонок от Райана, я для приличия пропустила несколько гудков, хотя на деле не меньше получаса сидела в нетерпении, сверля темный экран телефона глазами.

Было что-то в нашей встрече особенное. Я, как девчонка, смущалась и в то же время наслаждалась его нежными поцелуями в машине. Мы двинулись в путь, а я так и не решилась спросить, куда именно мы едем.

— Селина, могу я тебе кое-что предложить?

— Что угодно.

— Ты… не хочешь оставаться у меня? Хотя бы иногда.

Ох, сколько усилий мне пришлось приложить, чтобы не запрыгать на месте и не захлопать в ладоши.

— С радостью приму твое предложение. И когда же ты готов принять меня?

Я приподняла бровь, закусывая губу. Райан старался сконцентрироваться на дороге.

— Я бы хотел, чтобы ты была моей каждую ночь каждого дня, а там уж тебе решать.

Он поглаживал мое бедро, явно наслаждаясь тем, как моментально сбилось мое дыхание от его, казалось бы, легкого прикосновения.

— Что ж, я подумаю, — привычно вздернула подбородок я.

— Подумай до вечера, может, останешься у меня сегодня? Кстати, мы приехали.

Я посмотрела в окно. Торговый центр? Может, Дейзи работала продавцом или… Тут машина повернула налево, и мы заехали на большую открытую парковку. Перед нами красовалось огромное здание.

«Детский онкологический центр» — кричала вывеска над входом. Весь мой энтузиазм, все настроение, счастье, радость — все разлетелось в пух и прах, стоило прочитать эти зловещие слова. «Господи, хоть бы Дейзи была врачом, хоть бы Дейзи была врачом!» — повторяла я себе как мантру.

— Ну… ты готова? — спросил он.

Сглотнув, я кивнула. Сложно пересчитать, сколько жутких сюжетов придумал мой мозг, пока мы входили в больницу. Я очень хотела спросить Райана о Дейзи, но боялась ранить как его, так и себя. Кажется, Райан был частым посетителем: женщины за стойкой приветственно махали ему и интересовались делами, на меня же взирали с нескрываемым презрением. Вероятно, Дьявол просто не мог не нравиться этим дамам, а я была для них потенциальной угрозой. И все же в их глазах помимо похоти я заметила сожаление. Его жалели. Господи, помоги мне пережить эту встречу!

Мы хранили молчание, поднимаясь на лифте, я лишь крепко сжимала его руку. На лбу у Райана выступил пот, и это несмотря на то, что он был легко одет в брючные бежевые шорты и белую свободную кофту, а во всей больнице исправно работали кондиционеры. Неуместно было любоваться его телом, поэтому я постоянно себя одергивала.

Мы шли по коридору, по обеим сторонам которого располагались палаты. Когда мы приблизились к комнатке под номером тридцать восемь, сердце ушло в пятки. Уже через стекло я заметила маленькое бледное тельце, лежавшее на больничной койке. Я ожидала чего угодно, но только не этого. Неважно, кем эта малышка приходилась Райану, она не должна здесь находиться! Ни один ребенок на свете не должен переживать подобное!

— О, мистер Эванс!

Я вздрогнула, услышав голос за спиной. К Райану обращалась женщина лет сорока в медицинской форме, на ее бейдже я прочла «Сьюзан Грэм».

Сьюзан широко улыбалась, держа в руках два халата и две шапочки.

— Мне сообщили, что вы пришли навестить Дейзи со спутницей. Вот, наденьте, Дейз только вернулась с терапии.

— Спасибо, миссис Грэм! — поклонился Райан, накидывая на меня халат, затем надевая свой.

Сьюзан влетела в палату к Дейзи, разбудив девочку. Звонкий голос врача оглушил меня — она, словно соловей, щебетала, растягивая гласные буквы. Британским акцентом тут и не пахло.

— Дейзи, милая, Райан пришел! — воскликнула она.

Мы вошли в палату, и я слабо улыбнулась девочке. Сначала Дейзи не обратила на меня никакого внимания, ее глаза загорелись, как только она заметила Райана.

— Рири! Ты соизволил вспомнить о своей несчастной племяшке?

Если бы я только могла поделиться с этим ангелочком здоровьем! Ах, как тяжело было непринужденно улыбаться, не бросившись ей в ноги, не сжав в объятиях! На вид Дейзи было не больше девяти лет, короткие рукава больничной футболки оголяли тощие ручки с длинными пальцами. У Дейзи были большие синие глаза со светлыми, почти прозрачными ресницами, как у моей мамы. Волос на детской головке не осталось, голую макушку покрывал платок с турецким узором. Кожа приобрела землистый оттенок, уверена, раньше она сияла румянцем. Радость встречи с Райаном, то, как засияли ее глаза, — я сразу поняла, они друг друга обожают.

— Маргаритка, — обратился к ней Райан, — мы виделись два дня назад. Зачем ты выставляешь меня в дурном свете?

Райан пододвинул два стула, сел на тот, что ближе к Дейзи, и похлопал рукой по соседнему, приглашая меня сесть. Только сейчас я заметила, что в руках он держит подарочный пакет — настолько я была подавлена, прибыв в онкологический центр.

— Я принес тебе кое-что, — сказал он, доставая из пакета небольшую игрушечную пантеру.

— Ура! — Дейзи бы захлопала в ладоши, да мешали капельницы. Было видно, девочке трудно поворачиваться. — Спасибо, Рири! Вижу, ты привел ко мне ту красотку из кафе?

Я изумленно захлопала ресницами. Значит, Дейзи давно знала о моем существовании.

— Познакомься, Селина, это Дейзи, моя племянница. Дейзи, это Селина, моя девушка. — Райан погладил меня руке.

Возможно, Дейзи сочла меня тугодумом, потому как я продолжала молчать. На деле я как идиотка пыталась удержать слезы.

— Привет, Селина! Рада наконец с тобой познакомиться, — улыбнулась Дейзи.

— И мне очень приятно, Дейзи. У тебя очень красивое имя, и глаза у тебя очень красивые, — заговорила я не своим голосом.

— Ой, ты прав, она приторно мила, — закатила глаза малышка, и я усмехнулась. — Селина, Рири говорил, что ты пахнешь лавандой. Если это так, то лаванда очень вкусно пахнет.

Я снова хихикнула, машинально принюхавшись к себе.

— Ты что же, не знаешь, как пахнет лаванда?

— Не-а, — бросила Дейзи. — Сейчас у меня нарушено обоняние, поэтому я мало что чувствую. Но мне всегда нравился лавандовый цвет.

— Хм, я запомню, — подмигнула я ей.

Я не знала, о чем говорить. Спросить, долго ли она тут лежит? Нелепее не придумаешь. Много вопросов крутилось на языке, и ни один из них не предназначался для детских ушей. Я обо всем расспрошу Райана, а сейчас, пожалуй, лучше послушаю их беседу. Райан болтал с племянницей о каком-то телешоу, затем они переключились на Диснейленд, в который мечтала попасть Дейзи.

— Знаешь, Селина хочет открыть кафе во Франции, — сообщил Райан.

— Значит, мы поедем туда вместе! Вы ведь сходите со мной в Диснейленд?

— Конечно! — пообещала я, сама не знаю с какой стати.

— И мы вместе покатаемся на всех аттракционах?

Дейзи смотрела на нас большими, не принимавшими возражений глазами.

— На всех до единого, — заверил Райан, гладя малышку по голове.

— А еще хочется мороженого. Ванильного и клубничного, — размышляла вслух Дейзи.

— Опять ты про свое мороженое! — хмыкнул Райан.

— Рири, помнишь, ты всегда брал мне в парке два шарика? И в итоге съедал больше половины, а ведь мог купить себе отдельно!

— С твоим хилым горлом я лишь оберегал тебя от очередной простуды! — защищался Райан.

— Ага, лучше бы я еще сто раз простудилась, — поморщилась Дейзи.

Райан прикусил язык, я заерзала на стуле. Мне было совестно, что он не рассказал мне обо всем заранее и я пришла в больницу с пустыми руками.

— По-моему, нет ничего лучше испанского апельсинового сорбета! — сменила тему я.

— То-то я думаю, слишком ты загорелая для серой Англии! — заговорила не по годам развитая девочка. — Неужели ты жила в Испании?

— Да, в Валенсии.

— Расскажи мне о море, пожалуйста! Ты его видела?

И я в красках описала песчаный пляж с редкими пальмами, лазурную теплую воду, в которой мы плескались с братьями. Рассказала о том, как мы играли в Марко Поло и как щипало ранки чересчур соленое Средиземное море. Дейзи грустно вздохнула, узнав, что почти весь год там держится температура двадцать градусов, а летом наступает тридцатиградусная жара.

— К черту Диснейленд, хочу в Валенсию! — воодушевилась девочка.

— Дейзи, следи за языком! Ты ведь не хочешь, чтобы Селина решила, что ты сапожник?

— Пусть знает, какие словечки частенько слетают с твоего языка! — высунула язык Дейзи.

Я хохотала. Меня умиляли их отношения и преданность друг другу.

— Мистер Эванс, мисс Гарсия! — В палату снова влетела, как птичка, доктор Грэм. — Дейзи пора отдыхать.

— Конечно, доктор Грэм, мы только попрощаемся, — грустно ответил Райан и повернулся к племяннице.

Доктор скрылась, а Райан поцеловал Дейзи в бледный лобик и крохотный острый носик.

— Скоро увидимся, моя маргаритка. Я позвоню тебе.

— А Селина тоже придет? — Синие, как васильки, глаза Дейзи устремились на меня.

— Конечно, приду, милая. Хочешь, я оставлю тебе свой номер? Если тебе будет скучно, обязательно напиши!

Дейзи радостно закивала головой и протянула мне свой мобильный, в который я внесла цифры и записала свое имя.

— Вот. Очень рада была с тобой познакомиться!

Я нерешительно нагнулась, чтобы погладить ее по плечу, но ребенок мертвой хваткой прижался ко мне.

— М-м-м... и правда, лаванда очень вкусно пахнет, — шепнула она мне в волосы.

Слезы готовы были закапать прямо на ее хрупкие плечи. Я выбежала из палаты в поисках уборной и обнаружила ее в конце коридора. Около двух минут я умывала лицо, затем похлопала себя по щекам и вышла. Райан ждал меня, облокотившись спиной на соседнюю дверь.

— Да, это тяжело, — протянул он.

Как только мы сели в машину, я поинтересовалась.

— Райан, как так получилось? Она ведь такая маленькая... Господи, ну что за несправедливость!

— Диагноз прозвучал как гром среди ясного неба. Дейз проходит лечение уже четвертый месяц.

Да, теперь я точно знала, почему в глазах Райана мелькала беспросветная боль. Райан прочел в моем взгляде вопрос и продолжил:

— Дейзи — дочь моей покойной сестры. Наши родители умерли как раз перед ее рождением, поэтому я заменял крошке и бабушку, и дедушку. Ты спросишь, где отец? Этот ублюдок смылся, как только она появилась на свет. После смерти Рози я стал опекуном Дейзи. Она очень похожа на мою сестру. Это отцовские гены, я же больше похож на мать. Рози умерла внезапно, никто не ожидал, что чертов тромб оторвется... Ей было всего тридцать лет. Селина, разве мы могли предположить подобное?

У Дейзи был отчим, но после смерти Рози он сбежал, не в силах видеть в Дейзи отражение своей возлюбленной. Подлый трус.

— Он с ней не общается?

Райан отрицательно покачал головой:

— И след простыл. Рози умерла, когда Дейзи только исполнилось шесть. Сейчас ей восемь.

— Райан, мне так жаль... если я могу сделать для вас что-нибудь, хоть что-то, только скажи...

— Делать уже нечего. Я покрыл все расходы на лечение, мы ждем донора для пересадки костного мозга.

Все это время мы ехали домой. Домой к Райану. Я смотрела в окно, чтобы Райан не видел моих слез.

— Думаешь, я не слышу твоих всхлипываний? — улыбнулся он.

Я понимала, как тяжело ему улыбаться после этой хотя и радостной, но в то же время болезненной встречи с (теперь уже) дочерью.

— Почему «Рири»? — решила я поговорить хоть о чем-то хорошем.

— Так Дейзи прозвала меня, когда ей было около двух лет, ей было сложно полностью выговаривать мое имя. С тех пор я Рири.

Я накрыла его руку ладонью, давая понять, что я здесь. Рядом. Готова во всем его поддержать.

— Селина, спасибо тебе за то, что подняла Дейз настроение.

— Не говори глупостей! Твоя племянница просто ангел. Я уже жду следующей встречи!

Райан остановил машину и обернулся. Он смотрел на меня с такой благодарностью, что стало даже неловко. За что меня благодарить? Я еще не сделала ничего полезного для бедного ребенка. Но я обязательно это исправлю.

— Ты — лучшая, знаешь об этом?

— Льстец, — улыбнулась я.

* * *

Я никогда не привыкну к тем чувствам, что вызывает во мне Райан и в особенности наша близость. Не устану наслаждаться его прикосновениями, теплом его крепкого тела.

Дома мы еще немного поговорили о Дейзи. Оказывается, девочка с пяти лет занималась бальными танцами, и прекращение занятий было для нее болезненнее, чем сам факт онкологии. Райан даже упомянул своих родителей — мать работала официанткой, а отец архитектором, средств им вполне хватало, чтобы содержать двоих детей и себя. Рассказывая, он постоянно устремлял взгляд то в окно, то в потолок, и я не стала давить расспросами — видно, он не любил вспоминать прошлое, не мог его отпустить.

Если бы я не выстроила однажды стену, которую Райан благополучно разрушил, скорее всего, мне бы было так же тяжело говорить о временах, когда отец был еще жив. Мы двигаемся дальше, невзирая на призраки прошлой счастливой жизни, чтобы будущее смогло принести нам успокоение и безмятежность.

Днем Райан предложил мне сыграть в Mortal Kombat, он явно думал, что я впервые держу в руках джойстик и наношу удары. Забыл, что я росла с двумя братьями и прошла курс молодого бойца — мы всегда играли на спор, и проигравшему приходилось драить туалеты и всю квартиру. Хочешь не хочешь — пришлось осваивать навыки игры. В общем, из десяти раундов я сделала его в девяти, за что тут же получила расплату. Признаться, такую расплату я готова получать ежедневно.

Он мучил меня своим языком и требовательными поцелуями, не давая передохнуть. Я не осталась в долгу, и к вечеру мы, обессиленные, лежали в сонных объятиях. Райан тихо посапывал, а я никак не могла уснуть. В голове кружились мысли о Дейзи. Почему? Почему такой крохотный человечек должен переживать такие жуткие страдания? Нет. Мне не понять этой жизни, где насильники разгуливают в добром здравии, а чистые, невинные создания лишаются жизни.

Я спланировала следующее посещение онкологического центра — с Райаном или в одиночку, но я поеду к Дейзи в ближайшее время. Завтра, то есть уже сегодня, мой последний выходной, и после рабочей смены я обязательно навещу девочку. Райан развернулся, обхватив меня покрепче, и уткнулся носом в шею, вызвав мурашки. Я схватилась за его руки и закрыла глаза, тая, словно пломбир на солнце.

ГЛАВА 16

К ДВЕНАДЦАТИ МЫ ВСЕ ЖЕ поднялись с постели, и я приготовила завтрак почти из всего, что нашла в холодильнике — скудный был выбор. Получилась фриттата*, которую бабуля нам с братьями готовила чуть ли не каждое утро в Валенсии.

— Боже, это самый вкусный омлет из когда-либо созданных… — с набитым ртом нахваливал Райан.

— Gracias!** Дева Мария, это еще что?! — Я потрясла перед носом двумя пакетиками, найденными в шкафчике над раковиной.

— Кофе «три в одном», — усмехнулся Дьявол. — Там ведь написано.

— Я вижу. Вопрос в другом: как только ты пьешь эту гадость? Эх, была бы здесь хотя бы кофемашина…

---

* Фриттата — итальянский омлет с начинкой из сыра, овощей, колбасы или мяса. Популярен не только в Италии, но и в Испании.

** Спасибо *(исп.)*.

— Позже обязательно приобретем тебе кофемашину, а пока… не умрешь же ты от чашечки чая? — Этот хитрый дьявольский кот выгнул бровь и криво улыбнулся.

Я покраснела до корней волос, осознав смысл его фразы. «Приобретем тебе». Неужели он собирается купить кофемашину только для меня? Значит ли это, что он хочет, чтобы я здесь жила? Да ведь он уже намекал на это, дурья голова!

— Селина, двух ложек сахара вполне бы хватило…

Черт бы меня побрал, задумалась так, что перестала считать ложки!

— Прости, я переделаю… — пробормотала я.

Поставив горячие кружки, я села рядом с ним на высокий стул, натянув одолженную у Райана футболку на колени. Покончив с фриттатой, мы поочередно приняли душ, затем Райан заговорил о планах:

— Съездим в один парк? Погода сегодня солнечная, а мы еще толком ни разу не гуляли. Потом приглашаю тебя на ужин. — Райан обнимал меня, гладя по волосам.

— Отличное предложение!

Я действительно обрадовалась такому плану. Последний год (не считая кратковременного пребывания в Лондоне) я сидела затворницей, некому было выгулять меня, да и сменщика не было, чтобы я могла позволить выходные. А с Коннором дальше кинотеатра мы не ходили.

Я потихоньку перевозила свои вещи к Райану, и мне нужно было выбрать что-то удобное (в парк) и приличное (в ресторан). Пожалуй, подойдет красное платье в пол, расшитое белыми цветочками. Застегивая последнюю пуговицу, я хихикнула, вспомнив, что была в этом платье как раз в тот день, когда Райан впервые пришел в «Лавандовую ветвь».

— Ты готов? — окликнула я, складывая все необходимое в сумочку на тонкой цепочке.

— Всегда! — звонко ответил он.

Ох, как хотелось пощупать его тело, глядя на темный хлопковый джемпер и черные брюки, подчеркивающие все самые… выпуклые места.

Мы выехали за город и остановились у широких деревянных ворот со скрипучей вывеской. Захватив с собой верхнюю одежду и зонты — никогда не угадаешь погоду в Бирмингеме, — я сжала крепкую ладонь Райана, и мы двинулись в парк.

Мы исколесили все дорожки, прошлись даже по протоптанным тропинкам, затем вышли к прилегающему луна-парку с различными аттракционами. Вдоль широкой аллеи расположились палатки с тирами, магазинчики с хот-догами, кофейни и продавцы сахарной ваты. Я заявила, что раз уж Райан «бандит», то не имеет права пройти мимо тира и не выиграть Дейзи самый большой приз.

— Вот, теперь ты не сомневаешься в моей меткости? — хмыкнул он, протягивая здоровенную мягкую игрушку — Котопса.

— Обожала этот мультик в детстве, — рассмеялась я.

Мы не заметили, как пролетело время. Погода, кажется, была на нашей стороне — солнце светило ярче обычного, небо было чистым, безоблачным и даже к вечеру оставалось таким. Мы болтали обо всем на свете, начиная с любимых детских мультиков и заканчивая школьными историями. Райан, оказывается, почти окончил Гринвич и мог бы стать профессором английской литературы.

— Значит, вот откуда твои манеры… — догадалась я. — Почему же не окончил? Не пытался работать в этом направлении?

— Навалилось все и сразу: сестра, Дейзи, опекунство, болезнь, приходилось впахивать на высокооплачиваемых, но утомительных работах. Для того чтобы посвятить себя литературе, нужна более размеренная жизнь. Это не высокооплачиваемая работа. А чтобы выбить себе место в крупном университете, потребовались бы опыт, время, и я понял, что у меня такой возможности не предвидится.

— Очень жаль. Из тебя вышел бы прекрасный учитель. Как-то не вяжется у меня твой образ с криминальной группировкой. Неужели ты сам не хочешь оттуда уйти?

К тому моменту мы уже сели в машину, разместив огромного Котопса на заднем сиденье. Райан намеревался свозить меня в ресторан, куда мы и держали путь.

— Не могу, Селина. Хотя очень хочу. Контракт с Эльбергом у меня на полгода, и я боюсь представить, что он устроит, если я откажусь его продлевать.

— А он знает о Дейзи?

— Я ему и словом о ней не обмолвился, но Эльберг тщательно изучает своих ребят, чтобы было на что давить. Остается надеяться, что мы разойдемся мирно, ведь я никогда не нарушал правил и не допускал ошибок.

— Мне бы очень хотелось, чтобы ты расторг с ним контракт, — тихо произнесла я, сцепив ладони. — Ты ведь постоянно подвергаешься риску.

— Удивительно, если бы ты хотела обратного, — хмыкнул он.

— А сколько ты уже отработал?

— Через месяц контракт истекает. Ума не приложу, как начать с ним разговор. — Райан нахмурился и крепче сжал руль.

— А Дейзи... она знает?

— Ты за кого меня принимаешь? — рассмеялся он. — Она думает, я работаю менеджером. Дейзи было известно, что мы не располагаем деньгами на лечение, так что я соврал, что устроился менеджером в крупную фирму, где якобы получаю большой процент с продаж.

— Хитро, — кивнула я. — Райан, ты никогда не говорил, о чем ты мечтаешь. Какая она, твоя главная мечта?

Райан улыбнулся и ненадолго задумался.

— Знаешь, у меня все куда банальнее, чем у тебя. Я пришел в этот мир без цели. Моя мечта, пожалуй, заключается в самой жизни. Да, мне бы хотелось преподавать, но не только для заработка, я обожаю литературу и с радостью буду обучать ей студентов. Но самое главное для меня в этой жизни — жить. Вот так просто. Чувствовать, видеть, созидать. Хочу в будущем оглянуться и сказать, что по-настоящему жил. Наверное, Дейзи меня этому научила. Она тот еще живчик.

Райан и не подозревал, как его слова подействовали на меня. Я ожидала услышать четко поставленную цель — так уж я привыкла жить. Вот тебе точка А, а вот конкретная точка Б, сиди и размышляй, какими способами добраться до конечного пункта.

— Думаю, ты правильно мыслишь, — только и смогла выдавить я. — Иногда я чувствую, что застряла. То есть я обожаю кофейню и готова вкладывать туда все силы, но… кажется, я забыла, как жить. Жить в том понимании, о котором говоришь ты.

— То есть бездумно тратишь все время и энергию на одно лишь кафе?

— Да. Но если бы я этого не делала, то не добилась бы того, что имею. В общем, все должно быть в меру. Не стоит зацикливаться на чем-то одном.

— А может, просто стоит делать то, что делает тебя счастливой? Сегодня это работа в кафе, завтра встреча с близким, послезавтра прыжок с парашютом. Просто… наслаждаться.

— Ну, в мой рабочий график тяжело втиснуть наслаждения, — развеселилась я.

— Меня же ты втиснула, — подмигнул Райан, припарковав машину у ресторана. — Не воспринимай буквально. Конечно, тяжело радоваться жизни, если вкалываешь на трех работах или пытаешься пережить смерть близкого.

Оказывается, Райан забронировал столик заранее. Администратор проводил нас на второй этаж, представлявший собой просторную веранду. Наш стол располагался так, что впереди были видны лишь соседние здания и чарующий закат, создававший эффект уединения. Пробежавшись глазами по меню, я выбрала равиоли с креветками, овощной салат и мороженое на десерт, Райан отдал предпочтение мясу: и суп, и горячее блюдо, и салат были либо со свининой, либо с телятиной.

— Знаешь, так здорово… просто поговорить, — тихо промолвила я, пригубив вино, — и, заметив недоумение Райана, пояснила: — То есть, конечно, я общаюсь с Эбби, братьями, но с тобой, кажется, можно говорить обо всем на свете. — Я улыбнулась, пытаясь скрыть восторг — зазнается еще.

В приглушенном свете фонариков глаза Дьявола сверкнули от удовольствия. Он склонился к столу и поцеловал мою руку, так нежно, что сердце защемило.

— Я рад, что встретил тебя, Селина.

— Если бы при других обстоятельствах… — усмехнулась я.

— Нет, я впервые увидел тебя в автобусе. Ты что-то напевала и разглядывала машины, положив подбородок на руки. Уже тогда я почувствовал, что у тебя доброе, чуткое сердце. И конечно, меня покорила твоя красота.

Я звонко рассмеялась и взмахнула руками, чуть не выбив у подошедшего официанта поднос.

— Ох, прошу прощения! — безуспешно попыталась я унять смех.

Как только официант расставил блюда и удалился, я объяснилась:

— Извини, мне сложно в это поверить.

Но Райан, кажется, не обиделся, а продолжал посмеиваться надо мной.

— Забыл упомянуть о том, что ты очень забавная.

— Благодарю. — Я церемонно поклонилась и принялась за еду.

— А я что же, не услышу в свой адрес комплиментов? — поигрывая ножом и вилкой, спросил Райан.

— Ну… я в этом не так сильна, тем более ты почти профессор литературы. Пожалуй, мне нужно подготовиться и ответить тебе не менее цветистым комплиментом, — увиливала я, отпивая вино.

— Буду с нетерпением ждать подробного разбора своей личности, — рассмеялся Райан.

Не помню, когда я в последний раз так смеялась. Мы не переставали перебрасываться колкостями и флиртовать. Улыбка не сходила с моего лица, и я, переполненная каким-то трепетным счастьем, и не пыталась быть серьезной.

— А где ты научился играть на фортепьяно? — спросила я по пути домой.

— Музыкальная школа. Ненавидел ее всем сердцем! Частенько прогуливал и никогда не прислушивался к преподавателям, которые прочили мне будущее на эстраде. Они даже родителям не переставали твердить о моем «феноменальном» голосе, — фыркнул он.

«Голос-то и правда феноменальный… взывающий к самым запретным желаниям», — подумала я, стиснув колени.

— И все же я окончил ее с отличием, хотя точно знал, что не собираюсь связываться с музыкальной индустрией. Зато… кое в чем эти навыки пригодились.

Райан посмотрел на меня исподлобья, в его глазах плясали демоны. Он молниеносно прижал ладонь к моему колену, раздвинув ноги, и плавными движениями передвигал пальцы по бедру так, словно наигрывал мелодию на рояле. От неожиданного прилива желания потемнело в глазах, и я схватилась за верхний поручень.

— Райан… — прошептала я, когда его пальцы достигли эпицентра.

В ответ он ловким движением отодвинул нижнее белье и ворвался в меня, напевая:

— «I wanna do bad things with you… I wanna do real bad things with you-u-u…»

Ах, его дьявольский голос и дьявольские ласковые пальцы… Фары встречных машин ослепляли, я откинулась на сиденье, двигая бедрами в такт его движениям. Еще немного — и утону, растворюсь в пучине удовольствия.

— Подъезжаем, милая… — прошептал Дьявол и, остановив машину, второй рукой нырнул в мой бюстгальтер

— О Дьявол… — взорвалась наконец я.

— Не впервой слышу подобное обращение, — ухмыльнулся Райан.

— Ах ты негодяй! Ведь я теперь не в состоянии идти домой.

Что сделал Дьявол? Недолго думая, вытащил меня из машины и на руках донес до квартиры. Не знаю, кого благодарить за то, что он появился в моей жизни, — Божественное провидение или лавандовую ветвь, но в этот вечер, когда Райан уснул, я действительно прочла благодарственную молитву. Закончив, я улыбнулась и прижалась к его горячему телу.

ГЛАВА 17

МНЕ ПРЕДСТОЯЛО ОТРАБОТАТЬ три дня. Так как в вечер первого Пабло попросил заехать домой, я предупредила Райана, что ночевать останусь у себя. Мама по случаю приезда Пабло и Евы наготовила фирменных семейных угощений, а я с удовольствием их уплетала. Поток клиентов был такой, что не удалось пообедать.

— Ну, рассказывайте, как прошло путешествие? Как вам Греция? — спросила мама, наконец присев. До этого она юлой вертелась по квартире, угождая гостям.

— Я думала, тебе уже некуда загорать, Пабло! — хлопнула я брата по плечу.

— Знаю, ты завидуешь и тоже мечтаешь погреться на солнце. Наша испанская кровь не создана для британского климата, — фыркнул Пабло.

— Ева, ты прямо светишься! Как тебе в роли жены? — подтолкнула я ее локтем.

Я заняла место между ними и, как в детстве, передразнивала брата. Мэттью с матерью сел напротив, он готовился к предстоящему экзамену, делая заметки в блокноте, лежащем на коленях.

Ева долго расхваливала отель, питание и море. Продемонстрировав нам шикарные солнечные фотографии, она поведала о дайвинге, о встрече с акулами и об обычаях местных жителей. Пожалуй, сегодня Ева была особенно разговорчива, обычно из нее и слова не вытянешь в моем присутствии.

— Так вот, мама, мы не просто так здесь собрались, мы ведь привезли вам подарки!

Пабло вскочил как ужаленный и бросился к небольшим коробочкам, которые тут же раздал нам. Крышки были подписаны.

— Ну, смотрите!

Мы с мамой уставились друг на друга. В нашей семье не принято было распаковывать подарки на глазах у дарителя, чтобы невольно не выразить не те эмоции. И все же это был Пабло, наш Пабло, так зачем церемониться? Я в своей коробке обнаружила магнит, пару камней, красивый лакированный кошелек и…

— О господи! Мамочки! Не может быть, этого не может быть! — завопила мама, подпрыгнув на стуле.

А я не сводила глаз с крошечного детского боди с надписью «Любимая тетя», пока мама не бросилась обнимать Пабло и целовать Еву.

— Сынок, Ева, от всего сердца вас поздравляю! Вы сделали меня самой счастливой! — плакала от радости мама.

А я, сжимая маленькую вещицу, никак не могла поверить в происходящее. Мой брат станет отцом? Пабло? Вот этот юркий бесенок? Порой он ленился так, что маме приходилось все за ним подчищать, а иногда проявлял настоящую безответственность и приходилось вытаскивать его из передряг. И я, Селина Гарсия, стану тетей.

Я вспомнила о Дейзи. Райан любил племянницу больше жизни, да и я прикипела к девочке с первой минуты. Что же будет со мной, когда я познакомлюсь с младенцем и раз и навсегда приму роль тети? Выдержит ли брак Пабло нападки моей фанатичной любви?

— Эй, Сел! — окликнул Пабло.

— Извините, я... просто вспомнила тебя подростком. — Я прокашлялась, приходя в себя. — Пабло, Ева, я очень за вас счастлива и с нетерпением жду малыша! Только... готовы ли вы потом круглосуточно принимать меня в гостях?

Все дружно рассмеялись. Даже Мэттью — личность, часто отстраненная от семейных вопросов, — был рад и пожелал Еве крепкого здоровья, а также предложил свою помощь в ремонте детской во время каникул.

После, закрыв глаза в своей спальне, я засыпала с греющим душу ощущением, будто все встало на свои места. Жизнь налаживалась, и даже в моей семье произошли колоссальные изменения. Наверное, я долго была слепа. Для меня время остановилось еще в университете, и вот часы моей жизни снова завелись, и я как никогда отчетливо слышала, как быстро бежит минутная стрелка.

* * *

Следующий рабочий день я провела в компании Эбигейл и не знала, куда себя деть, чтобы не отвечать на вопросы о Райане. Эбби всегда страдала любопытством и болтливостью, поэтому интересовалась даже самыми… тонкими подробностями.

— На следующей неделе мне восемнадцать, так почему при слове «секс» краснеешь ты, а не я? — спрашивала Эбби, расфасовывая чай.

— Эбс, прошу, смени пластинку. Мне уже тошно. Лучше расскажи, какие у вас планы с Мэттью на дни рождения?

Мэтт и Эбби родились с разницей в один день.

— Мы собирались отметить в один день, то есть в его день рождения. Думали сходить в клуб потанцевать, — мечтательно ответила Эбби.

— Неплохо. А что с поступлением?

— Ответы из колледжей должны прийти в течение месяца. Пока ничего.

— Мэтт уже рассказал тебе о нашей встрече с Пабло? — широко улыбнулась я.

Теперь мысль о том, что я скоро стану тетей, давала мотивационный пинок под зад.

— Конечно, поздравляю вас! Я, кстати, так и думала.

— О чем?

— О беременности Евы. Вспомни, как она зеленела во время свадебного застолья.

— Какая ты проницательная! — хмыкнула я.

Да, Эбигейл — зоркий бесенок. Я к таким вещам слепа и глуха.

В обед к нам заглянула Дороти. Эбби, видевшая ее после преображения впервые, выронила из рук поднос, и тот, громыхая, прокатился к ногам нашей гостьи. Дороти усмехнулась, расправляя загорелые плечи.

— Привет, девочки. Как ваши дела? — поинтересовалась она, подходя к стойке.

— Трудимся в поте лица, — фыркнула Эбби, подняла поднос и ушла на кухню.

— Эбигейл все еще недолюбливает меня?

— Эбби вообще редко кого «долюбливает», — усмехнулась я. — Ну, Дороти, как жизнь? Как твой джентльмен?

— Спасибо, дорогая, лучше не бывало. — Дороти смущенно улыбнулась. — Соскучилась по твоему кофе. Вроде хожу теперь по ресторанам с высокой кухней, а самый вкусный кофе все равно у тебя.

— Где-то я это уже слышала! — гордо улыбнувшись, вспыхнула я. — Убери свои деньги, Дороти! Как насчет большого капучино с сиропом «Шоколадное печенье»?

— М-м-м... то, что нужно!

Вручив Дороти кофе, я положила на блюдце два фисташковых эклера и присела к ней за столик. Эбигейл вышла за стойку, принимая заказы, пока я болтала с Дороти. В это до сих пор было трудно поверить, но жизнь у нее действительно шла в гору. Она все-таки устроилась бухгалтером в фирму, название которой я так и не запомнила, купалась в любви, заботе и деньгах. Дороти пыталась разузнать, как продвигаются дела у меня, но я отвечала сдержанно, используя общие слова: нормально, хорошо, ничего нового. Отношения с Райаном стали для меня чем-то сокровенным, личным, только моим, я еще была не готова посвящать в них всех и каждого. Заметив мой скрытный настрой, Дороти распрощалась и вышла за дверь, а когда я подошла к стойке, то обомлела.

— Это что такое?! — вскрикнула я, схватив копилку из прозрачного стекла.

— Кажется, кто-то стал твоей феей-крестной, — хмыкнула Эбби.

Банка была доверху наполнена как мелкими, так и крупными купюрами.

— Стыд-то какой! Чувствую себя содержанкой!

Эбигейл рассмеялась, вырвала банку у меня из рук и открутила крышку.

— По-моему, она как раз расплатилась за полгода бесплатного ежедневного питания.

— Эбби! Не будь такой черствой. В конце концов, кто, как не ты, должна ее понять!

Эбби наградила меня суровым взглядом и взмахнула рыжей головой, а затем вытащила из банки фунтов двадцать и спрятала в бюстгальтер.

— В конце концов, я тоже варила ей кофе, — оправдалась она.

— Да бери, пожалуйста!

Таким образом, пересчитывая свои финансы перед закрытием, я выделила процент дяде Майклу и вычислила, что успела в короткие сроки накопить аж половину суммы арендной платы.

Эбигейл уехала около восьми, так что я в одиночестве закрывала кофейню, любуясь закатом, который ни в какое сравнение не шел с тем, что окутывал нас на свидании. Райан встретил меня после работы, и я с очередной сумкой вещей плюхнулась в машину, довольная и уставшая.

* * *

Третий рабочий день подходил к концу, когда я получила от Райана сообщение:

Р: Селина, сегодня забрать не смогу — дела. Ключи под ковриком.

С: Вернешься поздно?

Р: Надеюсь, что вернусь.

Я перечитывала его сообщения, проходя по дворику, и очутилась лицом к складу. Ох уж эта привычка засмотреться и врезаться! Развернувшись на пятках, я пригляделась к каналу: пусто. Никаких лодок. Решила пройтись вдоль воды и... не смогла отвести взгляда от антикварной лавки. Вообще даю слово: я смотрела на вывеску, слоган и новые товары на витринах — старинную фигурку лошади, чей-то бюст, конечно вазы, шкатулки. Но только приглядевшись, я заметила, как брюнет (тот самый, прищелкивающий языком) складывает оружие и туго набитые полиэтиленовые пакетики в чемодан.

Конечно, наши глаза встретились. Я резко уставилась в землю и понеслась так, словно из спины у меня торчал пропеллер. Не было никаких сомнений — теперь этот брюнет меня запомнил. Что же делать? Не имею понятия. Для начала переговорю с Райаном, как только мы встретимся…

Но, придя домой, я застала мертвую тишину и едва уловимый запах Райана. Что ж, я не сильно расстроилась, засыпая в пустой постели, разве что едва сдерживалась, чтобы не позвонить и не расспросить его о том, чем он занят ночью и все ли с ним в порядке. Но я так устала, что отключилась за пару секунд. До утра Райан так и не появился.

На выходной день у меня были грандиозные планы, и большинство из них были связаны с Дейзи. Я обошла несколько детских магазинов, накупила различных раскрасок, кукол, пару новых головных платков и, конечно, букет лаванды. Прихватив выигранную Райаном игрушку, я разложила все по пакетам, накинула белый просторный сарафан, джинсовку и вызвала такси.

Непозволительно было перед встречей с ребенком размышлять о явно незаконных поставках оружия и наркотиков, а еще о том, куда делся Райан. Сейчас я была готова отдать всецело свое внимание бедной малышке, приехав сюрпризом. Накануне я позвонила в клинику доктору Грэм, чтобы уточнить приемные часы.

— Мисс Лаванда! — воскликнула Дейзи, отрываясь от книги.

— Привет, Маргаритка!

Дейзи сильнее осунулась, мешки под глазами стали больше, однако ничто не помешало ей улыбнуться при виде меня. Мои глаза бегали по палате, чтобы Дейзи не подумала, будто я на нее пялюсь или испытываю жалость, оттого я, наверное, выглядела нервозно. Мне как взрослой следовало вселять уверенность и позитив во время тех коротких встреч, которые позволялись Дейзи.

— Может, сядешь? — усмехнулась малышка.

Я послушно приземлилась на стул и протянула девочке пакеты, благополучно продезинфицированные в холле.

— Я тебе кое-что принесла…

— Ого, все эти мешки — мне?! — засиял ребенок.

Дейзи была в восторге. Вытаскивая что-то новое из пакета, она принималась сыпать благодарностями и повторяла: «Это же мои любимые!» Дойдя до букета лаванды, для которого я не забыла прикупить вазу, Дейзи чуть не заплакала от счастья и глубоко втянула носом аромат.

— М-м… точно. Пахнет тобой.

— Странно, что от меня за версту не разит кофейными зернами, — фыркнула я. — Смотри, эту игрушку выиграл Райан!

Я разместила большого Котопса на койке Дейзи.

— Как это «выиграл»? — удивилась она.

Я вкратце рассказала о нашей прогулке и о том, как метко стрелял в тире ее опекун.

— Рири — меткий стрелок? Ни за что не поверю! — рассмеялась девочка.

Я чуть не поперхнулась, напоминая себе, что Дейзи ни в коем случае не должна узнать о том, чем занимается Райан на самом деле.

— Селина, не знаю, как тебя благодарить! Спасибо тебе огромное за все эти подарки!

Дейзи потянулась, чтобы обнять меня, и я быстро склонилась к ней, чтобы она не перетруждалась после очередной дозы химии. От нее пахло медикаментами. Тонкие ручки неловко обхватили мою шею.

— Знаешь, я тоже скоро стану тетей! — решила поделиться я.

— У тебя тоже есть сестра?

— Нет, два брата — старший и младший. Старший недавно женился, и вот его жена беременна.

— Эх, я всегда мечтала о братике или сестричке… — уныло протянула Дейзи. — Ну, не все потеряно, Райан обязательно заведет своего ребенка.

Я отпрянула от Дейзи, вытаращив от неожиданности глаза и раскрыв рот.

— Как это?

— Мне правда нужно объяснять тебе как? — хихикнула Дейзи.

— Ой… то есть… да, вероятно, когда-нибудь у Райана будут дети, — смиренно ответила я, негодуя в душе.

— А разве ты не хочешь от него ребенка?

Вся прелесть детей — в их наивном мировоззрении и бесстыдном любопытстве.

— Я еще вообще не задумывалась над тем, хочу ли детей... — смутилась я под взглядом этой почемучки.

— Значит, ты несерьезно к нему относишься? — с надрывом спросила Дейзи.

— О, милая, желание иметь детей — не всегда показатель серьезности отношений. Райан мне очень нравится, и я ни за что его не обижу, если ты об этом. Мы ведь вместе совсем недавно, важно узнать друг друга получше, не говоря уже о бытовых и материальных вопросах.

— Селина, я точно знаю, что Райан никогда тебя не обидит. Он искал тебя всю жизнь и теперь ни за что не отпустит. Он сказал, что из-за тебя у него ни с кем не ладилось, потому что он всю жизнь тебя искал и никак не мог найти...

Я еле сдержала смех, понимая, что имела в виду Дейзи, но ее интерпретация — нечто.

— Как много, оказывается, Райан обо мне наговорил, — хитро улыбнулась я.

— Он хороший человек, Селина... — Дейзи взяла меня за руку. — Иногда чудной, да еще со своими старомодными манерами. Это все от классических романов. Я ему не раз намекала, что сейчас модно... как это... открыто флиртовать?

Я рассмеялась. До чего смешная, умная девчонка.

— А мне, наоборот, нравится его старомодность, — возразила я.

— Короче говоря, Рири очень добрый, он никогда на меня не кричал и на маму ни разу голоса не повысил, всегда заботился о нас и... Селина, я просто боюсь, что оставлю его одного, понимаешь?

— В каком смысле одного? — не поняла я.

— Если не найдется донор, или операция неудачно пройдет, или если я не доживу до пересадки, то...

— А ну-ка закрой свой маленький ротик немедленно! И выкинь эти мысли из головы, поняла меня?! Думать забудь! — прикрикнула я, но Дейзи не испугалась, она ожидала подобного.

— Просто пообещай, что не оставишь его одного, если... я...

Синие глаза, полные надежды и ожиданий, уперлись в мои. Терпеть не могу давать обещаний! Откуда мне знать, что будет между нами завтра? Но разве я могла отказать ребенку?

— Обещаю, Дейзи, но с тобой все будет в порядке. Давай больше не будем поднимать эту тему, — оборвала я.

Дейзи притянула меня за плечи и расцеловала в щеки.

— Хитрая ласковая девчонка! — с наигранной свирепостью воскликнула я.

Сьюзан Грэм позволила мне просидеть с Дейзи целых два часа. Мы не только обсудили Валенсию и Францию, но и раскрасили несколько картинок, поиграли в куклы и посмотрели пару серий Котопса. На прощание озорной ребенок как следует меня затискал и взял обещание о следующей встрече.

В коридоре меня перехватила доктор Грэм:

— Спасибо вам, мисс Гарсия.

— За что?

— За Дейзи. Она радуется встречам с Райаном, но видно, что девочке не хватало общения с женщиной. Я стараюсь уделять ей время, но ведь на мне целое крыло.

— Что вы, доктор Грэм, я с радостью!

— Передайте Райану, что объявился донор. Девушка двадцати лет из Германии, полное совпадение с Дейзи. Райану необходимо будет оплатить ей перелет туда и обратно. Возможно, покрыть текущие расходы, но об этом можно будет говорить, если все пройдет успешно. Я обещала ему сообщить, как только появится вариант.

— К-конечно, большое спасибо.

В сердце порхали бабочки, щекоча своими крыльями, пока я стояла в ожидании такси. Я была несказанно рада таким новостям и, не зная, как сдержать эмоции, счастливо покачивалась с пятки на носок как дурочка. «Господи, помоги ей продержаться до трансплантации, прошу, она ведь совсем невинное дитя!» — молила я небеса, пока не подъехала машина. Назвав адрес Райана, я села назад, не сводя глаз с онкологического центра.

ГЛАВА 18

И СНОВА КВАРТИРА ПУСТОВАЛА. По пути из больницы я купила продуктов, чтобы приготовить еду. Содержимое холодильника у Райана было поистине холостяцким: полная морозилка готовых блюд, иссохший лимон и ряд соусов. Были еще яйца, остатки овощей и колбасы, но их я успела перевести на омлеты.

Пусть Райан еще не вернулся, настроение у меня было чудесное! Мало того что появился шанс для Дейзи, а я скоро стану тетей, так я еще и хозяйничала на кухне. Можно сказать, на своей кухне, потому что, судя по расстановке предметов и лежавшей на всем пыли, до меня к ней никто не притрагивался.

Прежде чем готовить, я врубила стереосистему на высокую громкость и, покачивая головой в такт, разложила продукты. В процессе стряпни появилась возможность подумать.

Вопросы восьмилетней Дейзи нарушили мое спокойствие. Она спросила о детях потому, что действительно хочет брата или сестру, или потому, что об этом говорил Райан? Да ну, нет. Уж хотя бы намек о его желаниях я бы прочла между строк. Что до меня, то у детей, выросших в многодетных семьях, часто пропадает желание иметь детей. Или оно просыпается позже, чем у единственных отпрысков. Я относила себя ко вторым, потому что хотела стать матерью, но не в ближайшие два-три года.

Поразмыслив о детях, я вернулась к кофейне. Если все будет идти так же гладко, в конце июня я расплачусь с владельцем и смогу откладывать деньги на расширение. Как только выдастся свободное время, я проштудирую данные о помещениях, сдающихся в аренду близ Прованса. Дядя Майкл договорился о дне проведения сделки с владельцем помещения в доках, так что вскоре еще один груз спадет с плеч.

А еще меня беспокоил противный брюнет, наемник Эльберга. Нужно будет сообщить о нем сразу после новостей от доктора Грэм. Зато теперь я точно знала, почему Эльберг выбрал место рядом с доками и *что* по вечерам незаметно кладут в лодку. В чемодане были наркотики и огнестрельное оружие, канал использовали как средство передачи. Все гениальное просто.

Наслаждаясь пряными ароматами супа и второго блюда, я стащила фартук и сбросила брюки. Ходить по дому в футболках Дьявола уже вошло в привычку, вот и сейчас я шла к колонке, чтобы включить одну из любимых песен, в его широкой белой футболке с надписью «Мысли — это чудовища, что снова и снова являются терзать нас». Я узнала цитату из «Грозового перевала» и полностью согласилась с мнением Эмили Бронте.

Из колонок зазвучало вступление песни Мэг Майерс «Desire», одной из самых страстных в моем плейлисте. Слушая ее, я уносилась в страну желаний и страсти. Мощные ударные, гитара, чувственная отдача в припеве — я просто не смогла удержаться от сольного концерта! Схватив половник, я запрыгала по студии, двигаясь «грациозно» и «сексуально», на такт опережая певицу.

— Как сильно ты хочешь меня?! Как сильно ты хочешь меня?! — истошно надрывалась я на припеве, вращая головой.

Вдруг чьи-то руки схватили меня, нырнув под футболку, а в ушах прошелестел будоражащий шепот:

— Хочу тебя всегда, а сейчас сильнее, чем когда-либо…

Удержав равновесие, я облокотилась на стойку. Дьявол развернул меня к себе, на его красивом, немного асимметричном бородатом лице блуждала похотливая улыбка. Жгучее желание растеклось по венам, я запрокинула голову, позволив Дьяволу воплотить то, что он задумал. Мэг стояла на повторе, и эмоции вкупе со страстной композицией просто уничтожили меня. Осталось лишь влажное дрожащее тело, а мой дух парил в танце.

Дьявол — а именно в него перевоплощался жаждущий Райан — перемещал меня во все уголки студии, не давая перевести дыхание. Я перекрикивала песню, он целовал меня в ухо, нашептывая такие комплименты, от которых любая женщина должна была почувствовать себя богиней. Наше слияние закончилось вспышкой экстаза, феерией на мокрых простынях.

— Не слышала, как ты вошел... — ляпнула я, сидя у него на спине и делая легкий массаж.

— И хорошо, тогда бы я не застал тебя за этим сексуальным танцем, однако как музыкант...

— Ой, перестань, я же не даю публичных концертов!

Я в отместку шлепнула его по спине.

— Полегче!

— Нам надо поговорить. — Я резко перекатилась на соседнюю подушку. — Во-первых, где ты был прошлой ночью? Я переживала. Ты ни слова не написал.

— Меня отправили в пригород по делу.

Недолго помолчав, я осмелилась спросить:

— Слушай, Райан, ты когда-нибудь... делал людям больно?

Он приподнялся на локтях и встретился со мной взглядом.

— А сама как думаешь?

— Ладно, глупый вопрос. Но... ты ведь не убивал?

— Конечно, нет, Селина, я бы ни за что не убил человека.

— Даже если бы Эльберг заставил?

— В таком случае… — Дьявол почесал подбородок. — Я бы придумал способ, перекинул бы задание на кого-нибудь из ребят.

— Значит, вы все-таки убиваете?

— Господи, Селина! Конечно, Эльберг может приказать подобное, чаще всего ответственные за такие задачи люди устраивают «несчастный случай», но я с этим не сталкивался.

— Ты ведь не стал бы мне врать, если бы причинил кому-то вред? Потому что, пойми, нельзя просто так взять и смириться с тем, что твой парень — член банды…

— Тогда хорошенько подумай, нужны ли тебе эти отношения, — резко перебил он, встал с постели и надел шорты.

Я хотела возразить, но кто-то забарабанил по входной двери.

— Эванс, открывай!

— Черт! — всполошился Райан. — Селина, бегом в шкаф!

— Чего?!

— Спрячься на всякий случай!

Перетрусив не на шутку, я поспешила в шкаф и захлопнула дверцу. Отдышавшись, я закрыла глаза и навострила уши. Раздался щелчок замка — Райан впустил гостя.

— Гас? Ты что здесь делаешь?

Ага, это имя я уже слышала, прячась на заднем сиденье машины. Я уже говорила, что моя жизнь — сплошное дежавю?

— Я… слушай, хотел тебя предупредить. Сегодня на собрании Делл заявил, что девчонка из доков следила за ним на днях. Она точно видела, как он собирает заказ. До этого она якобы случайно с ним столкнулась, как раз когда он шел к мосту… с чемоданом. Эта девчонка… работает в кофейне, в доках. Теперь Эльберг задумался…

Если я поддамся панике, шкаф задрожит, и я сдам себя с потрохами. Пришлось обхватить себя руками и закусить губу.

— А мне зачем об этом знать?

Повисла пауза.

— Эванс, мы знакомы всего три месяца, но я знаю, ты хороший парень. Пожалуй, единственный из всех. И я все-таки кое-что понимаю в людских чувствах: я видел ваш танец и слышал твое исполнение…

— Я понял тебя, Гас. Спасибо, что предупредил.

Снова повисла пауза.

— Она здесь, да? — спросил Гас. Голос его был медом для ушей, мягким и тягучим.

— Чего?

— Ну, сомневаюсь, что ты ходишь на каблуках, если только в нерабочее время…

— Черт с тобой, проходи. Селина, возьми в шкафу шорты и выходи!

— О, так я не вовремя… — спохватился Гас.

Я не вышла, а вывалилась из шкафа, запутавшись в обуви. Гас издал звук, похожий на дверной скрип, — предположительно хихикнул, а Райан рванулся меня поднимать. Сдув пряди с лица, я в широченной футболке и спадающих шортах села на кровать, разглядывая Гаса. Им оказался коренастый блондин из лифта, он же танцевал с Эбигейл в отеле.

— Привет, Гас, я Селина. — Я протянула руку.

— Очень приятно, жаль, что прервал вас, да еще такими новостями.

— Что вы! Может, вы голодны? Поужинаете, я как раз приготовила…

— Да, — в один голос ответили мужчины.

Итак, я накрыла на стол, налив себе только стакан воды. Аппетит пропал десятью минутами ранее. Пока мужчины поглощали жаркое, я объяснила, что ни за кем не следила и что столкновение действительно было случайным. Я же работала рядом с лавкой, логично, что мы могли пересечься. Гас выслушал мою версию кивая — чувствовалось, он мне верил. Райан за ужином не проронил ни слова, он нервно поглядывал по сторонам и громко постукивал вилкой по тарелке.

— Спасибо, что поделилась своими впечатлениями. Я знал, что ты не подосланный шпион конкурентов и уж точно не коп.

— А чем я не коп? — возмутилась я.

Двое мужчин переглянулись и прыснули.

— Ладно, Эванс, Селина, мне пора. Спасибо за вкуснейший ужин.

— Да ладно, это так, на скорую руку! — Похвала всегда развязывала мне язык.

Райан пошел провожать Гаса, а я, скрывшись за дверью ванной, прислушалась. Райан говорил шепотом:

— Гас, умоляю, никому ни слова, ладно?

— Можешь на меня рассчитывать. Я же сказал, что увидел в тебе добрую душу. Надеюсь, и ты не подведешь меня.

— Я? В чем?

— Поймешь, — ответил Гас совсем уж тихо. — Просто оставайся собой, как-нибудь выкрутимся. И лучше Эльбергу не знать о вас с Селиной.

— Я о том и прошу.

— До встречи.

Дверь захлопнулась, я включила воду и, приняв освежающий душ, легла в постель, Райан изучал потолок.

— Поговорим? — спросила я, комкая край футболки, от шорт я избавилась еще в душе.

— Селина, я ведь предупреждал. Признайся, ты специально следила за Деллом? Я знаю, это в твоем стиле.

— Дева Мария! Предвзятый Дьявол! Ни за кем я не следила! Уже и шагу не ступить!

Райан расплылся в улыбке.

— Что здесь смешного?! — воскликнула я, скрестив руки.

— Иди сюда… — Он похлопал по перине. — И еще раз назови меня Дьяволом…

— Вот еще! Сначала поговорим. Опустим тему моего возможного убийства…

— Селина, никто тебя не убьет.

— А я что-то в этом сомневаюсь. Так вот, я была у Дейзи и у меня новости.

Райан сделался серьезным.

— Как Дейзи? Что ты там делала?

— Как что? Навещала, конечно. Мы отлично провели время, раскрашивали картинки, а еще я накупила ей кукол, игрушек и журналов…

Райан нежно схватил меня за щеки и припал к губам.

— Ты лучшая. Я уже говорил?

— Говори почаще, — хохотнула я. — Доктор Грэм просила тебе передать, что в Германии нашелся донор, но придется покрыть некоторые расходы…

— Селина, черт возьми, и ты молчала? Ты должна была первым делом сообщить об этом!

— Знаю, я надеялась встретить тебя дома и…

— Все равно спасибо, завтра же займусь этим вопросом. У тебя выходной?

— Да, последний перед выходом на работу.

— Хорошо. Днем мне придется отъехать, а вечер попрошу тебя провести со мной. Я кое-что придумал.

— С удовольствием, — ласково улыбнулась я и заключила Райана в объятия.

И пусть с виду я выглядела спокойной и бойкой, но на душе скребли кошки, предвещая беду. Но в объятиях Райана невозможно думать о чем-то плохом.

ГЛАВА 19

Я ПРОСНУЛАСЬ ОКОЛО ДЕСЯТИ часов утра в пустой квартире. Похлопав глазами, я вспомнила, что перед уходом Райан несколько раз поцеловал меня в губы, щеки и макушку, и тут же перекатилась в постели, как довольный морской котик. Райан отправился на важную миссию, и я верила, что он принесет хорошие вести, а пока у меня намечалась встреча с дядей Майклом и владельцем помещения.

Сделка прошла довольно быстро. С пожилым, милым, но довольно хмурым владельцем я была знакома лично. Я добавила немного своих накоплений и внесла также сумму за аренду.

Уже через час я была в студии. Перемыв посуду, я наполнила ванну и пролежала в ней не меньше двух часов, пока вода совсем не остыла. В шкафу для меня теперь были отведены две полки и несколько вешалок, и я простояла полчаса, так и не выбрав наряд. Райан ведь не сказал, куда мы пойдем.

Как по заказу, завибрировал телефон.

Р: Буду через час, собирайся.

Не ответив, я спешно покрасила ресницы и привела в порядок волосы. Высушив свою непослушную гриву, я осталась довольна натуральными темными кудрями и снова вернулась к шкафу. А ведь вчера я в нем пряталась и выяснила, что глава криминальной банды теперь знает о моем существовании. Класс!

Послышался щелчок замка — вернулся Райан.

— Селина!

— Я здесь!

Райан подбежал, схватил меня за бедра и закружил, радостно насвистывая. Это могло означать только одно, оттого я захлопала в ладоши.

— Получилось?

— Да, я уже успел съездить в клинику. Придется транспортировать Дейзи в Лондон, чтобы провести полное обследование и окончить курс химиотерапии. Доктор Грэм сказала, что в целом процесс подготовки займет не больше трех недель, затем назначат день трансплантации. После пересадки нужно будет выждать еще две-три недели, чтобы понять, как он прижился.

— Райан, это замечательно! — Я крепко обняла его за талию. — А Дейзи? Она не переживает из-за транспортировки?

— В первую очередь спросила, будешь ли ты приезжать, но я объяснил, что это неудобно, а потом, и вовсе нельзя. После химии и пересадки организм будет настолько слаб, что может подцепить любой вирус.

— Я все же надеюсь, что хотя бы разок съезжу к ней до пересадки.

— Посмотрим, уже завтра ее будут перевозить. А сейчас оденься потеплее и возьми купальник, — ошарашил он меня.

— Что?!

— И поживее! Я буду ждать в машине — оставил ее на аварийке, чтобы поскорее поделиться новостями.

Как только Райан спустился, я натянула джинсы, красный джемпер, взяла купальник, который захватила с собой как раз в надежде посетить бассейн в один из свободных дней, взяла сумку и дошла до черного авто.

Пристегнувшись, я заметила мечтательный, счастливый взгляд Райана, словно он видел не кишащую машинами дорогу, а светлое будущее. Переняв его настроение, я неотрывно смотрела на сменяющиеся за окном пейзажи. Райан так и не намекнул на то, куда мы держим путь, поэтому я внимательно следила за дорогой.

Казалось, это происходит не со мной. Разве может так резко меняться жизнь? Разве я, Селина Гарсия, могла так скоро перекочевать к парню? Мы встречались с Коннором четыре долгих года и только под конец задумались о совместном проживании. А еще Коннор никогда не устраивал мне сюрпризов. Последним, кто старался меня удивить и осчастливить, был отец, так что я успела забыть о предвкушении.

Мы выехали за город, и теперь дорога петляла между лесов и частных домов, а я подумала, что так же петляла жизнь. Стоило повернуть направо — ты получал счастливый билет, повернул налево — и навсегда изменял ход событий, и так далее, поворот за поворотом, мы делаем выбор, выстраивая свой жизненный путь. Наверное, та ночь с выстрелом в доках и стала моим крутым поворотом.

Магнитола негромко напевала песню «Special Needs» одной из моих любимейших групп «Плацебо». Песня всегда действовала на меня как успокоительное, и, вслушиваясь в музыкальные переливы, я закрыла глаза и окунулась в фантазии.

— Приехали, — констатировал Райан и сразу вышел из машины.

Я, видимо, задремала. Мы оказались в лесу. Опять?!

— Выражение твоего лица говорит о том, что ты снова выдумала себе какую-нибудь расчлененку, — спугнул меня Райан, открыв багажник.

— Неужели ты так быстро научился считывать мою мимику? — буркнула я.

Но как только я выбралась наружу, недовольство улетучилось. Из машины не было видно того, что скрывалось в чаще. Справа оказалась уютная одноэтажная хижина треугольной формы, на крышуспадали ветви ивы.

По левую сторону от хижины виднелось озеро с крошечным пирсом. Перед входом в дом стояли подвесные качели, мангал, стол и стулья. Райан достал из багажника удочки, ящик и две теплые дутые куртки.

— Пожалуйста, захвати тот пакет.

Я вытащила небольшой пакет и захлопнула крышку багажника, затем прошла за Райаном в дом. Уютное местечко. Деревянные стены и пол, почти везде покрытый меховыми коврами. Миниатюрная кухонька, состоящая из плитки, небольшого холодильника и стола, справа два кресла и книжные шкафы во всю стену. На полках я заметила потрепанные классические произведения.

— Где мы?

— В доме моих родителей, — улыбнулся Райан в ответ.

— Это твоя коллекция? — спросила я, проводя пальцами по пыльному собранию.

— Именно. А сейчас пойдем на задний двор.

Мы прошли по коридору, по обеим сторонам которого находились две спальни: одна с двуспальной кроватью, другая с двумя односпальными.

— Это наша с Рози спальня, напротив спали родители, — объяснил Райан.

Выйдя через заднюю дверь, мы оказались перед бассейном. Вода была чистая, и от нее исходил пар.

— Он что, с подогревом? — удивилась я.

Райан довольно кивнул:

— Поэтому я и попросил взять купальник.

— Ты привез меня в рай? — театрально схватилась за сердце я.

— Нет, милая, в рай я отправлю тебя чуть позже…

Сказав это томным, низким голосом, Райан подошел вплотную, прикусил мою нижнюю губу и провел пальцем от груди до…

— Хитрый Дьявол! А как же культурная программа? — отстранилась я; голова кружилась от жара.

— С нее и начнем, мисс Гарсия.

Как в нем уживаются Дьявол и джентльмен с безупречными манерами? Возможно, Райан был послан мне, чтобы научить чувствовать жизнь, ловить момент.

День, проведенный за городом, прошел идеально. Мне казалось, что я вернулась в детство — там остались мои последние счастливые воспоминания, а благодаря Райану появились новые. Мы рыбачили не меньше трех часов, Райан в очередной раз изрядно удивился моим навыкам, а я лишь напомнила, что жила в Испании.

Потом я разделала пойманную рыбу, а Райан поджарил ее на мангале. Мы лакомились ею, сидя на подвесных качелях. Я сидела, поджав ноги, укутавшись в толстую дутую куртку, и наслаждалась уютом. Ароматы костра, леса, Райана, водоема смешались воедино и подарили чувство единения с природой. Казалось, все так, как давно должно было быть.

— Как тебе здесь? — спросил Райан, откладывая тарелку.

— Потрясающе! Честное слово, я… даже не знаю, как выразить то, что чувствую, — призналась я.

— Я рад. Иди ко мне.

Я прижалась к нему и снова закрыла глаза, стараясь запомнить каждую деталь чарующей обстановки.

— На бассейн силы остались?

— Обижаешь!

Я спрыгнула с качелей и поспешила переодеться в купальник. Дрожа от холода, я на цыпочках выбежала во двор. В подсвеченной лазурной воде меня уже поджидал Райан. Я смотрела на его широкие голые плечи, рельефные руки и торс. Он упер руки в бока и окинул меня взглядом азартного игрока. Волосы, отливающие бронзой, намокли, и Райан пригладил их назад. Рыжеватая щетина вокруг его чувственных губ — они, как всегда, кривились в лукавой улыбке, — плавки, облепившие ягодицы… словом, дьявольски красивый мужчина.

— То, что ты пялишься на меня уже минут пять, считать немым комплиментом? — рассмеялся Дьявол.

Нахал! Я разбежалась и прыгнула в бассейн, окатив его здоровенной волной. Звезды над нами становились все ярче, пока мы плавали, выполняя нелепые, смешные до боли в животе финты.

— Может, тебе отпроситься на завтрашнее утро? Боюсь, ты будешь не в состоянии встать на заре, — спросил Райан, прижимая меня к бортику.

— Отчего это мне быть не в состоянии? — деловито осведомилась я, затаив дыхание.

— Ну… просто поверь на слово.

— Вот же Дьявол! — выпалила я за секунду до поцелуя.

Что ж, после того, что мы вытворяли в бассейне, я действительно задумалась о том, чтобы отправить Эбби сообщение.

Прежде чем лечь в постель, в которой меня ждало очередное… приключение, я решила принять душ, а заодно и написать Эбби.

С: Привет, дорогая, можешь выйти завтра до часу-двух?

Э: Конечно. Все в порядке? Ты видела новости?!

Я присела на край ванны, согреваясь от пара.

С: Какие?!

Э: Нил... его нашли повешенным в пабе прошлой ночью.

По телу пробежал озноб. Нил мертв? Не может быть! Я набрала Эбби и увеличила напор воды, чтобы мой голос не было слышно.

— Эбс, как это понимать?

— Я сама в шоке, Сел! В некрологе написали, что он не выдержал банкротства. Какое банкротство? Паб процветал!

И тут у меня закралась мысль…

— Эбби, а что с пабом?

— В смысле? А, ну его тут же выкупили, если ты об этом.

— Не могу поверить, что… Бедный Нил, боже!

— Он ведь сам пошел на это, Сел! Знаешь, часто за комичной маской скрывается депрессивная личность и все такое.

Ага. Сам пошел, как же!

— Селина!

— Я здесь, да.

— Так что там у тебя, почему не выйдешь утром?

— Мы… я за городом, решила отдохнуть.

— Ты? Отдохнуть? Селина, ты точно в порядке?

Вот уж не знаю теперь.

— Да, все хорошо. Спасибо, Эбби, до завтра.

— Доброй ночи, дорогая.

Я все слушала гудки, пока не запотело зеркало и стало невозможно дышать. Встав под душ, я машинально двигала руками, думая о Ниле. Он не мог повеситься, просто не мог, и все. Для него паб был… таким же священным Граалем, как для меня кофейня. Он бы не бросил свое дело на…

Вот черт! Конечно, не бросил, потому и умер! Наверняка это дело рук Эльберга. Он позарился на его паб, а Нил отказался, и вот результат. Но если он «повесился» прошлой ночью, значит… это случилось в ту самую ночь, когда Райан не вернулся домой.

И тут меня будто водой окатило — во всех смыслах. Я резко осознала, что вообще-то живу с одним из людей Эльберга, среди которых есть и убийцы.

«Так, Селипа, держи себя в руках. Ты зпаешь Райана — он добрый, нежный, заботливый, умный и… он просто не мог сделать этого», — внушала я себе. Главное, не рубить сплеча. Обернувшись полотенцем, я прошла в комнату — Райан лениво гладил рукой по пустующему месту.

— Райан, в ту ночь, когда тебя не было, где ты был?

Его лицо исказилось разочарованием.

— Тебе действительно сейчас хочется об этом узнать? — простонал он.

— Просто ответь.

— Меня отослали в Эдинбург уладить пару дел.

Выдохнув, я все же легла в постель.

— А в чем дело? — спросил он, скидывая с меня полотенце.

— Скажи, это Эльберг выкупил паб Нила Буша?

— Кого?

— Помнишь парня, которому ты наподдал в пабе?

— А-а-а. Да, это входило в его планы, но, так как меня не было на собрании, я не знаю, чем все закончилось.

— Смертью Нила, Райан. Его нашли повешенным.

Райан покрепче прижал меня к себе и принялся гладить по волосам.

— Я не знал, Сел, честное слово.

— Мы не были близки, но часто виделись и общались. Он любил свой паб больше всего на свете, как я свою кофейню, как мистер Берч свою хозяйственную лавку... Райан, неужели Эльберг планирует выкупить все доки?

— Не знаю, Селина, насколько мне известно, он не планировал оккупировать всю территорию. Это было бы слишком подозрительно.

— Да уж, — прошептала я, не находя слов.

— С тобой все будет в порядке, Сел, — словно прочитав мои мысли, тихо сказал Райан.

И мы уснули в объятиях, каждый со своими мыслями, в которые было страшно посвятить другого. Я лишь задавалась вопросом: почему каждый раз, когда жизнь налаживается, нам подкидывают проблем? Чтобы не расслаблялись?

* * *

Райан привез меня на работу к двенадцати часам. Сам он спешил в онкологический центр, потому как должен был сопровождать Дейзи при транспортировке, после чего его ожидала работа. Я, полная энергии после чудесных выходных, носилась по кофейне и размещала прибывшие подушки и диваны. Эбигейл листала новости и искала подходящий бар для празднования дня рождения. Завтра исполнится восемнадцать ей, а послезавтра — Мэттью.

— Ты ходила в паб? — спросила Эбби.

— Я хотела зайти, но… не могу. Думаю, уже никогда в него не зайду, зная, что Нил не встретит своей шуткой и улыбкой из-за барной стойки.

Отчасти я говорила правду. Не могла же я выдать, что теперь боюсь проходить мимо антикварной лавки.

— А ты?

— Не успела еще, но не горю желанием.

Мы отработали молча, погруженные в свои проблемы. На меня часто накатывала грусть. Если я забывала о Ниле, то думала о Дейзи. О том, как она смотрела на Райана — глазами самого преданного щеночка на свете — и как Райан смотрел на нее: так, словно она его единственная радость в жизни. Их крепкая связь меня вдохновляла. Кому, как не мне, помнить, что такое надежда на выживание? Пусть история моего отца закончилась плачевно, я верила, что Дейзи ждет лучшая жизнь, и старалась поддержать их маленькую семью всем, чем могла. Эбби уехала в три, в четыре мне позвонила Дейзи:

— Мисс Лаванда?

— Привет, малышка! Как дела?

Голос на том конце был звонким, сладким, как пончик.

— Я в Лондоне! Можешь себе представить? Рири говорит, что я здесь уже была, но я этого не помню. Правда, сейчас не вижу ничего, кроме стен палаты, но по пути я успела разглядеть несколько достопримечательностей!

— Ах, и я бы не отказалась от Лондона! Как твое самочувствие?

— Сьюзан говорит, вполне приемлемое, завтра начнут собирать всякие анализы, будут осматривать врачи, но я к такой рутине уже привыкла. Чем ты занимаешься?

— Да вот работаю.

— Селина, ты ведь угостишь меня кофе?

— Каким угодно, милая, ты, главное, поправляйся и слушайся врачей!

— Последние месяцы только этим и занимаюсь. Селина, Райан сказал… в общем, ты приедешь ко мне до операции?

— Я очень постараюсь, малышка. Может, получится до пересадки, — ответила я дрожащим от выступивших слез голосом.

— Я буду ждать. И еще, Селина, можешь мне пообещать кое-что?

— Например? — Я прикрыла динамик, чтобы всхлипнуть и вытереть слезы.

— Как только мне пересадят этот несчастный костный мозг, когда он приживется, мы можем полететь в Валенсию?

— Зайка, тебе еще пару месяцев придется восстанавливать силы.

— Ну хорошо. А осенью?

— Хорошо, обещаю.

— Класс! Тогда… не буду отвлекать!

— Не вешай нос, целую тебя, Маргаритка.

Надеюсь, посетители не обратили внимания на мой покрасневший нос и влажные глаза — остаток дня я периодически хныкала. За что? За что это все выпало на долю такого маленького прекрасного человечка?

* * *

Два следующих рабочих дня показались мне вечностью. Я неустанно слала смешные поздравительные открытки брату и Эбигейл, эти двое оба дня рождения кутили и приглашали кутить и меня, но я вежливо отказалась.

В предвкушении выходных я порхала по помещению, тут и там смахивая пыль, подготавливая кофейню к смене Оскара. Он, конечно, убирался, но не так тщательно — своим зорким глазом я подмечала и крошки, и капли кофе. С особым трепетом подложив в корзину еще лавандовых ветвей, которые теперь стали нашей визитной карточкой, я взяла в руки одну из них и вдохнула аромат, который, по словам Дейзи, теперь принадлежал мне.

— Спасибо, бабуля, — тихонько произнесла я, обращаясь к ветви.

Если бы не бабуля Корнелия, не было бы названия «Лавандовая ветвь», и не было бы этой корзины, и… возможно, ветвь не подарила бы мне встречу с Райаном.

Теперь, ночуя у него, я ездила на двух автобусах, но все с тем же музыкальным сопровождением. Я улыбалась вечернему Бирмингему за окном и постукивала пальцами по сиденью, нетерпеливо дожидаясь встречи с Райаном. Выбежав из второго автобуса, я влетела в подъезд. В лифте из зеркала на меня смотрела осунувшаяся, но счастливая смуглая испанка с необъятной копной темных волос.

— Райан, я дома! — крикнула я, сбрасывая кроссовки.

В ответ — шум воды, доносившийся из душа. Райан был в ванной, так что я летящей походкой прошла в гостиную и обнаружила на диване кожаный рюкзак. Должно быть, Райан носил его с собой на работу, а значит, я могла разузнать хоть что-нибудь о делах Эльберга. Оглянувшись и убедившись, что дверь в ванную закрыта, а вода все еще бьется о шторку, я двумя пальцами раздвинула молнию.

Черт бы побрал мое любопытство! Из рюкзака вылезла плотная папка, набитая договорами и чертежами, я было хотела прочесть кусочек, как наткнулась второй рукой на что-то твердое, упругое и гибкое. Дернув, я увидела в своих руках веревку. Слишком толстую для шнуровки и… вполне подходящую для того, чтобы…

— Селина!

Я вздрогнула, чуть не выронив находку. И как я не услышала его приближения?

— Райан, что это?

«Пожалуйста, скажи, что понятия не имеешь, как это попало в твой рюкзак!» — взмолилась я.

— Веревка, я полагаю. А что ты делаешь в моем рюкзаке?

— Райан, для чего тебе веревка?

Молчание, раздутые ноздри и опущенные глаза.

— Ты убил его, черт возьми?!

— Я и пальцем его не тронул! — выпалил он озверев, а затем добавил: — Живого, по крайней мере.

Я с отвращением бросила веревку ему под ноги. Ни его обернутые полотенцем бедра, ни соблазнительный взгляд сейчас не имели значения. Мне было тошно и страшно.

— Ты соврал мне!

— Я говорил, что никому не причиняю вреда.

— Серьезно?! — Я истерично усмехнулась и подтолкнула ногой веревку. — Это как бы в порядке вещей?!

— Селина, это моя работа. Я уже говорил, если…

— Точно, если я не могу с этим смириться, то вольна уйти. Что ж, ты прав.

Я с треском распахнула дверцы шкафа, вытащив несколько вещей наугад, закинула сумку на плечо и сунула ноги в кроссовки.

— Куда ты собралась?

Проигнорировав вопрос, я побежала к лифту, спотыкаясь оттого, что охапка вещей загораживала мне обзор. Когда двери лифта раскрылись, я вбежала и судорожно надавила на кнопку закрытия дверей. Пока они смыкались, я заметила запыхавшегося полуголого Райана, глядевшего на меня с болью, граничившей с бешенством.

Я добежала до остановки под внезапным (хотя для Англии очень даже ожидаемым) ливнем. Глядя на свои ладони, я морщилась, вспоминая шероховатость веревки, с помощью которой был повешен мой знакомый. Анализируя, я понимала, что подобного стоило ожидать, — в конце концов, я встречалась не с торговцем мороженым! Но ведь он мне бессовестно врал! Пожалуй, смерть

Нила наконец открыла мне глаза на реальность угрозы.

Когда автобус окатил меня из лужи, я и глазом не повела — наверное, даже природа меня осуждала. Вот вам и одна из тысячи причин, по которым я абстрагировалась от чувств за последние годы: если я начинаю чувствовать, то перестаю себя контролировать.

Включив авиарежим на телефоне, я врубила на полную громкость трагичную песню «Плацебо» «Blind» и следила за стекающими каплями дождя. Да, погода всецело олицетворяла мое состояние. Райан замешан в криминале, и я об этом знала, но, столкнувшись с дикой ситуацией, ретировалась. Может, я ошиблась? Может, я не готова с этим мириться?

Дома меня настигло страшное осознание, вернее… ощущение. В груди кололо, голова полыхала, руки подрагивали, и все это при мыслях о Райане. При воспоминаниях о наших поцелуях, его близости. Меня словно наизнанку выворачивало, тело дало сбой — то я споткнусь, то уроню что-нибудь.

— Сели! — Мать наблюдала за мной, широко открыв глаза. — Господи, ты похожа на бездомную овчарку! Быстро под теплый душ!

— Спасибо, мамуля, и тебе привет, — с трудом выговорила я.

— А…

Бесцветные глаза матери блуждали по мне, и по ее сжатым губам я поняла, что та думает, как бы задать каверзный вопрос.

— Ты ведь завтра выходная?

— Мамуля, я дома, потому что... — Думай, Селина, думай! — Эбби хотела завтра зайти и поделиться чем-то, плюс не хватает вещей...

— Понятно, тогда поспеши в душ, не хватало еще воспаления!

Чертыхаясь, я стащила мокрую одежду и, включив горячую воду, написала Эбби сообщение с просьбой зайти завтра утром.

Э: Что опять стряслось?

С: Все в порядке, просто хотела поболтать. Ненадолго. Ок?

Э: Конечно. Мама завтра работает?

Я зажмурилась, загибая пальцы в расчете.

С: Да.

Вернув авиарежим, я швырнула телефон на стиральную машину и встала под согревающую воду. Ночь выдалась отвратительная. Каждый раз, когда я рефлекторно искала рукой Райана и шарила по пустой постели, просыпалась и плакала, завидев пустоту. Около пяти утра я наблюдала за алым, а затем розоватым рассветом, и тут в голову прокралась совсем уж жуткая мысль — неужели я влюбилась? Да что там, неужели я втрескалась в Дьявола по уши? Иначе почему мне так больно? Почему так необходимо оказаться в его объятиях, услышать томный голос, поцеловать мягкие губы и взглянуть в дьявольские лукавые глаза?

ГЛАВА 20

РАЙАН

ДВЕРИ ЛИФТА ЗАКРЫЛИСЬ за Селиной, а я так и стоял, не понимая, какого черта происходит? Меня отвлек шум — вышла соседка, прикрывая глаза своей младшей дочери, и только тогда я осознал, что стою в одном полотенце.

— Прошу прощения!

Вбежав в квартиру, я наткнулся на вещи Селины. И надо же ей было залезть в рюкзак! Всегда ведь его надежно прятал. И пусть я мысленно отчитывал себя за ложь, Селина не раз была предупреждена о моей… деятельности.

Дождь барабанил по панорамным окнам; наверняка Селина уже ехала в сторону дома. Развалившись на постели, я, не моргая, машинально постукивал пальцами по животу, когда пришло сообщение. Конечно, надежды на то, что писала Селина, моментально разбились.

Э: Завтра в 10:00, мой кабинет.

Личное сообщение от Эльберга? Это что-то новое. И зловещее. Но о работе я подумаю завтра, сегодня всю ночь меня будут накрывать видения. Я видел темноволосую девушку в самый первый раз — пробка, автобус, окно. Ее волосы ниспадали на поручни, а сине-голубые сапфировые глаза были устремлены на автомобили. Пухлые губы напевали «Do I Wanna Know» — песню, которая впоследствии стала «нашей». И не только выбор одной из моих любимых песен, не только ее милейшая непосредственность, но и грустные глаза, и прекрасное лицо — все это оставило отпечаток. Мне вдруг захотелось бросить машину на обочине, запрыгнуть в автобус, одолжить второй наушник и спеть дуэтом, а главное, познакомиться с красавицей поближе.

Но автобус уехал, а вместе с ним укатились мои грезы, вернув с небес на землю — к грязным делам и больному ребенку. В те дни все мои мысли крутились вокруг Дейзи. Всего за пару месяцев до встречи с девушкой из автобуса я работал на заводе по изготовлению светильников. Место было неплохое, да и начальник — Перри — мировой парень. Именно он, прознав о болезни Дейзи, свел меня с Деллом, а тот уже познакомил с Эльбергом. Мы заключили контракт, и уже за первую неделю я заработал не только на первоначальное лечение малышки, но и на съем симпатичной студии.

Перри предупреждал меня о том, что меня ждет, но мне было плевать, каким путем добывать деньги. Спасение Дейзи было и остается вопросом жизни и смерти. Однако Эльберг раскусил меня, и в основном я служил секретарем, иногда секретарем-вышибалой, а иногда… он возлагал на меня совсем уж грязные задачи, но словно чувствовал, что для убийства у меня кишка тонка.

Вернемся к темноволосой незнакомке. С тех пор я ездил тем же маршрутом, что и автобус. Выяснив, что она ежедневно ездит в доки, я удивился и насторожился, зная о грядущих планах Эльберга, но мне все никак не удавалось встретиться с ней лично. И вот в один «прекрасный» преступный вечер нам с Марти выпала доля угрожать старичку, владельцу хозяйственной лавки. Это был первый шаг Эльберга по созданию наркооружейной сети через доки. Все шло по плану, мы вывели из строя рубильники, убедились в отсутствии прохожих и посетителей, Марти собачился со стариком, выстрелив в окно, и чуть не довел беднягу до инфаркта. Мне нелегко об этом вспоминать, но я не мог думать ни о чем, кроме бледной умирающей Дейзи.

— Еще не передумал? — брызгал слюной Марти, приблизившись к старику так, что между ними не осталось и метра.

Тот опешил, и в это мгновение послышался стук каблуков. Я услышал его так четко, словно кто-то приближался к магазину.

— Эй, что с тобой? — спросил Марти, отвлекаясь от бедного старика.

— Надо кое-что проверить, — ответил я и вышел на улицу, спрятав руку с пистолетом за спину.

Выйдя на небольшое крыльцо, я так и не понял, смеяться мне или звать напарника. Передо мной стояла щетка. Половая щетка! А за этой щеткой во тьме проглядывала фигура в пальто. Я поднял взгляд и встретился с… сапфировыми глазами. Девушка старательно пряталась за редкими ворсинками, но я все же разглядел ее, узнал и онемел на пару секунд.

— Райан, есть там кто? — спросил Марти.

— Чисто, — ответил я, прилагая усилия, чтобы сохранить спокойствие.

Сложно передать, какие чувства ударили в голову в тот момент. Мне хотелось накричать на девушку, напугать так, чтобы она больше не возвращалась в чертовы доки, хотелось бросить оружие, схватить ее за руку и убежать на край света, хотелось сделать многое, но разум взял верх, и я вернулся к Марти и старику, надеясь, что она не заявится к копам. Самое важное — я уберег ее от расправы Эльберга, а встретимся ли мы еще, кто знает? А еще я понятия не имел, что она меня запомнит. На дворе стояла ночь, и разглядеть мое лицо было затруднительно, однако ее синие глаза неотрывно изучали мои.

Покончив со стариком, мы с Марти вышли из лавки, и я снова обратил внимание на то место, где стояла незнакомка. На щебенке лежал цветок. Нагнувшись, я поднял и повертел в руках сухоцвет. Откуда здесь лаванда?

— Что это? — спросил Марти.

— Лаванда, — зачем-то ответил я.

— А, наверное, из кофейни. «Лавандовая ветвь», видел? — спросил он, бредя вдоль канала.

Я сверлил глазами веточку, после чего спрятал ее в карман пальто.

— Нет, не видел. Она здесь, в доках?

— Да, во дворике, — ответил коллега. — Ладно, Эванс, я пошел к своей ласточке. До завтра!

— Угу, пока, — пробормотал я, беспрерывно размышляя о девушке.

Весь оставшийся вечер я думал об этой неслучайной встрече, иначе как объяснить, что ранее я заметил эту красавицу в автобусе? И вдруг меня как током ударило. Я понял, что во что бы то ни стало должен с ней познакомиться. На следующий же вечер я запланировал поход в кофейню, надеясь на встречу, хотя и понятия не имел, работает она в кофейне или просто была посетителем.

Когда я вошел, заказав кофе, а она поднялась из-за стойки, опаляя меня гневным взглядом, я все понял. Мы с ней были как… мистер Рочестер и Джейн Эйр, как Элизабет и мистер Дарси, как Ретт Батлер и Скарлетт — между нами вспыхнула страсть, безумная, с первого взгляда. И пусть она швырнула в меня своей термокружкой, пусть обозвала нечистью, я чувствовал — она моя. Будет моей. Селина безжалостно вторглась в мои мысли и мечты.

Я нарочно искал встречи, и сама судьба мне благоволила и ночью в пабе, и в доках, мы даже в Лондоне случайно заселились в один отель. Из всех отелей шумной серой столицы мы выбрали один и тот же!

Есть ли смысл описывать, что я чувствовал, когда впервые поцеловал ее? Это было сродни тому, чтобы вкусить запретный плод, слетать на Луну и обратно, взобраться на Эверест, и все в этом духе. И сейчас, лежа в постели, вместо сна я видел ее. Красивую, забавную, чертовски сексуальную, добрую и… мою ли?

За двадцать восемь лет я не испытывал ничего подобного. Двадцать восемь! Я нашел родственную душу, иголку в стоге сена, недостающий кусок пазла. Читая романы в школе и университете, я питался чувствами, восхищался той любовью, о которой писали великие авторы. Она не шла ни в какое сравнение с тем, что творилось вокруг в наше время. Я считал, что слишком старомоден и что сильное чувство можно найти только в книгах, пока не встретил ее.

И что сейчас? Даже лавандовая ветвь — талисман, который обещал любовь, — никому не гарантировала счастья. Но я верну ее. Каких-то тридцать дней, и мой контракт закончится.

* * *

Я так и не уснул, поэтому к девяти, уже полностью собранный, стоял на пороге, готовясь к встрече с Эльбергом. Душ не помог вернуть человеческий вид и избавиться от синяков под глазами, и поделом мне. Сегодня же напишу Селине — может, она уже успокоилась?

Адские пробки — классическое утро в Бирмингеме. На удивление солнечное, но влажное после ночного дождя. Опустив окна, я наслаждался свежим запахом мокрого асфальта, пока до меня не донесся до боли знакомый аромат — цветочная лавка. Прямо на улице в большой вазе стояли букеты сушеной лаванды. Я улыбнулся как дурак и кивнул цветам, точно через них мог отправить Селине послание.

Кабинет Эльберга находился на севере города — не самый элитный район, но дома и здания здесь были приличными. Мы никогда не встречались у него в поместье и даже не знали точных координат — Эльберг опасался за свою жизнь, поэтому создал своего рода штаб-квартиру для переговоров. Это была арендованная трехкомнатная квартира, обставленная старинной лакированной мебелью темного дерева. Наглухо задернутые тяжелые коричневые шторы плотно закрывали окна. Чтобы попасть в квартиру, нужно было отстучать пальцами определенный ритм по массивной двери.

На входе меня встретил Билл — правая рука Эльберга. Он, по обыкновению, вырядился в костюм, на сей раз черный, и белую рубашку. Маленькие черные глазки-пуговки смерили меня не самым приветливым взглядом, после чего он нехотя улыбнулся тонкими губами и проводил меня в кабинет.

Эльберг, низкорослый мужчина лет сорока с нелепыми усиками над верхней губой, стоял у окна и, слегка отведя штору, поглядывал на улицу.

— О, Райан, присаживайся! — произнес он не оборачиваясь.

Каждый раз от голоса Эльберга мороз шел по коже. Опустившись в тяжелое бордовое кресло, я скрестил руки на груди.

Эльберг наконец отвернулся от окна и предстал передо мной.

— Что-то ты не в настроении. Проблемы с делом? — произнес он со змеиной улыбкой, оценивая мой вид серыми пустыми глазами.

— Все в порядке, просто не выспался. Зачем вы меня вызвали?

Я рассчитывал, что у нас будет собрание или по крайней мере вызовут еще хоть кого-то из моей группы.

— Есть одно дельце. Доверить могу только тебе.

— Я весь внимание, — кивнул я.

— Нужно кое-кого соблазнить.

По спине пробежал холодок. Соблазнить в понятии Эльберга — затащить в постель, а я *теперь* был совершенно не готов к этому шагу. От одной мысли об измене Селине на лбу и ладонях выступил пот.

— Эльберг, при всем уважении я не могу так поступить с…

— С кем? И почему? В графе «Семейное положение» твоего дела написано «Не женат».

Кажется, ситуация забавляла Эльберга, улыбка становилась все шире, а взгляд все хитрее.

— С женщиной, которую следует соблазнить. Может, есть другие кандидатуры, кроме меня?

Улыбка мгновенно пропала. Эльберг сделался серьезным и жестоким.

— Кажется, ты не на торгах, и уж тем более не вздумай со мной спорить. Однако... — Он снова ехидно улыбнулся. — Думаю, с *этой* особой ты отлично справишься.

— В смысле?

Стало так душно, что я начал теребить воротничок рубашки.

— Может, просто выслушаешь задание? Итак, я хочу, чтобы ты соблазнил мисс Селину Гарсия. Она владеет кофейней в доках. «Лавандовая ветвь», может, слышал?

Я прирос к креслу, не смея пошевелиться.

— Судя по твоим выпученным глазам, очень даже слышал. Тебе нужно выкрасть ее бумаги на владение кофейней и провести одностороннюю сделку. То есть составить документы с обеих сторон, подделать подписи и все такое.

Я молчал. Меня словно оглушили ударом в солнечное сплетение. Как дышать?! Я напрочь забыл!

— Эванс! — Эльберг чуть пригнулся, рассматривая меня и щелкая пальцами перед лицом. — Ах да, сроки! Даю сутки. Уже завтра кафе должно быть нашим, отличное место для склада.

— Но… почему? — выдавил я никчемный, бессильный вопрос.

— Эванс, ты один из самых умных парней на моем веку, неужто действительно не догадываешься? Кстати, сразу после миссии я отправляю тебя в Кардифф и Лидс до истечения контракта. А там посмотрим на твое поведение.

Кардифф. Лидс. В Лондоне Дейзи, в Бирмингеме Селина. Он отправляет меня как можно дальше?!

— Нет, Эльберг. Я не могу, — решился я, выпрямившись.

— Что?

— Я отказываюсь от этого дела. Можешь уволить меня, расчленить, но нет.

Эльберг рассмеялся, да так страшно, что я снова почувствовал, как холодеет спина, однако пока не собирался сдаваться.

— Да-да, очень самоотверженно и все такое — в духе так и не освоенной тобой профессии, но… ты подумал о Дейзи?

Как только с его мерзких губ сорвалось имя Дейз, я вскочил, с трудом сдерживая себя.

— Не смейте произносить ее имя, — процедил я сквозь зубы.

— Тише, тише, голубчик, я просто хочу сказать… мало ли что может произойти в лондонской больнице, верно?

Этот разговор доставлял ублюдку колоссальное удовольствие. Вне себя от злости, я сорвался с кресла, готовый кинуться на него.

— Осторожно, Райан, еще одно неловкое движение, и… — Он жестом сымитировал взрыв. — Выход только один — выполнить свою работу.

Сутки. Он дает мне сутки на то, чтобы я предал свою… черт возьми, любимую девушку! Разбил ее мечты, разрушил наше будущее! Но Дейзи… Я знал, угрозы Эльберга не пусты, потому он и поставил меня перед этим выбором.

— Будет сделано, — прошептал я и, не попрощавшись, выбежал из кабинета, услышав вслед:

— Жду документы к утру!

Мне хотелось крушить, ломать, реветь, биться о стену или даже влететь на скорости в ближайший столб, но я не мог позволить себе ничего из этого, не подвергнув опасности Дейзи. Черт бы побрал этого ублюдка! Неужели Гас меня сдал?! Нет, он не мог так поступить, просто не мог!

Ноги сами несли меня к машине. Просидев в салоне часа три, я проклинал свою жизнь на чем свет стоит. Кофейня Селины — самое дорогое после семьи, что есть в ее жизни. Она потратила все силы на то, чтобы ее обустроить, раскрутить, выкупить, а какой-то урод (он же Райан Эванс) отнял у нее бизнес в одночасье!

Зазвонил телефон, и я чуть не разбил его, вытаскивая из кармана.

— Да?

— Эванс, забыл предупредить: если к утру документов не будет… в общем, к моим опасениям насчет безопасности больницы отнесись серьезно.

Звонок оборвался, пошли гудки, и я все же разбил телефон о торпеду авто. Стекло пошло паутинкой трещин, я громко втянул воздух и помассировал усталые глаза. Идиот! Однако оставалось меньше суток, и… мне пришлось приступить к выполнению задания. Вывернув руль, я выехал на дорогу, не обращая внимания на светофоры, надеясь где-то в глубине души на несчастный случай, но нет. Мой ангел-хранитель очень не вовремя бдел за моими передвижениями, и я все же доехал до квартала, в котором жила Селина.

* * *

Я не знал, в какой квартире живет Селина, однако помнил, что она называла этаж. Поднявшись на пятый, я блуждал по коридору в нерешительности, пока дверь одной из квартир не распахнулась. Из нее вышла совсем юная девушка с морковными волосами и россыпью веснушек. Эбигейл.

— О, привет… и пока! — выпалила она, столкнувшись со мной.

— Привет… — протянул я, когда Эбби вошла в лифт.

Меня тошнило от самого себя, когда я стучал в дверь.

— Эбби, что еще? — весело отозвалась Селина.

Увидев меня, она явно удивилась и тихо ахнула:

— Дьявол?

Кстати… почему она меня так называет? Да и не важно, я полностью оправдывал такое имя.

— Он самый. — Я постарался улыбнуться.

На Селине была ночная сорочка, оголявшая плечи и выступающие ключицы. Ее смуглая кожа выделялась на фоне молочного атласа, и я тут же закусил губу от нарастающего желания.

— Входи…

ГЛАВА 21

РАЙАН ПРОШЕЛ В КУХНЮ, я шла за ним, подавляя улыбку. Пусть думает, что я еще обижаюсь. Внутренний голос весь день твердил, что он придет ко мне, ведь это Райан. Он настоящий, а я глупая девчонка, которая не умеет контролировать чувства. Он выглядел встрепанным, будто, как и я, не спал всю ночь, но все таким же горячим, притягательным и… любимым.

— Чай, кофе?

— Вижу, у вас есть кофемашина! — невесело усмехнулся он. — В таком случае кофе в твоем исполнении.

— Хитрец, — буркнула я и включила машину.

И пусть мы молчали, но обстановка быстро стала непринужденной и спокойной, словно ничего и не было, хотя, конечно, мы скоро обсудим произошедшее. Думаю, и ему и мне стоит объясниться.

— Есть вишневый пирог, будешь?

— Не откажусь!

Хорошо, что мама ушла на работу, Мэттью уехал на собеседование в Кембридж и мы были совсем одни. Поставив вишневый пирог, я вспомнила, что в своей сорочке выгляжу точно бабуля Корнелия, и убежала в спальню, чтобы накинуть халат.

— А мне сорочка очень понравилась... — хмыкнул Райан.

— Так... зачем ты пришел? — Более глупого вопроса свет не видывал, но надо же с чего-то начать!

— А сама как думаешь? — Ладно, Райан победил в конкурсе самых глупых ответов. — Возвращать тебя.

— Нам надо поговорить.

— Согласен. Итак, ты сердишься из-за того, что я соврал, или из-за того, что я сделал?

— Все вместе. Хотя понимаю, раз я сказала, что хочу быть с тобой, значит, должна принимать тебя со всеми... вытекающими.

Райан грустно усмехнулся, и меня это насторожило. Вот странность, которую я никак не могла объяснить: он был задорным, обычным Райаном и в то же время... словно вел внутреннюю борьбу. Может, жалел, что пришел первым?

— Вытекающими, — повторил он, — верно подмечено. Прости меня, милая, я больше не буду лгать, если ты о чем-то спросишь. Я всю ночь не спал, думая о тебе. Селина, что бы ни случилось, знай, что... ты для меня не просто девушка.

— А... что может случиться? Господи, Райан, тебя отправляют на опасное задание?! — в сердцах вскрикнула я.

— Нет-нет, хотя… в общем, нет. Просто хочу, чтобы ты знала.

Пока я мыла посуду, Райан отсутствующим взглядом изучал квартиру. Подойдя к стене с фотографиями, он спросил:

— Это твои братья?

— Да!

Вытерев руки, я подошла к нему.

— Это Пабло, а это Мэттью. Вот отец, мама… бабуля, — с улыбкой разъясняла я.

— Вы с Пабло как две капли воды. Только глаза у тебя… сапфировые.

— Благодарю… — покраснела я. — Да, мы с Пабло пошли в отца, а Мэтт — копия мамы.

— Очень красивая мама. Я успею с ней познакомиться?

— Ой… ты хочешь… остаться у меня?

— А почему нет? — коварно улыбнулся он.

И я поняла, что́ последует за его улыбкой. Схватив меня за талию, Райан закружился по гостиной.

— Вот эта… — отрывисто произнесла я, указывая на дверь своей комнаты.

Подхватив меня на руки, Райан ногой распахнул дверь и ногой же ее закрыл, не прерывая страстный поцелуй. Он посадил меня на подоконник, нежно приподняв пальцами подол сорочки. Его мучительно медленные прикосновения сводили с ума, я закрыла глаза. Руки подрагивали от переизбытка чувств, пока я легко водила кончиками пальцев под его одеждой. Когда наши тела слились воедино, Райан набрал темп.

— Селина… Я люблю тебя, — выпалил он хриплым, полным желания голосом.

— Ты… — запнулась я.

Нет, я совсем не соображала. Не могла говорить. Райан действовал так быстро. Не то чтобы у меня было время анализировать. Крепко сжав мои ягодицы, он бросил нас на постель. В жизни бы не подумала, что на своей детской кровати когда-нибудь займусь чем-нибудь подобным.

Райан целовал меня всю: ключицы, шею, живот, покусывал грудь, доводя до неистового возбуждения, и мне не удавалось сдержать невольные стоны и крики. Пожалуй, такой страсти не было даже в наш первый раз. Когда все закончилось, я дрожала в его объятиях, а он нежно отводил влажные пряди волос с моего лица. Отдышавшись, я все же припомнила:

— Ты, кажется, что-то говорил?

— Я люблю тебя, Селина, — повторил он. — Люблю.

Я отодвинулась и посмотрела ему в глаза — уже такие родные и все с той же дьявольщинкой.

— И я тебя люблю, Райан. Кажется, я люблю впервые, — прошептала я, съежившись от смущения.

Дьявол расцвел прямо на глазах. Он широко улыбнулся, притянул меня к себе и так крепко сжал, что я чуть не попрощалась с жизнью.

— Райан, Райан! — вырывалась я. — Я хочу сказать, что... в общем, этой ночью меня накрыло такими чувствами... Я не знала, что с ними делать! Но как только ты сказал мне, что любишь, я поняла: должно быть, я просто люблю тебя. Должно быть, мне было больно от... недопонимания. Ты прости меня, я ведь совсем неопытная и раньше просто плыла по течению. Мне казалось, если с человеком комфортно, значит, это и есть любовь. Оказывается, дело совсем не в комфорте.

Райан рассмеялся и прижался ко мне губами.

— Селина, ну какое же ты чудо! — ответил он. — Вот я и дождался от тебя чего-то наподобие комплимента.

— Рано радуешься! — возмутилась я. — Ладно, может, немного поспим? Я, честно говоря, почти не спала.

— Я не спал вообще.

— Оказывается, любовь вызывает бессонницу.

— Точно сказано, — снова усмехнулся Райан.

— Не передразнивай, лучше обними меня покрепче и не отпускай.

Он долго молчал, а потом прошептал словно самому себе:

— Ни за что.

* * *

Мы проспали до вечера, пока не явилась мама и нс вошла без стука в мою комнату.

— Дева Мария! — воскликнула она и тут же захлопнула дверь.

Мы с Райаном сразу проснулись, рассмеялись и оделись. Будем надеяться, наши тела были прикрыты одеялом.

— Вот вы и познакомились! — прошипела я, завязывая пояс халата.

Райан швырнул в меня подушку, после чего мы, как два пингвина, протолкнулись в кухню.

— Здравствуйте, миссис Гарсия, — отчеканил Райан. — Приятно с вами познакомиться.

— А мне-то уж как приятно… Райан, Селина, будете ужинать?

— Да, — хором ответили мы.

— Отлично.

Я была безмерно благодарна матери. Она засыпала Райана вполне уместными вопросами, попутно отвечая на его. Знакомство затянулась часа на два, и все это время я с улыбкой наблюдала за двумя любимыми людьми. Как же это все-таки здорово — любить! Покрасневшая с головы до пят после такого экстравагантного ужина, я увела Райана обратно в свою комнату, заметив, как мама подмигивает мне вслед и показывает большой палец.

— У тебя чудесная мама, — сказал он, как только мы ступили на нейтральную территорию.

— Спасибо. Только как-то мне неловко здесь…

— Что, Сел? Не волнуйся, я буду держать свои музыкальные пальцы при себе, — заверил он, сверкнув дьявольскими огоньками в глазах.

— Мне завтра на работу, поедем вместе?

— Нет-нет, мне вставать в шесть, так что я выйду раньше.

— Хорошо. Только... можно завтра я вернусь к тебе?

Райан уставился на меня так, словно я предложила съесть дыню с майонезом. Немного потупив взгляд, он ответил:

— Да... конечно.

Обещания своего он не сдержал, его музыкальные пальцы этой ночью чего только со мной не вытворяли, обеспечив крепкий, добрый сон.

* * *

Утром я встала одна, Райан уже уехал. И как я не услышала его будильника? Может, ему было неловко здесь и он вовсе не спал? Ничего, поговорю с ним позже. Сборы, как и всегда, заняли около часа. В приподнятом настроении, с музыкой в ушах я забежала в автобус. На этот раз я подпевала строчкам песни Arctic Monkeys «R U Mine?», представляя, как эту песню напевает Райан, и закусывала губу, чтобы спрятать дурацкую улыбку.

Подъехав к докам, я вприпрыжку поспешила к кофейне. Только вот... не было там «Лавандовой ветви». Не было больше моей кофейни, как и моей жизни в целом. Я стремглав ворвалась в помещение. Дверь была распахнута настежь. Моя некогда прекрасная деревянная вывеска с рисунком, валялась, разбитая, у входа; стулья, столы, стойка — все было разбито. Кофейный аппарат аккуратно упакован в коробку. Сердце билось, как птица в клетке, и я металась в ярости, чтобы понять, какого черта здесь происходит!

— О, мисс! Выйдите, пожалуйста, здесь небезопасно. Везде щепки и все такое, — раздался мужской голос.

Я резко обернулась, готовая двинуть незваному гостю отломанной спинкой стула.

— Ты?! — выкрикнула я сдавленно, не замечая, как покатились слезы, как напряглись руки, как меня затрясло точно осиновый лист.

— Мы знакомы?

— Нет, не знакомы! Какого черта ты делаешь в моем кафе?! Какого черта ты здесь устроил?!

Делл пожал плечами и фыркнул, поднимая коробку с аппаратом.

— Боюсь, это уже не *твое* кафе.

— Что?!

Клянусь, я сейчас двину по его довольной роже!

— Взгляни.

Он бросил мне файл с документами, я поймала его и судорожно пробежалась глазами. Там было написано, что Селина Гарсия сегодня продала помещение некоему Барту Битлеру. Продала?!

— Что за чушь?! Ничего я не продавала!

— Тогда откуда там твоя подпись?

Действительно, подпись точь-в-точь моя. А еще все данные, реквизиты, все-все было настолько точным, что…

— Как?! — теперь уже в голос рыдала я.

— Откуда мне знать! Может, перебрала вчера и не заметила, как… например, проиграла в карты или еще что… — глумился негодяй. — Мисс Гарсия, покиньте помещение. Или мне придется вышвырнуть вас отсюда силой.

В слезах и отчаянии я схватилась за стул и замахнулась на этого козла, шибанув прямо по довольной роже. Выбежала я из кафе раньше, чем он успел дать сдачи, после чего упала на землю и разрыдалась так, что не могло остаться ни одной души, не услышавшей мой крик. Крик убитой мечты. Крик разбитых надежд.

И вновь природа услышала меня, небо с треском разорвала пополам яркая вспышка молнии, и закапал мелкий дождик. Я сидела, согнув колени, прямо посреди двора, глядя на то, как рушат мою мечту. Мою любовь. Качаясь из стороны в сторону, я хотела уснуть, чтобы проснуться не здесь. Открыть глаза и увидеть перед собой кафе, в окнах которого мелькает рыжая макушка Эбби.

Эбби. Теперь у нее нет подработки, как и у Оскара. Но я не готова звонить им и рассказывать о случившемся. Рассказать — значит принять. Я не могла это принять ни сейчас, ни потом. Как вообще кто-то мог подделать документы? Вся информация, все бумаги хранились в моем домашнем «сейфе» — коробке из-под обуви — вместе с небольшой суммой. Они не могли знать об этом, если только… Если только…

Я порылась в сумке и достала телефон, чтобы позвонить Райану. Абонент был недоступен, но я не сдавалась. Через полчаса я звонила в сотый раз, и дама неустанно повторяла свою песню.

— Возьми же чертову трубку! — рыкнула я на телефон.

Нет, Райан не мог так со мной поступить. Он… он знает, как я дорожу кофейней, и скорее убил бы меня, чем отнял ее. Вчера он признался мне в любви, неужели… он сказал это, чтобы отвлечь меня? Куда он направился ранним утром? Почему вообще пришел ко мне домой на самом деле? Действительно ли хотел помириться?

Еще миллион вопросов крутилось у меня в голове, а я продолжала раскачиваться на земле, пока не затекли ноги. Я пыхтела, как буйвол, рычала, как тигр, да и вообще со стороны выглядела как припадочная, а на деле была готова утопиться в канале. Передо мной стоял выбор: кокнуть Делла или утопиться. А может, сначала кокнуть, а потом утопиться? От этих мыслей меня отвлекло прикосновение — кто-то положил руку мне на плечо. Вздрогнув, я обернулась.

— Селина…

— Гас?!

Я попыталась развернуться в его сторону. Затекшее тело плохо слушалось.

— Может, встанешь? Дождь идет.

— Иди-ка ты на хрен, Гас! — плюнула я. — Все вы! Грязные…

— Чш-ш…

Гас подхватил меня под мышки, поднял с земли и потащил за собой. Я упорно сопротивлялась, брыкаясь и пытаясь ударить мерзавца, но его мертвая хватка только крепла. Он приволок меня в закоулок. Небо осветили вспышки молний, прогремел гром, мусорные контейнеры справа от нас задрожали. Мне не хватало воздуха. Не хватало кислорода в этом чертовом закоулке! Когда Гас наконец отпустил меня, я принялась часто и глубоко дышать.

— Селина, не делай глупостей. Уходи отсюда, и поскорее.

— Почему, Гас? — сдалась я. — Почему… моя кофейня?

Слезы полились градом. Скользнув спиной по стене, я опустилась на землю и прижала ладони к лицу. Гас присел на корточки прямо передо мной.

— Селина…

— Сигарета есть? — спросила я.

— Э-э… да, — опешил Гас и протянул мне тонкую ментоловую сигарету. — Ты куришь?

— Нет, но почему бы не начать! — истерично рассмеялась я. — Дай-ка огоньку!

Прикурив, я сделала первую в своей жизни затяжку и чуть не отдала концы в приступе кашля.

— Так, дай-ка сюда!

Гас выхватил сигарету и затоптал ее ногой, пока я продолжала плеваться:

— Мерзость!

— Селина, давай я провожу тебя до дома?

— Зачем? Я не хочу домой. У меня забрали дом. Я жить не хочу в данную минуту, если честно. Ты знал, да?

— Понятия не имел. Клянусь!

— Где Райан? — осмелилась спросить я.

— Его отослали в Кардифф.

— Когда? Надолго?

— До истечения контракта.

Мои глаза округлились, сердце замерло.

— Месяц? Но... почему он не сказал мне?! А как же...

— Дело в том... как бы тебе сказать, — замялся Гас, отводя взгляд. — Это он передал документы Эльбергу. Мы приехали сегодня утром в доки, получив сообщение от Эльберга: он сказал, что Райан отлично справился с заданием и... что теперь у нас есть склад.

Нет. Нет, нет и нет! От ужаса я чуть не потеряла равновесие. Гас вовремя подхватил меня и удержал на ногах. А мне хотелось одного — спрятаться за мусорным баком и рыдать, страдать, гибнуть, разбиться на части, подобно моему сердцу.

— Он бы так не поступил, Гас, он не мог...

— Сел, я уверен, он сделал это не по своей воле.

— Не говори так, будто он действительно это сделал!

— Но...

— Замолчи!

Я снова села у стены. Так мы и проторчали в переулке около двух часов, пока мои плечи тряслись от рыданий, обмана и потери. Помните, я говорила, что любить — здорово? Забудьте. Любить — погано! Стоит только открыть свое сердце, и в него обязательно смачно плюнут.

— Что делать? — встрепенулась я.

— А?

— Что теперь делать?!

— Тебе нужно пообедать и согреться, а еще лучше прилечь…

— Гас, черт возьми, я про жизнь свою говорю!

Если я просижу здесь еще хотя бы минуту, то раскисну окончательно. Нет, Селина Гарсия умеет блокировать эмоции! Я переживала страшные вещи, воздвигала вокруг себя барьеры, шла к своей мечте не для того, чтобы какой-то гад соблазнитель ее уничтожил! Ух, заглянуть бы сейчас в эти дьявольские глаза, найти в них ответы, понять, был ли он искренен со мной хоть раз! Но он не познакомил бы меня с Дейзи. Может, Эльберг ввел девочку в игру?

— Мне пора, Селина. — Гас поднялся и отряхнулся.

— Слушай, дай позвонить.

Гас вытащил мобильный и с подозрительным прищуром протянул мне.

— Я сейчас…

Отойдя в глубь закоулка, я спряталась за мусорный бак и набрала номер Дьявола. Поразительно! Шли гудки!

— Гас?

— А вот и нет, милый. Селина.

Послышался громкий вздох, будто он резко вдохнул.

— Сел, ты цела?

— Я?! Это… с какой стороны посмотреть. Я хотела задать тебе вопрос. Райан, это сделал ты?

Молчание. Долгое молчание.

— Не вздумай врать мне, я хочу услышать это от тебя. Ты продал мою кофейню?

— Да, Сели, это я, — тихим, убитым голосом ответил он. — Я хочу тебе все объяснить…

— Пошел к черту!

Нажав на «отбой», я вернула телефон Гасу и уверенной походкой вышла на свет. Я была похожа на бродячего пса, изводявшегося в лужах, но дела мне до этого не было. Размашистым шагом я вошла в кофейню, следом бежал Гас. Делл встретил меня озлобленным оскалом и стиснутыми зубами.

— Бумаги забыла, — махнула я рукой.

Гас подошел к Деллу и демонстративно выпрямил корпус, как бы прикрывая меня. Надеюсь, ему за это не влетит. А я-то уже засомневалась в его честности.

— Все! — воскликнула я, собрав документы в файл.

Незаметно для мужчин я нагнулась, чтобы достать банку, некогда служившую копилкой. Хорошо, что в последнюю смену я ее обнулила, а свои чаевые Оскар забирает сразу. Собиралась было встать, но заметила под завалами корзину с ветвями лаванды. Не бросать же ее здесь! Эти сволочи недостойны любви! Разве что… Гас?

— Эй, лови! — крикнула я Деллу.

Размахнувшись, я пульнула стеклянной банкой прямо ему в лоб. Не ожидавший такого Делл схлопотал трехочковый. Все, теперь точно бежать!

Я неслась так, что пятки сверкали, пока не достигла остановки. Запыхавшись, я присела на лавку и внимательно изучила документы, ведь если кофейня продана, то должна быть указана сумма.

ГЛАВА 22

РАЙАН

— ПОШЕЛ К ЧЕРТУ!

— Клянусь, я…

Но моего ответа никто не слышал.

Селина бросила трубку. Знаю, я заслужил. Одно непонятно: каким образом у нее оказался телефон Гаса? Уже три часа, как я Кардиффе. Отель Эльберг подобрал самый простой, я сидел в номере, занимаясь самобичеванием. Как крыса, этой ночью я рыскал по ящикам Селины, пока не нашел нужные документы. Мне отчаянно хотелось, чтобы она проснулась, застукала меня за воровством и предательством, отчитала бы, мы бы поговорили, и… может, она бы поняла мои мотивы. Но я оказался трусом. Я сбежал, полный ненависти к себе и страха за Дейзи, вернулся домой и подделал документы. Так как подобные подделки давно входили в мои обязанности, я справился быстро, но добавил кое-что от себя.

Я не знал, как отреагирует Эльберг, примет ли мои условия, но по-другому я поступить не мог.

Уже в семь утра я стоял во дворе доков, в последний раз глядя на симпатичную вывеску «Лавандовая ветвь». Рассматривал интерьер, задержав взгляд на стойке, — воспоминания тут же нарисовали Селину, лучезарно улыбающуюся посетителям.

— Сама пунктуальность! — послышалось сзади.

Обернувшись, я увидел Эльберга в компании Билла. Сегодня их безупречные костюмы были темно-синего цвета.

— Задание выполнено?

— Да, — почти выплюнул я.

— Позволь взглянуть.

Билл протянул Эльбергу очки, тот страдал дальнозоркостью и вытянул руку с документами на внушительное расстояние, после чего вчитался в текст сквозь линзы.

— Угу… прекрасно… стоп. Это еще что такое?

— О чем конкретно вы спрашиваете? — играл в дурачка я.

— О пункте «Сумма, которую покупатель обязуется выплатить продавцу»! Что за самодеятельность, Эванс?! — оскалился Эльберг, и его нелепые усики над верхней губой встопорщились.

— Вы ведь покупаете ее кофейню, разве нет?

Эльберг зарычал, замахнулся, но бить не стал.

— Ты, кажется, ума лишился, Эванс. Я ни гроша не заплачу этой легкомысленной…

— Эльберг… — Теперь оскалился я. — Задание выполнено.

Фыркнув, он снова взглянул на договор:

— Ладно, несчастные семьдесят тысяч я ей выделю. Но и тебе это даром не пройдет. Пока не истечет твой контракт, ты не будешь видеться с… Селиной. Думаю, ты знаешь, что мои указания стоит выполнять.

— Идет, — кивнул я.

Я и так не представлял, как смогу посмотреть ей в глаза, тем более выхода нет: откажись я, Эльберг не выплатит ей ни цента. Или найдет ее.

— В таком случае твоя работа в Бирмингеме закончена. Счастливого путешествия. Билл!

Билл вытащил из кармана пиджака билет на поезд, конверт с деньгами и лист с инструкциями для следующих заданий.

— Поезд через полчаса, советую поторопиться, — бросил Эльберг и больше не обращал на меня внимания.

Он вскрыл замок кофейни и вошел внутрь. По пути на вокзал я позвонил Дейзи.

— Рири!

— Привет, малышка! Как дела?

— Отлично! Доктор Тейт говорит, что уже через неделю я буду готова к пересадке! Представляешь, Рири? Все показатели в норме!

Я ощущал ее улыбку и не смог не улыбнуться.

— Чудесно, милая. Скорее бы! Слушай, меня направляют в… командировку. В Кардифф, затем в Лидс…

— Надолго?

— На месяц…

— Значит… значит, ты не приедешь?

— Солнышко, я бы очень хотел приехать и обязательно приеду, как только закончу с работой, хорошо? К тебе все равно не будут пускать две недели после пересадки.

— Да, ты прав. А Селина? Она приедет?

— Я… не знаю, Дейз.

— Что-то случилось?

И как только этот маленький ребенок так четко улавливал настроение?

— Не знаю, Дейзи, все сложно.

— Рири, если ты ее упустишь, я тебе не прощу! Если ты не знал, осенью мы летим в Валенсию!

Я рассмеялся сквозь подступившие слезы. Боже, пусть слова Дейзи исполнятся!

— Как скажешь, Маргаритка. Ладно, мне пора на поезд.

— Звони мне!

— Конечно.

Семьдесят тысяч фунтов. На эти деньги помещение не купишь, но можно снимать в течение семи-восьми месяцев. Ничего, за этот месяц я заработаю еще около пятидесяти тысяч и отдам ей все. Может, она больше никогда не захочет меня видеть, прикасаться ко мне и я буду жить с этим, страдать и погибать каждую ночь от сладостных воспоминаний, но помогу восстановить справедливость.

ГЛАВА 23

— СЕМЬДЕСЯТ ТЫСЯЧ?! — выпалила я. — Ну спасибо!

Пожилая пара неодобрительно покосилась в мою сторону, и дальше я постаралась рассуждать про себя. Я осталась без кофейни, в которую вбухала не меньше пятисот тысяч, а они предлагают мне семьдесят? Подождите, кого я обманываю, не было никаких предложений, только факты. Судя по реквизитам, деньги лежали на моем счете, так что первым делом нужно заехать в банк и удостовериться в этом.

Пройдя пару кварталов, я нырнула в здание банка и успокоилась — деньги на месте, а вместе с ними и мои накопления — пятнадцать тысяч, которые я собиралась вернуть дяде Майклу для начала. Итого восемьдесят пять тысяч плюс домашняя заначка, но если я ее потрачу, то жить будет не на что. Ладно, все не так плохо.

Хотя нет, все просто ужасно: три человека остались без работы, я потеряла мечту и вновь пережила предательство! Даже не знаю, что хуже, измена Коннора или *вот это*. Да разве можно сравнить? Коннора я никогда не любила. Быть преданной любимым гораздо больнее, это все равно что ходить с тремя ножами в спине, не имея возможности их вытащить.

Вернувшись домой (слава богу, квартира пустовала), я металась по комнатам, анализируя и делая прогнозы. Все слезы я выплакала в переулке, вернулся хладнокровный расчет. О любви подумаю потом, нужно искать средства к существованию и возвращать кафе. Конечно, про место в доках можно забыть, я и пытаться не буду — переверну эту страницу жизни, как черновик, и начну с нового листа.

Сначала я позвонила Оскару и сообщила, что кофейня закрыта, не вдаваясь в подробности. Так как Оскар — человек понимающий, никаких претензий от него я не услышала. Настал черед Эбигейл.

— Селина?

— Эбби, ты дома?

— Возвращаюсь из школы.

— Зайди ко мне.

— Мэттью со мной…

— Ничего, поговорим на лестнице.

— Хорошо…

Кажется, я ее напугала. Что поделаешь, новости и впрямь страшные, особенно для меня. Потихоньку в голове зрел план. Брат и Эбби пришли через пятнадцать минут — оказывается, они сдавали экзамен, и оба справились отлично. Поздравив их и стараясь убедительно сыграть радость, я утащила Эбби на лестницу.

— Селина, да что стряслось?!

Я тяжело вздохнула и рассказала все от и до. Даже про Эльберга упомянула, какая теперь разница? Наши пути разошлись, он получил то, что хотел, и я уверена, он бы осуществил свои планы даже без Дьявола.

— Какой ужас, милая! Райан объяснил, какого черта…

— Слышать не хочу его объяснений! Видеть не хочу!

Эбби тихонько рассмеялась:

— Да-да, Сел, это сейчас ты так реагируешь. Я-то видела твои по уши влюбленные глаза.

— Ты сейчас оправдать его пытаешься?! — взъелась я.

— Ни в коем случае, но вам стоит поговорить. Нужно понять причины.

— Какие могут причины?! Он изначально соблазнил меня, чтобы… чтобы предать!

Эбби скрестила руки на груди и внимательно на меня посмотрела.

— Ты сама-то в это веришь?

— Не очень, если честно… не важно. Факт остается фактом.

— Так поговори с ним!

— Не могу, Эбби, я не готова! Прямо сейчас мне хочется расквасить его… красивую, милую и…

— Все ясно. Хорошо, — усмехнулась подруга. — Ты, кстати, отлично держишься!

— Это стадия принятия. Отрицание я пережила утром, не заметно?

Эбби потрогала мои спутанные мокрые волосы, достала салфетку и постаралась стереть черные разводы со щек.

— Да, как я сразу не заметила?.. А что с кофейней?

— А что с ней? Нет ее!

— Ты сказала, что они все же заплатили. Может, арендуешь новое место?

— Вот еще! У меня другой план, который я пока буду держать при себе.

И только сейчас я заметила, что, несмотря на плохие новости, Эбби выглядела радостной и возбужденной.

— Погоди-ка, я ведь не удосужилась спросить, как твои дела!

Эбби выждала минуту для пущей интриги.

— Мы с Мэттом поступили в Лондонский университет!!! — заверещала подруга и кинулась ко мне с объятиями.

— О боже! Эбби! Дева Мария, как я рада за вас! Не может быть! Тебя приняли?!

Грусть как рукой сняло, пусть на какие-то пару минут, но все же.

— Сама не могу поверить! Письмо пришло вчера днем, они сказали, что у меня отличное эссе, и на интервью я себя хорошо проявила, дело оставалось за экзаменом, который я благополучно сдала!

— Ты рискнула и подала документы в Лондон?! Эбби, как я тобой горжусь! Ну и братом, конечно, но в его успехе никто и не сомневался, — хохотнула я. — Он слишком умен и оттого зануден.

— Твоя правда, — фыркнула Эбс.

— Ладно, милая, пойду решать дела. Вы, наверное, хотите отметить, оставлю вас наедине…

— Ты действительно пойдешь на улицу в таком виде?

— Честно? Сейчас мне плевать на свой внешний вид, как никогда! С этими словами я развернулась на каблуках и нажала на кнопку лифта.

Вызвав такси, я прождала около пяти минут. Сев на заднее сиденье, назвала адрес дяди Майкла, и водитель тронулся в сторону пригорода.

Внушительное поместье окутал аромат цветущих пионов и роз, и я ощутила себя званой гостьей летнего бала в резиденции какого-нибудь графа. Хотя на деле никто меня не звал, но я надеялась, что застану дядю дома. Удача мне улыбнулась — в окнах второго этажа мелькнул силуэт мощного невысокого испанца. Я взялась за ручку в форме кольца и трижды стукнула по массивной гигантской двери.

— Селина?! — возникла на пороге Эстер Санчес. — Проходи, золотце! У тебя все в порядке? Выглядишь…

— Привет, Эстер! Да, знаю… — раскланялась я и вошла в холл, как всегда засмотревшись на хрустальную люстру.

— Ты к Майклу? Позвать его?

— Меня звать не нужно, я еще в окно приметил это милое создание! Что-то случилось, дочка?

— Дядя Майкл, мы можем поговорить?

— Конечно, дорогая! Эстер, принеси нам, пожалуйста, бутылку белого сухого.

— Хорошо.

Эстер улыбнулась мне еще раз и направилась в сторону кухни. Дядя Майкл поманил меня рукой, и я последовала за ним по лестнице в гостиную. Расположившись на диване, дядя посмотрел на меня горящими от нетерпения глазами.

— Дядя Майкл, помнишь, ты упоминал квартиру в Лондоне?

— Да, было дело, — кивнул дядя. — Мэттью хочет пожить в ней во время учебы?

— Нет, хотя не исключено… В общем, я здесь не из-за Мэттью. Но да, он прошел вступительные в Лондонский университет вместе с Эбигейл.

— Вот это да! Мой умный мальчик! Как здорово, что он останется неразлучен с этой рыженькой принцессой!

— Думаю, мама еще устроит по этому случаю праздник, проводы и все такое, но я пришла просить для себя… Дядя, можно мне там пожить какое-то время?

— В Лондоне?!

— Да…

— Но ведь… в Бирмингеме твое кафе, мама…

Дядя так расстроился, будто я решила уехать в Новую Зеландию.

— Долгая история, дядя, но мне очень нужно! Я могу платить каждый месяц, просто другие…

— Чтобы я больше такого не слышал! Платить! — проворчал он с усмешкой себе под нос. — Ни стыда ни совести! Да если бы Хавьер услышал… Платить!

— Дядя, так, значит, я могу там пожить?

— Можешь, дитя мое. Милли уезжает в Штаты, квартира пустует, мы с Эстер редко бываем в Лондоне, а если и приедем, то стесним тебя от силы на два-три дня. Пойдет?

— Конечно! Дядя, ты чудо!

Я чмокнула добрейшего испанца в щеку и захлопала в ладоши. Эстер как раз принесла вино и три бокала, наполнила их и вручила каждому. Вино у семьи Санчес всегда было отменным. Мы болтали еще добрых три часа, пока Эстер не ушла встречать Милли, оставив нас с дядей вновь наедине.

— Дядя, слушай, дело в том, что я накопила пятнадцать тысяч, чтобы отдать тебе за аренду, но сейчас…

Майкл Санчес схватился за сердце и вскочил с дивана, нависнув надо мной как злой рок.

— Селина Гарсия! Да как ты можешь думать о подобных вещах?! Ты что, правда решила, что я бы принял эти деньги?! Извинись сейчас же или не видать тебе квартиры!

— Прости, дядя, прости, забудь! — рассмеялась я.

И пусть эта добрая душа стала моим «крестным феем», совесть не позволяла забыть о долге. Наступит день… Да, придет время, и я отдам ему все полностью! Но, к сожалению, не сегодня. Спорить с ним было бесполезно.

Дядя Майкл сходил в спальню и вернулся с ключами, на которых висел брелок в виде лондонской телефонной будки, напомнившей мне о сериале «Доктор Кто».

— Вот, милая. Будь аккуратна, хорошо?

— Что ты, дядя, я никого водить не буду, ты путаешь меня с братьями! — расхохоталась я.

— Да что мне эта квартира, дурочка! Ты сама будь аккуратна! Столица порой бывает жестока, может изжевать твои нервы и выплюнуть, так что… Я просто знаю, какой ты трудоголик, и уверен, что ты едешь не на отдых.

— Отдых мне светит разве что на пенсии…

— Вот-вот! Береги себя. Элейн в курсе твоих планов?

Я сморщила нос и медленно растянула слова:

— Не-е-ет, но я поговорю с ней сегодня же. В Лондон поеду завтра.

— Хорошо.

— Ладно, дядя, мне пора. Спасибо тебе огромное! Когда-нибудь…

— Молчать! — отрезал он.

Обняв так крепко, как мог бы обнять только отец, Майкл проводил меня к выходу и, конечно, отверг все мои предложения отправиться домой своим ходом, вызвав личного водителя. «Майбах» подкатил к главным воротам, и, преисполненная благодарности, я села в автомобиль.

Грех было жаловаться на жизнь, имея такую семью. Меня сожгли изнутри, но я восстану из пепла и покажу, чего стою, покажу, какой упрямой может быть девушка, рожденная под знаком Тельца. Скорее бы добраться до Лондона. Грудь вдруг сдавило от мысли: Дейзи ведь перевезли в Лондон! Каким бы гадом ни оказался Райан, я обязательно с ней свяжусь, как только прибуду в столицу.

Когда авто подъехало к дому, мне вдруг расхотелось выходить. Что говорить маме? Как объяснить свой отъезд и потерю кофейни? Всю правду я открыть не могла. Эх, была не была! Поблагодарив водителя, я пошла к подъезду. В прихожей пахло яблоками и корицей, значит, мама пекла вкуснейшие слойки…

— Селина? — Элейн Гарсия замерла в кухонном проеме с кухонной перчаткой и скалкой в руках.

— Мамуля, почему ты каждый раз так удивляешься? Это все-таки мой дом!

Мама нахмурилась, но промолчала, вернувшись к готовке. В душе зародился страх сродни детскому, когда готовишься признаться маме в том, что разбила кружку или сломала новую куклу. А ведь мне уже двадцать три, и я не обязана отчитываться и уж тем более трепетать перед ней. Я знала, что мама сильно расстроится. Пабло женился, Мэттью уедет на время учебы, я оставлю ее совсем одну…

— Будешь слойки? — предложила мама, как только я вошла в кухню.

— Я когда-нибудь от них отказывалась? — улыбнулась я, потирая ладони. — Тебе заварить чай?

— Да, пожалуйста. Слышала новости?

Так, раз мама улыбалась и пекла слойки, значит, Мэттью уже преподнес радостную весть о поступлении. Появилась надежда, что, радуясь за сына, она не будет сильно переживать из-за моего отъезда.

— Ты об университете? Конечно. Кто бы сомневался, а? Он ведь у нас умен не по годам и нудный, словно пенсионер. Как хорошо, что и Эбби приняли, продолжат совместный путь взросления!

— Точно, Селина, я как узнала, до сих пор в шоке! Наш рыжий бесенок в Лондонском университете! Скажи мне об этом пять лет назад, я бы рассмеялась. Может, отношения с Мэттом ее сподвигли? В любом случае это большое счастье. Осталось морально подготовиться к их отъезду и выпустить очередных птенцов из гнезда... Доченька, ты бы знала, как это тяжело...

— Кстати о птенцах... — Я поставила чашки на стол и усадила маму напротив. — Завтра я уезжаю в Лондон. Пока не знаю на сколько.

— Что?! — Мама от неожиданности разлила чай и со стуком поставила чашку на стол. — Почему?! А как же кофейня?

— Нет больше кофейни, мама. Одни гадкие люди у меня ее отняли, оставив... почти ни с чем. Придется строить все по новой.

— Как отняли? Доченька, что случилось?

— Мамуль, я бы хотела воздержаться от неприятных подробностей, иначе опять слезы накатят, а я только взяла себя в руки…

— Милая, да ведь это вся твоя жизнь! С восьми лет ты только и твердила, что о «Лавандовой ветви»!

— Мама, ты не помогаешь…

— Извини, детка. Я просто… обескуражена. А где же ты остановишься в Лондоне?

— Сегодня я ездила к Майклу, он дал мне ключи от небольшой квартирки в самом центре и отказался от арендной платы, что не удивительно…

— Квартира… — перебила мама. — Значит, ты уедешь минимум на месяц.

— Да, мамочка, боюсь, что так. Но это необходимо, так что сильно не расстраивайся.

— Я больше расстроена из-за твоей кофейни. Знаю, как много она для тебя значит, и, должна сказать, ты отлично держишься. Пусть у тебя все получится! — Глаза у матери были на мокром месте. — Только постарайся мне звонить хотя бы через день, чтобы я тут сильно не беспокоилась.

— Обязательно.

Я накрыла мамины руки своими, и так мы просидели около получаса, нежно глядя друг на друга.

ГЛАВА 24

ДО ЛОНДОНА МОЖНО БЫЛО добраться по каналам, но с меня хватит доков, поэтому я два часа четырнадцать минут ехала в скоростном поезде, слушая трагичную музыку. Плейлист восстал против меня и крутил все песни, так или иначе связанные с Дьяволом. Последней я слушала «Прекрасную ложь» в исполнении Джареда Лето и старательно прятала слезы. По пути на глаза попался экскурсионный автобус, и я вспомнила о нашем маленьком, но таком запоминающемся путешествии.

Дядя прислал адрес эсэмэской. До квартиры не больше двадцати минут пути, однако Лондон встретил меня проливным дождем (чему тут удивляться?), так что пришлось вызвать такси. Когда мы приехали по адресу, я долго не могла поверить в то, что вижу перед собой. Привыкнув к своей невзрачной квартирке, я забыла о том, что Майкл любил роскошь и жилье выбирал со вкусом. Я вышла перед домиком в стиле Шерлока Холмса и, не совладав с эмоциями, несколько раз подпрыгнула от счастья, опрокинув чемодан.

Открыв зеленую деревянную дверь, я с шумом втянула воздух. Пахло традиционной Англией. Сыростью, книжными страницами и бергамотом. Квартира, к слову, оказалась двухэтажной.

— Небольшая квартирка… — вслух передразнила я дядю.

Однако мебели в ней почти не было, только самое необходимое: кухонный гарнитур и круглый столик из белого дерева, небольшой холодильник семидесятых годов, книжный шкаф в коридоре, санузел. На втором этаже две спальни, одна из которых совсем крохотная. Я закатила чемодан в ту, что побольше, с двуспальной кроватью, покрытой шелковым коричневым покрывалом.

На одной стене висело большое зеркало, на другой — несколько картин. Обои по всему дому были в темно-лиловых или бордовых тонах, где-то с витиеватыми узорами. Я включила телевизор для фона, а сама принялась раскладывать вещи по полкам. Покончив с ними, я плюхнулась на мягкую кровать и открыла ноутбук, который позаимствовала у Пабло. В конце концов, раз брат не забрал его при переезде, значит, не очень-то в нем нуждался. Порыскав по объявлениям, я нашла подходящее и отправила свое резюме.

Как приятно было ощутить себя полноправной хозяйкой квартиры! Я сбегала в соседний магазин, закупилась продуктами на неделю, а потом приготовила ужин, который сразу же и съела в одиночестве. Боевой дух не спешил возвращаться, поэтому я не придумала ничего лучше, кроме как включить музыку и утонуть в слезах.

Нет, я не включала ничего драматичного, чтобы нарочно страдать, но так уж вышло, что по пути в магазин я увидела вдалеке верхние этажи отеля, в котором мы останавливались, приехав на свадьбу Пабло, и где…

В общем, воспоминания нахлынули сами собой. До пяти вечера я валялась, рыдая и сморкаясь в салфетки. Господи, как же мне не хватало Райана! Дьявол! Наши незабываемые ночи и поцелуи, его спокойный нрав, ехидные шуточки и неугасающее желание… Он всегда умел поддержать, всегда находил о чем поговорить. Рассуждаю так, словно он умер, но ведь для меня он и должен был умереть! По-хорошему, его стоило вычеркнуть из жизни и всерьез начать с чистого листа, но кого я обманываю? Я, черт возьми, люблю его!

Несмотря на ужасный поступок, я не могла вытеснить Райана из сердца и мыслей за один день. Не думаю, что это удалось бы даже за пару месяцев. Еще эти семьдесят тысяч, разве не его рук дело? Эльберг мог кокнуть меня в переулке и забрать кафе бесплатно! Я отругала себя за то, что не позволила Райану объясниться по телефону, но тут же вспомнила, что он предал меня, не соизволив хотя бы предупредить. Что ему стоило поделиться со мной планами Эльберга, раз уж они касались *меня*?

В шесть вечера раздался телефонный звонок:

— Селина Гарсия?

— Да, это я.

— Кафе «У Темзы», вы оставляли свое резюме. Приходите завтра к открытию, я посмотрю на ваши навыки в качестве бариста.

— Но…

— Я управляющий. Раз вы владели своей кофейней, как сказано в вашем резюме, разговор будет коротким.

— Хорошо, большое спасибо, я обязательно приду!

— До встречи, Селина.

Умывшись, я улыбнулась своему отражению. Да, я решила заработать тем, что умела лучше всего, — готовкой кофе. Кафе «У Темзы» — одно из самых популярных в Лондоне благодаря своему местоположению между всем известными достопримечательностями, следовательно, выручка у них внушительная, как и чаевые, судя по отзывам предыдущих сотрудников и туристов. Со слезами и мыслями о Райане на сегодня покончено, осталось хорошенько выспаться, чтобы утром произвести хорошее впечатление.

* * *

Зал «У Темзы» был раза в три больше, чем все помещение «Лавандовой ветви». Да и меню не умещалось на одной странице. Для встречи я выбрала облегающий комбинезон черного цвета и серые замшевые лодочки. Мужчина лет тридцати — тридцати пяти в белой рубашке, клетчатой жилетке и коричневых брюках отчитывал юную официантку. Должно быть, это и был управляющий.

— Добро пожаловать в кафе «У Темзы»! — воскликнула юная официантка, увидев во мне спасение, ведь мужчина тут же замолк и обернулся.

— Мисс Гарсия?

— Да, я. Добрый день, — кивнула я, скромно улыбнувшись.

— Гарольд Цукерман. — Гарольд протянул руку, я пожала ее в ответ. — Проходите за стойку.

Вот так сразу? Ладно. Главное, совладать с нарастающей паникой.

— Селина, будьте добры, приготовьте латте с ирландским кремом.

— Конечно.

Нацепив оставленный кем-то фартук и собрав волосы в хвост, я взялась за работу. Кофейный аппарат оказался современным, мой уступал ему в количестве функций, скорости и качестве, так что дело пошло быстро.

— Вот.

Гарольд поводил над стаканом носом, всмотрелся в пенку, затем отхлебнул и широко раскрыл глаза:

— Хм, теперь, пожалуйста, моккачино.

Добавив побольше молока, плеснув одну четвертую горячего шоколада и эспрессо, я украсила напиток взбитыми сливками и обернулась к Гарольду. Его и без того широкий рот расплылся в улыбке. Уничтожив сливочную «башню», он сделал глоток и одобрительно кивнул (мне даже показалось, он что-то промурлыкал).

— Теперь американо и фраппучино, а я пока отлучусь к посетителям.

Когда Гарольд вернулся за стойку, его ожидало три напитка — третьим был мой фирменный айс-латте с лавандовым сиропом.

— Прекрасно, Селина, просто чудесно! — громко хлопнул в ладоши Цукерман. Его серые глаза пробежались по мне еще раз. — Ты согласна на роль администратора и бариста? Два в одном, так сказать. Раз ты разбираешься в кофейной кухне и всех подводных камнях этого бизнеса…

— Сэр, но мне не помешали бы чаевые… — тихо заметила я.

— Не вопрос, я беру тебя на роль многофункционального сотрудника! Просто хочу, чтобы в мои выходные ты занималась организационными вопросами, вот и все.

— Здорово, большое спасибо! Тогда… когда я могу приступить?

— А когда бы ты хотела?

— Сегодня… — призналась я, сцепив руки в замок за спиной.

— Так приступай же! Но сегодня у меня рабочий день, так что администратор не требуется.

— Спасибо, сэр!

— Просто Гарольд, договорились?

— Да, сэр, то есть Гарольд, договорились! — кивнула я и убежала за стойку.

Когда в «Лавандовую ветвь» повалили посетители, я думала, что это пик загруженности. Как же я ошибалась! В «У Темзы» не оставалось времени даже на зевок. Столики были заняты, отчего у входа постепенно собиралась очередь. Вторая очередь выстраивалась из посетителей, желающих кофе навынос. Поскольку в нашей смене трудились пятеро официантов и один бариста, то есть я, нам удавалось довольно быстро принимать и выдавать заказы.

Гарольд выполнял роль хостес. Когда я спросила, зачем управляющему заниматься работой администратора, он ответил, что души не чает в своем детище и не стыдится даже подменить официанта. Я лишь кивнула, полностью согласная с его точкой зрения, ведь в «Лавандовой ветви» я была и уборщицей, и прислугой, и директором. Ах, моя «Лавандовая ветвь»... Я должна была улыбаться всем этим людям, но внутри у меня бушевал вулкан, извергая горе и печаль.

После смены — а закончилась она в десять вечера — я валилась с ног. Даже работая ежедневно на протяжении полугода, я так не уставала. Казалось, весь Лондон решил единовременно посетить «У Темзы». Дома я первым делом завалилась в постель, пообещав себе не вставать до следующего утра, пока не вспомнила о Дейзи. Для звонка время позднее, так что я написала сообщение.

С: Привет, Маргаритка! Перезвони, когда проснешься, целую!

И я мгновенно уснула, не успев погоревать об упущенной любви и мечте.

* * *

Мне снился Дьявол. Неудивительно. Я думала, что проснулась от звонившего телефона, однако потное и дрожащее тело намекало на... другую причину.

— Алло!

— Мисс Лаванда?

— Дейзи! Как я рада тебя слышать! Как дела?

— Все хорошо, Селина. Доктор Тейт назначил дату пересадки — через пять дней, схожу с ума от нетерпения!

— Как здорово, милая! А навестить тебя можно?

В трубке послышался громкий всхлип, сердце тут же сжалось до размеров бусины.

— Эх, Селина! К сожалению, нельзя. Доктор Тейт говорит, мне лучше не контактировать с внешним миром ни до пересадки, ни после, чтобы уберечь организм от бактерий. Хотя здесь жесткая санитария.

— Милая, не расстраивайся, осталось совсем чуть-чуть! Забудешь больницы как страшный сон!

— Ну, я бы поспорила...

— Я имею в виду, что тебе уже не придется лежать там месяцами. Выздоровеешь, вернешься к Райану, потом на танцы, потом в Валенсию!

— Кстати о Райане. Мы с ним созванивались, он был чем-то сильно расстроен. Не знаешь, что у него случилось? Он, наверное, не хотел меня беспокоить лишний раз, да ведь я все чувствую!

Поразительно мудрый ребенок!

— Не знаю, детка, Райан уехал и... у нас нет возможности пообщаться.

Дейзи долго переваривала мою фразу.

— Вы поругались?

— Что? Не-е-ет...

— Ты его выгораживаешь, все ясно. Что он натворил?

— Все хорошо, Дейз! Не бери в голову! Взрослые часто ругаются, но быстро мирятся.

— Да-да... и ты туда же. Только и умеете зубы заговаривать.

— Так, лучше расскажи мне, все ли журналы ты прочла.

Мы болтали с Дейзи по меньшей мере час. Я рассказала о нашем отдыхе за городом. Дейзи с упоением слушала, несколько раз протянув, как скучает по родным краям. Райан и ее водил на рыбалку, учил определять животных по следам в лесу, натягивал волейбольную сетку, чтобы вся родня могла постучать по мячу... В общем, Дейзи в очередной раз напомнила мне о том, каким чудесным семьянином был Райан.

В родительском доме Райан поведал мне о том, что часто ставил сцены по своим любимым литературным произведениям, привлекая к постановкам родственников. Было приятно сознавать, что мы оба выросли в добрых, сплоченных семьях. Если бы только мы так рано не столкнулись с потерей этого бесценного счастья…

Выходной я провела за изучением рынка недвижимости, а именно помещений в Англии, Провансе и… Валенсии. Приближая разные кадры, отснятые в помещениях, выставленных на продажу, я, конечно, не могла не вспомнить о «Лавандовой ветви». Погоревав об утраченном пару часов, я собралась на прогулку. Если сидеть затворницей дома, ничего, кроме слез, не получишь.

Однако и это оказалось ошибкой. Проклятые воспоминания наступали на пятки! Я так отчаялась, что задумалась: а точно ли мне нужны выходные? Но загруженность кофейни была такой высокой, что сил к четвертому рабочему дню у меня бы просто не осталось.

Гуляя по улицам Лондона, я вглядывалась в лица прохожих. Мое подсознание надеялось встретить Райана, и я как идиотка откровенно на всех пялилась. Боюсь, забастовка долго не протянется. Но почему же он не писал, не звонил мне первым? После возвращения с прогулки я увидела в своем почтовом ящике небольшой запечатанный пакет из плотного пергамента.

Сначала я подумала, что посылку отправили дяде Майклу, но и это было странно — живет-то он в Бирмингеме! Затем увидела свое имя и вздрогнула… никто, кроме матери и дяди, не знал, где я нахожусь! Ну и сотрудники кофейни, но я нигде не указывала адрес проживания.

Входя в свое временное уютное жилище, я попутно вскрывала посылку. Внутри оказалось письмо, его-то я и развернула в первую очередь. Мое сердце замерло, когда я увидела надпись: «Мисс Лаванде».

Моя любимая Селина!

Я не знал, ответишь ли ты на телефонный звонок или эсэмэс, поэтому решился только на письмо. Такой вот я трус, но тебе это уже известно. Если бы я только мог приехать к тебе, успокоить, молить о прощении лично, я бы непременно это сделал. Однако Эльберг не велел мне видеться с тобой до истечения контракта, то есть еще три недели, и мне пришлось согласиться на его условия, иначе он бы отказался выплатить тебе деньги.

Моя милая, забавная и самая красивая мисс! Не знаю, простишь ли ты меня когда-нибудь, но я все же обязан объясниться. Эльберг поставил условие: либо я… предаю тебя, либо он организует несчастный случай для Дейзи. Я пытался протестовать, но он уже разведал, в какой больнице она лежит, и я не смог ею рисковать.

Почему я не попросил тебя о помощи? Мне было стыдно. Как я мог ради собственной выгоды просить тебя отдать мечту всей своей жизни? А если бы ты согласилась, дал бы Эльберг денег? Не знаю, поздно уже гадать.

Просто знай, что я люблю тебя и не врал, признаваясь в чувствах, и что ты была и остаешься одним из самых важных и дорогих людей. Мое сердце разрывается, но я этого заслуживаю.

Прости меня, милая. «Все, что я хочу услышать от нее, — это "Ты мой?"».

P. S. Не ругайся, но твой адрес я узнал у Эбигейл.

Навеки твой, Дьявол.

Отчего я роняла слезы на белый лист? От слов любви? Строк песни любимой группы? Или оттого, что во время чтения отчетливо слышала родной голос, произносящий эти строки? Я нащупала в конверте еще кое-что. В нем лежала веточка лаванды.

ГЛАВА 25

ПИСЬМО РАЙАНА ВЫЗВАЛО во мне бурю эмоций, от негодования до благоговения. В тот вечер, прочитав его, я не сомкнула глаз и думала: как же мне все-таки ко всему этому относиться? Я вспоминала телевизионные программы, реалити-шоу и прочие драматичные передачи, в которых зрителей учили правильному взгляду на вещи. Правильному с точки зрения устроителей шоу, вот в чем парадокс! Насмотревшись, наслушавшись «экспертов», мы испытываем муки совести перед принятием даже простейших решений, задаваясь вопросом: «Как *они* отреагируют?»

Кто эти «они», перед которыми мы трепещем, почему идем на поводу у стереотипов и принципов не всегда адекватного общества? Почему так сложно действовать по велению сердца? Ведь только наше сердце знает, как правильно. И пусть мы совершаем ошибки, зато свои собственные: оступились, упали, встали, отряхнулись и пошли дальше, наученные жизненным опытом.

Вот о чем я философствовала целую ночь, понимая, что жить не могу без Райана. Как бы я ни пыталась его ругать, злиться, даже попробовала возненавидеть — тщетно. Мое сердце изнывало от разлуки, ссоры и предательства, но ведь… речь шла о Дейзи. Приди он и выложи все как есть, какой была бы моя первая реакция? Я могла вспылить, спугнуть его, расплакаться, но я бы поняла. Да, я бы поняла, и результат был бы таким же. Если Эльберг хочет — он получает, с чего же мне быть исключением?

Черт бы побрал эти сложности, тонкости человеческих чувств! Хотелось бы мне сказать, что без них жилось бы намного лучше, но это будет наглой ложью, потому что Райан подарил мне что-то такое необъятное, фееричное, незабываемое, без чего жизнь теперь теряла всякие краски и виделась черно-белой. Оставалось только ждать, когда истечет контракт. Ждать встречи с любимыми, дьявольски притягательными глазами.

* * *

Гарольд поставил мне три рабочих дня и один выходной, я сама настояла на таком графике, потому что, хотя мне и требовался отдых после кофейной суеты, дольше суток в одиночестве я проводить не могла. За работой время протекало быстрее, а это как раз то, что мне было необходимо, чтобы не сгореть в ожидании.

Прошло две недели с тех пор, как я получила письмо — единственную весточку от Райана. Его телефон был вне зоны доступа (я пыталась звонить), а номер Гаса я так и не спросила, дурья моя голова! Интересно, как теперь выглядела «Лавандовая ветвь»? Как захламленный склад с огромным, не поддающимся взлому замком?

В Лондоне у меня теперь не было времени на страдания и размышления, как не было его даже на банальный поход в туалет. За две недели на чаевых я заработала столько, сколько собирала полноценной выручкой в «Лаванде», и это без зарплаты, которую Гарольд выплачивал каждую неделю. У меня сложились теплые отношения с одной из официанток — Аннэт — и самим Гарольдом.

Аннэт выходила на полставки, так как подрабатывала в свободное от учебы в университете время. Француженка — брюнетка с каре — отлично справлялась с туристами-соотечественниками, а я, в свою очередь, спокойно обслуживала испанцев. В один из выходных Аннэт даже пригласила меня прогуляться по Риджентс-парку, который летом напоминал райский островок.

Конечно, работала я не только ради денег. Я полюбила кофейню за ее атмосферу. За день я встречала десятки посетителей, ненароком подслушивала истории их жизни, видела множество запоминающихся и безликих образов, наблюдала неадекватных и добродушных людей. Испытывала незабываемые чувства, когда помогала молодым людям сделать предложение руки и сердца или когда кормила обездоленных, как когда-то Дороти. Правда, Гарольд строго-настрого запретил бесплатно раздавать еду и напитки, но Аннэт часто прикрывала меня, когда я, точно ниндзя, скрывалась за углом кафе, вынося нищим скромное угощение.

Кроме того, на неделе мне позвонила Дейзи. Малышке сделали пересадку на несколько дней позже обещанного, но все прошло гладко, и теперь ей предстояло длительное восстановление. Такие новости не могли не радовать, и, получив заряд позитивной энергии, я работала в два раза быстрее обычного, попутно откладывая деньги на сюрприз для девочки.

За Райана болело сердце. Я знала, он мечтал оказаться рядом с малышкой, но чертов Эльберг нарочно отправил его в длительную командировку. Сердито взбалтывая кофе, я развернулась к кассе и встретила знакомые лица.

— Добрый день! Пожалуйста, два латте с миндальным и фисташковым сиропом, — улыбалась Мадлен.

Блондинки, как Чип и Дейл, разгуливающие парой, уставились на меня не менее удивленным взглядом, чем я на них.

— Господи, вот так встреча! Это ведь вы работали в «Лавандовой ветви»? В Бирмингеме?

Шерил и Мадлен были в одинаковых сарафанах разных цветов. Мадлен в белом, ее ярко-алые губы приковывали взгляд, Шерил в черном, под стать серьезному, холодному образу.

— Здравствуйте! Верно, это я. Вам на обычном молоке или…

— Стоп-стоп! — прервала меня Мадлен, взмахнув ладонью.

За блондинками собралась недовольная очередь.

— Почему же вы здесь? Разве та кофейня была не вашей собственной?

— Моей. Извините, посетители сейчас разбушуются, я пока приготовлю вам кофе.

Мадлен и Шерил медленно повернули голову к другим посетителям, бормотавшим что-то позади, и окинули их таким взглядом, что мне показалось, будто толпа посетителей не прочь простоять здесь и час, лишь бы не вступать с дамами в конфликт.

— Вот, два латте, этот миндальный, а этот фисташковый. Насколько я помню, вы всегда брали на обычном молоке, — улыбнулась я и вручила блондинкам стаканчики.

— Где ваш управляющий? — серьезно спросила Шерил.

Под ее ледяным взглядом я вспотела от страха и глазами попыталась найти Гарольда. Он рассаживал прибывших гостей.

— Простите, что-то не так с кофе? Я переделаю…

— Где управляющий этого чертова кафе?! — громко спросила Мадлен.

Гарольд вздрогнул, извинился перед посетителями и вальяжно приблизился к блондинкам.

— Добрый день, я Гарольд Цукерман — управляющий. Чем могу помочь?

— Вы не могли бы отпустить эту девушку на несколько минут? — спросила Мадлен, указывая на меня пальцем.

Я цветом лица стала напоминать отварного рака.

— Э-э, мисс Селину? Конечно. Аннэт! Замени Селину! У нее как раз обеденный перерыв.

Я еле сдержалась, чтобы не рассмеяться. Обеденный перерыв? В «У Темзы»?! Только если формальный, для галочки. Мы, сотрудники, между собой называем его «безотходное пятиминутное производство». То есть «ешь прямо на унитазе», иначе не успеешь ни того ни другого.

— Благодарим вас. Селина, пойдем!

Я не могла пошевелиться еще секунд десять, потом машинально кивнула, сорвала фартук, пропустила Аннэт и села за свободный столик, который выбрали Шерил и Мадлен.

— Значит, Селина? — спросила Мадлен с нежной улыбкой.

Я снова кивнула.

— Мадлен и Шерил Флетчер. Мы сестры, — представилась Мадлен.

— Очень приятно!

— Селина, что случилось с вашей кофейней? Мы были в Бирмингеме неделю назад и очень расстроились, увидев на ее месте какой-то… склад.

— К сожалению, я не могу рассказать вам подробностей, но… если кратко, то помещение выкупили и выгнали меня оттуда.

Шерил ахнула, а я удивилась — уж очень странно видеть на ее лице какие-либо эмоции.

— И что же вы не открыли другое кафе? — с искренним удивлением спросила Мадлен.

Теперь я не сдержалась и невесело рассмеялась, а блондинки часто заморгали, не понимая моей реакции.

— Мадлен, дело в том, что для этого нужны финансы, которых у меня нет. Я приехала в Лондон, чтобы заработать и поднакопить на новое помещение, но дело это непростое. Думаю, через полгода-год получится.

— Какой ужас… — выдохнула Мадлен.

— Послушайте, Селина, — вдруг заговорила Шерил. Голос у нее был проникновенным — низким и тихим, вызывающим необъяснимый трепет. — Помните, вы вручили мне лавандовую ветвь?

— Конечно. Она шла в подарок с кофе всем женщинам.

— Селина, ваша ветвь сработала, — почти шепотом произнесла Шерил. — Я серьезно. Видите ли, в юности, будучи студенткой, я встретила Саймона. Он нанялся садовником к нашему отцу, а также выполнял всякие разовые поручения, чтобы заработать на колледж. При первой же встрече с Саймоном я… — Шерил коснулась груди и горько усмехнулась, — потеряла голову. А терять голову от садовников нам было запрещено!

Мы с Саймоном тайком пробирались ночью в конюшню. Иногда он даже помогал мне с домашними заданиями, хотя это *я* обучалась в Кембридже, а не он. Да, Саймон казался мне самым умным, мужественным и заботливым парнем. Но я знала — если отец узнает о наших отношениях, то оторвет головы обоим, а Саймона и вовсе уволит.

— Позволь мне продолжить! — перебила Мадлен. Возможно, Шерил была молчаливой не по своей воле. Похоже, Мадлен просто не умела держать рот на замке. — Шерил посвятила меня в свои тайные отношения. И вот однажды, зная, что Шерил прячется с Саймоном в конюшне, я услышала в ночи папины шаги. Выглянув в окно, которое как раз выходило на конюшню, я увидела, что отец держит путь именно туда. Босиком, в одной сорочке я побежала за ним и попыталась выдумать какую-нибудь небылицу, лишь бы отец вернулся в дом. Но папа, видимо, давно подозревал об отношениях Шерил и Саймона.

— Короче говоря, Саймона он уволил, а мне строго-настрого запретил с ним видеться. И я сдалась. Столько лет я ненавидела себя за эту слабость! Столько лет ходила на свидания с теми, кого выбирал отец! И в результате почти тридцать лет провела в одиночестве! Пока вы не подарили мне ветвь.

Я слушала, затаив дыхание.

— В тот же день я встретила его. — Шерил покраснела и отпила кофе. — Мадлен отъехала по делам, а я решила съездить к потенциальным партнерам, чтобы договориться о сделке и будущем сотрудничестве. Меня провели в кабинет директора, и когда я… когда дверь открылась… — Пальцы у Шерил задрожали. — Я узнала его спустя столько лет. Мы молчали, разглядывая друг друга, не меньше десяти минут. Он был зол, я шокирована. Оказалось, что он писал мне письма, но отец сжигал их в камине. Однажды он вновь предпринял попытку встретиться со мной, но, к несчастью, снова натолкнулся на отца. Это случилось спустя три года после увольнения, Саймон тогда учился на втором курсе.

В общем… мы наконец поговорили. Мне было бы страшно услышать от него, что он успел жениться или обзавестись семьей, хотя я и желала ему счастья. И все же мои надежды сбылись — Саймон тоже не смог забыть меня. Мы нашли друг друга спустя столько лет… и все благодаря веточке лаванды. В августе собираемся сыграть свадьбу.

Я слушала, раскрыв рот, пораженная столь трогательной историей любви. У меня не осталось сомнений в силе лавандовой ветви. Она не только помогала встретить новую любовь, но и найти потерянную.

— Я очень за вас рада, мисс Флетчер, от всего сердца!

— Селина, я должна отблагодарить вас.

— Меня?

— Да, вас. Я уверена, что это магия. Ваш талисман сработал!

— Шерил, не благодарите меня, не думаю, что дело в самом деле в ветви… — возражала я, хотя все мои мысли крутились вокруг ветви, поднятой однажды Дьяволом, и вокруг историй других посетительниц. — Я очень рада, что вы наконец нашли свое счастье.

— У меня к вам предложение.

Я затаила дыхание. Все происходящее казалось чьим-то розыгрышем. Как могла судьба свести нас здесь?

— Мы ездили в Бирмингем не только по делу, но и для встречи с вами. У нас есть бизнес-центр в восточной части Лондона, «M&Sh», и мы хотим переделать первый этаж под кофейню. Не весь, конечно, но суть в том, что мы хотели предложить вам открыть филиал «Лавандовой ветви», вы бы получали пятьдесят процентов.

Я собиралась себя ущипнуть, чтобы удостовериться, что это не сон, и не потерять сознание. Это точно происходило со мной?

— Селина… — Шерил чуть пригнулась, заглядывая мне в глаза. — Вы что-то побледнели. В общем, вот вам наша визитка, вас, кажется, уже заждались.

Шерил указала рукой на огромную очередь, с которой никак не могли справиться Аннэт и Гарольд.

— Вы все равно обладаете правами на кофейню, и, судя по всему, деньги вам нужны. А нам нужно приличное, приятное место, где наши сотрудники смогут как следует отдохнуть, попивая вкуснейший кофе в Англии. Что-что, а ваш кофе мы вспоминаем до сих пор и сейчас пьем с наслаждением, — улыбнулась белоснежными винирами Мадлен.

— Я... не... спасибо... — пробормотала я так, словно у меня онемела челюсть.

Но роскошные блондинки, они же сестры и, как оказалось, владелицы собственного бизнес-центра, уже скрылись за дверями кофейни, оставив меня в толпе посетителей и с ошалевшей головой.

Отработала я этот день как беспощадный киборг, делая кофе, бегая из одного угла в другой. Несколько раз я даже оглянулась посмотреть, не выросли ли у меня крылья, иначе почему я почти летала от счастья? Аннэт, как и Гарольд, несколько раз пыталась выпытать, о чем же таком важном со мной говорили блондинки, но я отвечала уклончиво мол, обратились с деловым предложением, без подробностей. И даже ночной ливень не испортил моего настроения. Я бежала домой, шлепая по лужам, подпрыгивая, улыбаясь, подпевая Брайану Молко на припеве «First day»...

Время близилось к полуночи, когда я вышла из душа и легла в постель, разглядывая переливавшуюся золотистыми тонами визитку сестер Флетчер. Во время разговора я была настолько ошарашена предложением, что не смогла выдавить из себя ни вопроса, ни ответа, а теперь самое время подумать. Эйфория радости чуть угасла, подключился здравый смысл. Открыть «Лавандовую ветвь» в Лондоне? Бесплатно? Разве это не мечта?

Но что-то заставляло сердце сжиматься, а затем неровно отбивать ритм. Смогу ли я работать в бизнес-центре? Должна ли я работать в своей кофейне? Ведь сестры напрямую сказали о том, что я буду иметь процент с выручки, даже не находясь в городе. Разве можно было отказаться от такого предложения?

Как же мне не хватало Райана, который всегда умел рассуждать здраво и прогнозировать будущее! Он бы точно заставил меня согласиться и нашел бы уйму плюсов. А еще я бы не лежала сейчас в пустой, холодной постели… меня бы ласкали его сильные руки, раскаленные от желания, и…

Так, что-то я увлеклась. От запретных желаний свело бедра и низ живота, пришлось сжаться в клубочек и дождаться, пока отпустит. Я открыла календарь на телефоне — до окончания контракта с Эльбергом три дня. Семьдесят два часа. Два рабочих дня и один выходной… Я не позволила себе заходить дальше и грезить о том, как пройдет наша встреча.

Я засыпала с твердым решением принять предложение сестер Флетчер. Завтра же договорюсь с ними о встрече в выходной, мы все обсудим и оформим, и тогда я буду спокойна и счастлива.

А еще счастливее буду, когда встречу Райана. Может, неспроста жизнь ударила меня и направила в Лондон? Не лишись я кофейни, случилось бы то, что случилось? Кто знает. Теперь у меня появилась надежда. Не одно лишь упрямое стремление восстановить справедливость и обеспечить себе доход, а гарантия возвращения моего родного лавандового гнездышка и стабильных финансов.

И перед тем, как мое сознание погрузилось в сон, я вспомнила о лавандовой ветви: Райан, вернувший мне ветвь после первой встречи; Мэттью, сохранивший веточку Эбигейл; Дороти, нашедшая своего мужчину, круто изменившего ее жизнь; Шерил Флетчер, страдавшая от одиночества и несчастной любви, получившая ветвь и встретившая, казалось бы, давно утерянную любовь. Было ли это совпадением? Или талисман, о котором бабушка Корнелия рассказала своей маленькой внучке, действительно работал? Не знаю, как вы, а я предпочту верить в его силу и продолжу дарить одиноким сердцам надежду, как только верну свое детище.

* * *

«M&Sh» оказалось высоченным стеклянным зданием с пустующим первым этажом. Окна были тонированы так, что увидеть происходящее внутри оказалось невозможным. Первые буквы имен сестер, выведенные на внушительной металлической конструкции, украшали крышу здания. Я нервно сглотнула, поправила длинное синее платье — единственную вещь в моем гардеробе, которая подходила под формат деловой встречи, — и вошла внутрь. Мадлен и Шерил назначили встречу в своем офисе, то есть на тринадцатом этаже. Охранник недовольно смерил меня взглядом, выпытал цель визита, нахмурился и обглоданным карандашом указал в сторону лифта.

Найти нужную дверь тоже оказалось непростой задачей, потому что по обе стороны от лифта тянулись длинные коридоры. Бродя по офисному лабиринту, я подумала, что дверь начальниц явно должна выделяться на фоне однотипных серых массивов, и так оно и вышло — я наконец врезалась в стеклянные двери офиса блондинок.

— О, Селина! — воскликнула Мадлен после того, как мой нос впечатался в ее дверь. — Заходи!

Внутри было просторно, стиль — минимализм: два стола, пара ящиков, широкие модные стулья и кулер с водой. Мадлен схватила меня за плечи, почти впившись длинными острыми ногтями, пока усаживала на стул. Шерил лучезарно улыбалась — я просто залюбовалась ее улыбкой. Какой она оказалась красавицей! И помолодела сразу лет на десять.

— Ты принесла документы? — спросила Шерил.

— Да. Я хотела уточнить, обязательно ли мое присутствие в кофейне?

— Ты о самой работе? Нет, конечно. Но нам бы очень хотелось, чтобы ты обучила персонал, который мы подберем.

— Вы ведь можете выбрать лучших из лучших! — удивилась я.

— Как оказалось, нет. Я же говорила тебе как-то, что перепробовала множество кофе, но запомнила только твой, — пожала плечами Мадлен, кладя договор на стол.

Я пробежалась глазами по всем важнейшим пунктам, пытаясь совладать с сердцем, бьющимся канарейкой в клетке, и попросила ручку. Сестры вручили мне несколько образцов дизайна интерьера. Я выбрала тот, что был больше всего похож на старую добрую «Лавандовую ветвь»: сиреневые стены, корзинка лаванды, новейшая кофемашина, белые металлические стулья и столы с изящным орнаментом, мягкие диванчики у панорамных окон. Затем я внимательно прочла три варианта меню и выбрала то, что показалось более сытным, раз уж в кофейне ежедневно будут питаться голодные сотрудники. Наша беседа длилась не более часа.

— Мы очень рады сотрудничеству, Селина, — пожала мне руку Шерил.

— А я-то как рада! Спасибо вам огромное за такую возможность!

— Приезжай в любое время, если захочешь принять участие в подготовке. Думаю, через месяц кафе будет открыто. Так что не строй планов на конец августа, ты нам понадобишься, — улыбнулась Мадлен, на этот раз сиреневыми губами.

— Обязательно! До встречи!

— Езжай, девочка. Пусть у тебя все будет хорошо, — как-то слишком сердечно прошептала Шерил.

Я улыбнулась, закусив губу и почувствовав себя довольной школьницей, хотя только что проявила себя настоящей бизнес-леди. Покинув офисное здание, я позвонила Дейзи. Уже неделю она восстанавливалась после пересадки.

— Мисс Лаванда, привет! — Голосок у нее был хриплым и тонким. — Как дела?

— Привет, Маргаритка! У меня все хорошо, лучше расскажи о себе. Как твое состояние?

— Врачи говорят, я иду на поправку, но очень-очень слаба. Кажется, все приживается.

— Чудесно, милая. Чем занимаешься?

— Скучаю. Очень скучаю по Рири и по тебе. Скорее бы вас увидеть! Да и вообще здесь очень скучно, я в стерильном изоляторе.

— Детка, еще немного потерпи, мы придем к тебе сразу, как только разрешат.

— Рири почему-то теперь пишет мне только на почту. Говорит, что-то с телефоном. Дурацкая у него командировка какая-то...

— Да? — постаралась как можно спокойнее выпалить я. — О да, мне он тоже пишет только на почту. Ничего, скоро починит телефон.

Врунья из меня никудышная.

— Ладно, Селина, меня что-то снова клонит в сон…

— Спи, котенок, спи и отдыхай. Не падай духом, очень скоро встретимся!

— Пока, Сел. Жду встречи.

Я опустила телефон и села на ближайшую скамью, подключив наушники. После разговора с Дейзи было сложно продолжать радоваться моим удачным обстоятельствам. Пока мои разрушенные мечты восставали из руин, невинный ребенок с самыми обыденными желаниями не видел мира дальше палаты. Моментально накатила грусть, я откинула голову и взглянула на небо. Перистые облака никуда не спешили, прикрывая солнце. Может, жизнь и состояла из разных оттенков, но особенно остро ощущались лишь белые и черные цвета. В последнее время моя жизнь превратилась в зебру: не успевала я отойти от черной полосы, как появлялась белая, и наоборот. И сейчас, после удивительного, невообразимого шанса, предложенного сестрами, я чувствовала приближение следующего скачка.

Стараясь отогнать дурные мысли, я напомнила себе, что вообще-то завтра у Райана истекает контракт. Сколько бы я ни прокручивала в голове варианты нашей первой встречи, первым делом я прыгала в его объятия. Иногда срывала рубашку. Затем ругала себя, ведь как-никак Дьявол предал меня и следовало хорошенько его проучить и отчитать, поводить за нос, оттянуть встречу. Но у сердца были свои планы, от которых содрогалось нутро.

Прогуливаясь по Лондону, я зашла за чаем (от кофе, признаться, уже подташнивало), перекусила легким салатом и пошла в сторону дома. Как раз тогда мне и позвонил Пабло.

— Привет, мелкая.

— Ха-ха! Привет, братец. Как дела?

— У меня-то все хорошо, звонил матери, она сказала, ты перекочевала в Лондон.

— Все верно.

— И что ты там забыла?

— Работаю! Без денег нынче никуда.

— Селина, ты ведь понимаешь, я не об этом спрашиваю. Этот твой conquistador…*

— Пабло, какой ужас. Твой испанский с британским акцентом отвратителен! Не ухажер, а… Короче, все у меня нормально. Лучше расскажи, как Ева.

— Вот с детства у тебя эта дурная привычка: либо меняешь тему, либо вопросом на вопрос отвечаешь! Что с кофейней?

— Выкупили.

Вообще-то ее правда выкупили. А вот как — другой вопрос.

— Ты продала ее *сама*? По собственному желанию?

— Пабло, дорогой, умоляю, смени пластинку, это не та тема, которую я бы хотела обсуждать.

---

* Ухажер *(исп.)*.

Скоро «Лавандовая ветвь» откроется в Лондоне, тебе не о чем переживать.

Брат тяжело выдохнул — кажется, мне удалось его успокоить, даже обрадовать. Пока он рассказывал о том, что Мэттью каждые выходные помогал ему с ремонтом детской, который завершился буквально на днях, и о том, что Ева чувствует себя прекрасно и с нетерпением ждет дня, когда им назовут пол малыша, я добралась до дома. В почтовом ящике меня поджидало новое письмо, упакованное в такой же пергаментный пакет, что и прошлое.

Моя милая девочка!

Уже завтра я распрощаюсь со своим криминальным прошлым. Не знаю, как ты отреагировала на первое письмо, может, разорвала не вскрывая, и с этим поступишь аналогично, но я все же попытаюсь. Напишу.

Во-первых, проверь свой банковский счет. Знаю, это меня не оправдает, но… я попытался сделать хоть что-то, чтобы облегчить твои страдания. Как бы мне хотелось обнять тебя, быть рядом в это трудное время, целовать твои мягкие, полные губы, дышать ароматом лаванды — тобой.

Во-вторых, я бы очень хотел увидеть тебя. Завтра же. По воле судьбы Эльберг назначил мне встречу в Лондоне. Если ты готова поговорить со мной, давай встретимся по адресу, который я указал на обратной стороне, в двенадцать часов дня.

«Я готов ползти к тебе снова и снова…»

Твой Дьявол.

Слова из песни я прочла, слыша голос Райана, отчего невольно подкосились колени. Если бы он только знал, как я сгораю от нетерпения перед встречей! Так, он упомянул мой счет, зачем же? Недолго думая, я позвонила в банк и попросила уточнить свое состояние.

— Сто пятьдесят тысяч фунтов, — резво ответила барышня.

— Сколько?!

— Сто пятьдесят…

— Эм… спасибо, большое спасибо!

Я бросила трубку. Горели уши, щеки, да даже кончики пальцев! Райан действительно перевел мне весь заработок?! Вот же болван! А как же Дейзи?! Нет, так дело не пойдет, завтра же скажу ему, как глупо с его стороны отправлять мне такие суммы. Знаю, он пытался загладить свою вину, но в первую очередь дело не в деньгах. В банальном доверии! Ох, Райан… ты заставляешь меня испытывать ненависть, любовь, отчаяние и непреодолимое желание одновременно. Скажи мне пять лет назад, что кто-то будет иметь надо мной такую власть, да я бы рассмеялась ему в лицо!

Прочитав адрес, я удивилась — место было отдаленное от центра, близ пригорода. Ну и ладно, ради этой встречи я была готова лететь хоть на край света. Какая я, наверное, глупая и доверчивая. Побранив себя, я все же завела будильник на девять утра, отпросилась у Гарольда и быстро уснула.

ГЛАВА 26

РАЙАН

ПОЖАЛУЙ, ЭТО БЫЛ самый тяжелый месяц в моей жизни. Я был раздавлен не только морально, но и физически. Эльберг завалил меня грязной работой и бумажной волокитой. Я пахал без выходных, что тоже было в новинку. Видимо, этот мерзавец решил конкретно потрепать мне напоследок нервы. Однако я все преодолел и уже завтра стану свободным, счастливым человеком — с этой мыслью я засыпал и просыпался каждый день. Эта мысль меня мотивировала, зажигала.

Дейзи проходила курс реабилитации после успешной пересадки, и я каждый день звонил в больницу, чтобы узнать, когда смогу навестить свою девочку. Врачи настаивали, что нужно подождать еще хотя бы две недели, и я смирился ради ее же блага, хотя и хотел приехать к ней в первый же выходной. Я не видел ее больше месяца — мы никогда не расставались так надолго. Дейзи была расстроена, во время каждого телефонного разговора я чувствовал, что она сдерживает слезы и вот-вот расплачется. Что говорить, у меня самого после этих звонков глаза были на мокром месте.

Не менее важна в моей «мотивационной программе» была встреча с Селиной. Я позволял себе фантазировать, мечтать и воображать о том, как коснусь ее, поцелую, прижму к себе... Да, я мечтал, потому что понятия не имел, захочет ли она меня видеть. И я не стал бы осуждать ее, если бы она не пришла, просто не имел на это права. И все же... позволил себе думать о ней.

В поезде до Лондона я смотрел в окно и вспоминал девушку из автобуса. Девушку, задорнее и целеустремленнее которой мне не доводилось встречать. Девушку, от которой у меня, как у мальчишки, дрожали колени. Девушку, чье имя, взгляд и звонкий смех невозможно было забыть. Разлука могла отдалить нас, могла остудить чувства, но мои лишь вспыхивали. С ней все было как в первый раз. И я улыбался как придурок, слушая «наши» песни.

На вокзале меня встретило такси. Я знал, Селина где-то поблизости и совсем скоро (возможно) приедет ко мне. А пока мне предстояла беседа с Эльбергом, и я не знал, чего от него ждать. Он снял мне дом на двое суток, чтобы, по его словам, я отдохнул после долгой работы и дороги и только потом решил, куда двигаться дальше: оставаться в Лондоне или отчаливать в Бирмингем. Я-то уже знал ответ на этот вопрос — два самых главных человека в моей жизни сейчас находились в столице, о каком Бирмингеме могла идти речь?

Итак, нанятый Эльбергом таксист вручил мне ключи от дома, и я вышел из машины. Домик стоял на отшибе, между ним и следующими жилыми домами было несколько километров. К чему такая уединенность? Сам дом был узким, двухэтажным, построенным из крупного камня цвета мокрого асфальта, с чуть покосившейся крышей из темной черепицы. Я провернул ключ и вошел. Кстати, довольно уютное жилище в стиле старой Англии. На первом этаже даже выложили камин. И я чуть не подпрыгнул, когда из напольных часов вылетела кукушка, сообщая, что уже одиннадцать часов.

Я заглянул на кухню: маленькое помещение, кое-как вместившее все самое необходимое. Холодильник, естественно, пуст, хорошо, что я позавтракал в поезде. В душе зародился незнакомый мандраж. Что это? Предчувствие? Нервозность? И все же я присел, чтобы поменять сим-карту и наконец быть доступным для Селины. Помимо того что Эльберг запретил мне с ней видеться, он еще приказал заменить номер — мол, работа грязная и мое присутствие не должно себя выдать. Не в моих интересах было перечить ему, когда до конца контракта оставались считаные дни. Мало ли что могло взбрести в голову этому психопату. Как только я закончил с телефоном, в дверь постучали.

— Здравствуй, Райан, — учтиво поклонился Эльберг, когда я открыл дверь.

— Добрый день. Вы полным составом?

— Может, впустишь для начала?

Вообще-то мне хотелось захлопнуть дверь перед их носом. Зачем Эльберг привел Делла и Марти, мне было неясно. То, что с ним был Билл, — вполне ожидаемо. Но парни? Где тогда Гас?

— Билл, документы, — бросил Эльберг.

Билл, который всегда копировал стиль хозяина, одернул серый, как и у шефа, пиджак и, достав из сумки бумаги, протянул мне.

— Вот, здесь договор, — продолжил Эльберг. — Прочитай и подпиши. Он о том, что я больше не нуждаюсь в твоих услугах и что отныне ты свободен, однако должен держать язык за зубами и никоим образом не упоминать о своей деятельности, о моем существовании и обо всем в целом ни одной живой душе.

Я взял бумаги и оглядел ребят. Делл нервно постукивал пальцем по руке, по привычке причмокивая языком. Глаза Марти бегали по дому — казалось, он избегал встречаться со мной взглядом. Эльберг же довольно улыбался. Что-то здесь было нечисто. Следовало поскорее поставить подпись и избавиться от этих омерзительных гостей. Как только я подошел к столу и погрузился в чтение, крутя ручку в пальцах, зазвонил мой телефон.

— Алло!

— Эванс, сделай вид, будто говоришь с Дейзи.

— Привет, милая, — ответил я Гасу. От напряженного голоса напарника пересохло во рту. Я выпрямился и сконцентрировался. — Как ты? Что говорят врачи?

— Слушай внимательно. Возможно, я опоздал и они уже у тебя. Эванс, они собираются тебя устранить.

Эльберг и его прислуга следили за каждым моим движением, и я начал расписываться в договоре, чтобы не выдать дрожь в руках и выступивший на лбу пот.

— Правда? И когда можно будет навестить тебя?

— Мы с ребятами уже едем, ты только продержись там, ладно? Совсем скоро будем. Эванс, будь начеку!

— Хорошо, детка, я обязательно приеду, — выдавил я улыбку и закончил разговор.

Аккуратно положив телефон на стол, я понял, что не могу позвонить копам — меня пристрелят раньше, чем я найду укрытие. Значит, чутье меня не подвело — Эльберг не просто так привел ко мне всю свою свиту.

— Что так долго? — недовольно рявкнул Эльберг.

— Вы же сами сказали, чтобы я прочел договор. Вот читаю, прежде чем поставить последнюю подпись, — усмехнулся я.

Я не мог даже взглянуть на них, чтобы понять, у кого из ребят пушка. Наверняка Эльберг дал указание застрелить меня либо Деллу, либо Марти, и, судя по тому, как Марти нервничал, это должен быть он. Неужели он правда собирался выполнить этот приказ? После того, как мы полгода проработали бок о бок? Что волновало меня сильнее, так это то, как оттянуть время до приезда Гаса и каких-то там ребят. Но как только я встал из-за стола и поднял взгляд, то увидел Марти, держащего в руках пушку с направленным на меня дулом.

— Тебе звонила племянница, верно? — ухмыльнулся Эльберг.

Он жестом подозвал Билла и направился к выходу.

— Как жаль, что ты обманул девочку. Ты ведь не сможешь к ней приехать. Не сможешь больше переступить порог этого дома. К твоему сведению, ты устал от жизни и уехал в другой город, чтобы побыть в одиночестве, и там тебя озарила прекрасная идея — свести счеты с жизнью.

Я слушал его, не сводя глаз с пистолета. Когда он выстрелит, успею ли я пригнуться? Стоит ли дергаться сейчас или я тут же буду застрелен?

— Ты, кажется, не удивлен? — погромче спросил Эльберг. Вероятно, его раздражало мое молчание. — А как же мольба о пощаде?

— А есть ли смысл, Эльберг? Мне ли не знать, как ты решаешь проблемы?

— Ай-ай-ай, Эванс, ты ведь только что подписал договор. Мы никогда не были знакомы, забыл? Марти, кончай с ним.

После этих слов Эльберг открыл дверь и вышел, Билл последовал за ним. Не успел я обратиться к Марти, чтобы убедить его не стрелять, как услышал выстрел. Удивительно, но в этот момент я думал не о боли, а только о том, что так и не успею обнять Селину и услышать ее смех.

ГЛАВА 27

Я НАДЕЛА ЛЮБИМОЕ ПЛАТЬЕ Райана, то, в котором он впервые увидел меня в кофейне. Красное, в пол, расшитое мелкими белыми цветочками. Густые волосы только расчесала, накрасилась и выглядела отлично. Так мне казалось. Нервничая, я искусала все губы и все же была несказанно счастлива. Даже погода соответствовала моему настроению, озаряя ярким солнцем. Из дома я вышла раньше, чем планировала, и, судя по навигатору водителя такси, к Райану приеду тоже раньше.

Меня накрыли странные чувства. С одной стороны, я испытывала жуткий страх, как перед экзаменом, с другой — нетерпение, как если бы точно знала минуту и секунду, когда исполнится мечта. Водитель, кажется, заметил, что я беспрерывно одергиваю платье, волосы и хрущу пальцами.

— Нервничаете?

— Есть немного, — призналась я.

— Экзамен?

— Не совсем, — улыбнулась я.

— Ну да, судя по адресу, мы едем не в университет.

Да и я уже не студентка. Но это ему знать было не обязательно. Когда дамочка из навигатора сообщила, что до пункта назначения осталось два километра, я и вовсе задрожала.

— Тот дом? — спросил водитель, указывая пальцем на ближайшую постройку.

— Наверное. Остановите, я дойду.

Сил моих не было больше сидеть на месте. Расплатившись, я устремилась к дому. Вдали вопила полицейская сирена. Стоило мне ступить на газон, раскинувшийся по обе стороны от тропинки, ведущей к домику, дверь распахнулась. Я подумала, что Райан заметил меня через окно и решил встретить лично, однако из дома вывалилась странная парочка — низкорослый мужчина с противными усиками и длинный сутулый парень. На них даже костюмы были одинаковые. Усатый коротышка, явно о чем-то задумавшись, буквально налетел на меня.

— Вот же черт! — выругался он, затем взглянул на меня. — Твою мать, Билл!

Я опешила. Что это за манеры такие?! Но спустя пару секунд вдруг догадалась, кто это мог быть. И не ошиблась. Коротышка схватил меня за руку, да так крепко, что я вскрикнула.

— Билл, с ней тоже придется разобраться! Слышишь ты меня или нет, сукин сын?!

— Вы что, ошалели?! Руки прочь! — взбунтовалась я, отбиваясь от негодяя сумкой.

Мне удалось вырваться из его цепких лап и, увернувшись от Билла, подбежать к входной двери. В эту же секунду прогремел выстрел.

Да, моя жизнь — сплошное дежавю. Услышав выстрел однажды, я встретила таинственного мужчину с дьявольским взглядом. Услышав его сейчас, я замерла, застыла вместе со временем, потому что тот самый мужчина схватился за грудь и свалился на пол, истекая кровью. Я кричала так громко, что Эльберг и его сутулый двойник зажали уши. Когда голос сорвался до хрипоты, я быстро задышала и решила действовать. Билл уже собирался схватить меня, когда я шагнула в дом и встретилась с двумя брюнетами. Один держал в руках пушку, намереваясь выстрелить повторно, второй, заметив меня, отшатнулся и схватился за лоб.

— Марти, эта сумасшедшая…

Вместо того чтобы бежать к Дьяволу или молить о пощаде, я сиганула Марти на спину и принялась дубасить его кулаками. Он, пытаясь сбросить меня, старался направить пистолет мне в голову.

— Ублюдок, брось пистолет! — орала я ему в ухо.

— Демониха… это демониха! — причитал Делл.

— Селина, слезай! — позвал знакомый голос.

Я обернулась, сдувая с лица взъерошенные от борьбы волосы. Гас протянул ко мне руки и помог спрыгнуть с Марти. За дверью вопили сирены скорой помощи и нарядов полиции. И только услышав их, я обратила внимание на одежду Гаса — это была полицейская форма.

— Гас? — прошептала я, оглядывая его с головы до ног.

— Объясню позже, нам нужно повязать ублюдков. Я пытался предупредить Эванса и… — Гас повернулся, прищурился, а затем сильнее сжал мои пальцы. — Господи, Райан! Эй, скорая, сюда!

Когда в дом вошел фельдшер, я опомнилась: в Райана стреляли! Оттолкнув Гаса, я понеслась к Райану и опустилась на пол, схватив его за руку.

— Вот я и приполз к тебе, милая… — пробормотал он.

— Заткнись, Эванс, и не смей закрывать глаза, слышишь?

Я говорила бойко, в то время как на меня накатывала паническая атака. Если я позволю себе разрыдаться, задрожать, прийти в ужас при виде раны и расплывающейся крови, то не смогу помочь Райану, а этот Дьявол просто обязан остаться со мной. Он не посмеет умереть, не посмеет!

— А я боялся, что так и не успею с тобой встретиться. Что ты не… — Райан откашлялся. — Не придешь…

— Мэм, отойдите сейчас же! — рявкнул фельдшер.

Райана погрузили на каталку и повезли к скорой.

— Я поеду с вами!

— Нет.

— Пожалуйста… Райан, Райан я с тобой, слышишь?! Держись!

Не знаю, услышал ли он меня, ведь фельдшер захлопнул дверцы прямо перед моим носом, водитель тут же съехал на дорогу и помчался вперед. Мне вдруг стало холодно. Не от порыва ветра и даже не от начинающегося дождя. Стало промозгло от страха, который пробирал каждую клетку тела. Ощутив на своих плечах чьи-то горячие ладони, я вздрогнула.

— Селина…

— Гас, какого черта?!

Вот и все. Слезы, которые я так усердно сдерживала, полились градом, смешиваясь с каплями дождя.

— Пойдем в машину.

* * *

Мы с Гасом ехали следом за скорой, он выяснил, в какую больницу везут Райана. Половину пути я молчала, пытаясь осознать случившееся. Внутри разрасталась черная дыра страха и пустоты. Эльберга, Делла, Билла и Марти увезли другие полицейские.

— Гас… — заговорила я шепотом. — Что все это значит?

— Все просто, Селина, я работал под прикрытием, — ответил Гас, напряженно следя за дорогой. — Я пришел к Эльбергу четыре месяца назад.

— Почему так долго ждал?

— Долго? — усмехнулся Гас. — Некоторые по году состоят в бандах, например, когда требуется вычислить крупных наркодилеров.

— Тогда почему сейчас?

— Эльберг впервые предстал передо мной лично чуть больше месяца назад. Помнишь, я пришел к вам и рассказал о собрании? На тот момент мне еще не удалось вычислить все нити, ведущие от Эльберга к другим бандам, чтобы засечь как можно больше криминальных авторитетов. Я собирался поработать еще пару недель, но сегодня утром узнал о том, что приготовили Эвансу, и решил, что пора. Только вот… не успел.

— Не говори так. Райан выкарабкается, — скорее убеждая себя, возразила я. — Он был в сознании, значит, пуля попала не в сердце.

— Куда ж он денется… — неуверенно ответил Гас.

— Но ведь Райан тоже работал на Эльберга, разве ты не должен повязать и его?

Гас загадочно улыбнулся, закурил сигарету и ответил:

— Давай вернемся к разговору в студии Эванса. Знаю, вы слишком переживали о положении твоих дел, чтобы обратить внимание на мои завуалированные намеки. Я сказал Эвансу, что хорошо к нему отношусь и знаю, что он человек честный, вынужденный зарабатывать нечестным путем. За эти четыре месяца я присмотрелся к нему и заметил, каких страданий ему стоит вынужденное сотрудничество с бандитами. Тогда я попросил его не делать глупостей, чтобы я не усомнился в его доброте и честности. Райан был и остается моим другом. Да, мы работали вместе всего ничего, однако успели сблизиться.

— Значит, ты сделал ему поблажку, потому что он хороший друг? — истерично хихикнула я.

— Нет, Селина. Из всех этих уродов он единственный, кто не перегибал палку. Конечно, дело еще в том, что Эльберг сразу его раскусил и давал простейшие задания, в основном оформление бумажек, потому что Райан был самым образованным из нас всех.

Я не знала, что на это ответить. Поблагодарить? Да, стоило сказать Гасу хотя бы спасибо, но ни на что не осталось сил. Хотелось одного — скорее добраться до чертовой больницы и убедиться, что Райану ничего не грозит.

— Значит, ты его простила? — вдруг спросил Гас, выкручивая руль в сторону подъездной дорожки.

— А?

— Ну, Эванса за продажу кофейни?

— Если честно… прямо сейчас меня это мало волнует.

— Вывод: чтобы девушка тебя простила, нужно словить пулю! — рассмеялся он.

Его смех на фоне недавних событий показался неуместным, но я снова промолчала — в конце концов, каждый по-своему справляется со стрессом. Выйдя из машины, я зашагала неверной походкой. Гас уточнил, куда повезли Райана, медсестра ответила, что он в реанимации. Ему делали операцию.

— Мы подождем, — не терпящим возражений тоном произнес Гас.

— Как скажете, сэр. Третий этаж, левое крыло, — недовольно бросила медсестра и тут же переключилась на телефонный звонок.

— Пойдем, Селина.

Гас взял меня за руку, но я не могла даже ощутить его прикосновений. Все тело было натянуто, как тетива, вот-вот грозившая оборваться. Прижимая сумку к животу, я плелась по коридорам и лестницам, а затем упала на стул и принялась сверлить глазами дверь с табличкой «Операционная».

— Все будет хорошо… — тихо подбодрил Гас.

Мы ждали несколько часов, пока из помещения не вышел рослый мужчина в маске и шапочке. Чего я только не успела себе напридумывать! При самых страшных мыслях меня мигом окатывало паралитическим ужасом. Сердцебиение так ускорялось, что темнело в глазах. Я вскочила и бросилась за доктором, поскольку он спешно удалялся.

— Мистер… доктор… скажите, как он?

— Кто «он»?

— Вы ведь оперировали Райана Эванса? Пожалуйста, остановитесь на секунду, просто ответьте: он жив?

Доктор все же остановился и посмотрел на меня усталыми глазами. Затем тяжело выдохнул и произнес:

— Операция прошла успешно. К счастью, никаких жизненно важных органов не задето. Пуля прошла рядом с сердцем, не задев аорту. Сейчас состояние стабильное, вы можете прийти завтра, чтобы навестить его. Извините, мисс, мне пора. — С этими словами он развернулся и ускорил шаг.

Состояние стабильное. Райан жив. Завтра я смогу его увидеть. А теперь главное — не скакать от радости по всему коридору, чтобы врачи меня не повязали и не отправили в больницу для душевнобольных. Вернувшись к Гасу, я пересказала ему все, что узнала.

— Отлично! Я же говорил, все будет хорошо! Эванс и не из такого выбирался!

— Что? — ахнула я, вспоминая тело Райана. На нем не было шрамов, это точно.

— Весной мы улепетывали от одной банды, — довольно улыбнулся Гас. — Дело было на окраине Бирмингема, в нас выпустили столько пуль, что мы не поняли, как остались в живых.

— Райан не рассказывал…

— Я бы тоже не стал рассказывать о подобном жене. Знаешь ли, не самые приятные истории.

— Так ты женат?!

— Конечно. Хелен сейчас в Шотландии — на тот случай, если бы Эльберг узнал о моем истинном положении раньше положенного.

— Да просто мексиканский сериал какой-то! — хлопнула руками по коленкам я.

— Не говори! Ну что, Селина, отвезти тебя домой? — спросил Гас, приподнимаясь со стула.

— Да. Вернусь сюда завтра.

Дома я чуть не уснула прямо в прихожей и все же заставила себя добраться до постели. Сны мне снились кошмарные, полные крови и выстрелов. Утром я долго просидела, уставившись в одну точку, от нервного истощения подташнивало. Приняв душ, я надела удобные джинсы с футболкой, собрала сумку с фруктами и выпечкой и уже подошла к двери, когда вспомнила кое о чем. Об одном забытом обещании. Взяв листок и ручку, я, улыбаясь, медленно заполнила строки, затем аккуратно свернула лист и поспешила в больницу.

* * *

Слишком часто мне приходилось видеть людей в больничных палатах. Наверное, я должна радоваться тому, что болела не я, но недуги близких всегда вызывали больше переживаний и страхов, чем собственные. Я долго воевала с медсестрами, но все-таки смогла пробраться в палату Райана.

Он был похож на ангела в теле Дьявола, дышал спокойно и размеренно, руки покоились на груди, ресницы отливали бронзой и подрагивали. В меру полные губы чуть приоткрыты, — я не удержалась и нежно коснулась их своими. Сердце стучало как бешеное, в то время как датчики на груди Райана отмечали семьдесят ударов в минуту.

Я час просидела в ожидании, но Райан так и не проснулся, а я опаздывала на работу. Оставив записку на прикроватной полке, я положила сумку со всякими вкусностями на стол и уехала с тяжелым сердцем.

ГЛАВА 28

РАЙАН

ОТКРЫВ ГЛАЗА, Я ПЕРВЫМ делом произнес ее имя. Мне казалось, она все еще стоит передо мной, а я продолжаю лежать на полу в злосчастном доме. Но Селины рядом не оказалось, не было и дома, в котором мне устроили засаду. Меня окружали медицинские приборы, столы, стул и кровать, на которой я, собственно, покоился. Во рту жутко пересохло, и я нашел кнопку вызова персонала, не зная, можно ли мне вставать, потому что плохо чувствовал тело. Через минуту в палату вошел доктор:

— Добрый день, мистер Эванс. Рад, что вы наконец проснулись. Меня зовут Сэм Хастингс, я ваш лечащий врач.

— Воды…

Сэм Хастингс встал, наполнил стакан и принес мне.

— Вчера вам провели операцию и извлекли пулю. В принципе, через четыре-пять дней вы можете написать расписку и отправиться домой, но рану придется обрабатывать самостоятельно либо посещать стационар.

— Да, я не могу засиживаться, — кивнул я.

— Вы, вероятно, чувствуете онемение конечностей? Не переживайте, капельница насыщает вас обезболивающим.

— Спасибо огромное, доктор. Спасибо всем, кто спас мне жизнь.

— Да на здоровье! — кивнул он, усмехнувшись, и собрался уходить.

— Док, подождите! Ко мне… никто не приходил?

— Вчера и сегодня здесь была темноволосая девушка. Кажется, испанка, — ответил он и ушел.

Боль как рукой сняло. Ну почти. Я воодушевился и попытался нащупать рукой телефон, но нашел только какой-то сверток. Развернув его, я рассмеялся, и боль тут же пронзила грудную клетку.

Комплимент Дьяволу,
то есть профессору Райану Эвансу.

Глаза мистера Эванса напоминают темный омут, полный чертей, но на деле они источают доброту и понимание. Его тело сложено так, словно к нему приложил руку античный скульптор, который случайно пролил бронзовую краску на его волосы. Мистер Эванс играет на рояле так красиво, что захватывает дух, уносит ветром далеко от горестей и печали. Поет он голосом, взывающим к желанию и страсти, трепету и полному покровительству. Он мог бы учредить свою секту восхвалителей.

Мистер Эванс умен, грамотен и иногда смешон. Не обделен чувством юмора, способностью поддержать и выслушать. Будь моя воля, я бы слушала его сутками. А еще…

стыдно признаться, но я скучаю по его мягким губам, которые успела поцеловать, пока он спал.

Надеюсь, теперь ты доволен, Дьявол? Ну, что я получу за семестр по английской литературе?

P. S. Я оставила фрукты на столе, не знаю, когда тебе разрешат такую пищу. Поправляйся скорее. Или ты решил, что пуля спасет тебя от серьезного разговора?!

Я скучаю.

Я перечитал послание раз двадцать, не меньше, от улыбки болели скулы. Селина была здесь. Значит, она не ненавидела меня, раз последовала за мной в больницу. После таких новостей мне хотелось сорвать с себя все присоски, вырвать катетер и полететь на крыльях любви, чтобы скорее добраться до этой жгучей испанки и хорошенько ее… проучить. Извиниться. Что угодно, лишь бы увидеть ее!

Вечером я позвонил Дейзи. Доктор дал разрешение на встречу через неделю, и эта новость обрадовала меня с новой силой. Мы болтали с малышкой обо всем на свете около двух часов. Она припомнила, как я подкладывал ей в еду червяков, которых мы вместе копали перед рыбалкой, а я напомнил, что она разрисовала меня перманентным маркером перед важным экзаменом. Было приятно слышать, как она смеется: ее голос стал тверже, значит, она набиралась сил. Осталось привести себя в порядок и восстановить силы перед встречей с лучшими девушками земли.

* * *

Меня выпустили лишь через шесть дней, когда я смог уверенно передвигаться. Первые двое суток было нестерпимо больно двигать руками, но я слушал все указания врачей и старался разрабатывать мышцы, несмотря на боль. Селина позвонила мне на второй день, хотела приехать, но я велел ей дождаться меня. Не хотелось, чтобы она видела мою немощь. Да и как я мог стоять рядом с ней, не имея возможности прижать ее к себе?

Навещал меня только Гас. Он пришел на третий день, и я чуть не подавился пудингом, увидев его в полицейской форме.

— Значит, вот о каких ребятах ты говорил по телефону? — спросил я, дергая его за жетон.

— А что было делать? Пришлось спасать твою задницу и раскрывать карты.

— Удивил, друг. Чем все закончилось? Тебе удалось повязать этих ублюдков?

— Обижаешь, старина. Делл и Марти в ожидании суда, а Эльберг отрицает знакомство с ними и нанял себе одного известного адвоката. Ничего, я их приструню. Доказательств у меня выше крыши. Предполагаю, что адвокат предложит сделку для сокращения срока — реального или условного. Но с теми уликами, что у нас есть, условный ему вряд ли светит. И еще у меня хорошие новости. Я добился, чтобы договор о выкупе помещения Селины в доках сочли недействительным. Поддельным.

— Но… деньги…

— Эванс, восемьдесят процентов его документов поддельные. Сейчас над ними работают специалисты. Да, ты был причастен к сотворению многих из них, однако я рассказал своим об обстоятельствах выкупа кофейни, мы переговорили с адвокатом, и даже сам Эльберг струсил в надежде, что его «наградят» за содействие полиции. Так что... можешь порадовать свою девочку.

Я не знал, как благодарить друга. Он освободил меня от криминальных оков, смерти и мук совести. Пожав Гасу руку, я спросил:

— Как она, Гас?

— Селина? Работает. Когда я приехал, она висела на Марти и колотила его что есть мочи, ведь тот хотел выстрелить снова.

— Селина? Колотила Марти?

Я хохотал так, что к палате подбежала медсестра, презрительно фыркнула и удалилась.

— Это еще что, от нее ведь и Деллу досталось! В тот день, когда она пришла в доки и не увидела кофейни. Пусть она сама расскажет тебе подробности, но Делл еще неделю ходил со здоровенной шишкой на лбу! Умора!

Теперь мы хохотали вдвоем.

— Молодые люди! — ворвалась медсестра. — Позвольте напомнить, что больным нужен покой. Вы-то чувствуете себя лучше, но за стеной лежит человек только с операционного стола!

— Простите, мэм, больше такое не повторится, — поклонился Гас, прижимая руку к сердцу.

ГЛАВА 29

КАК ЖЕ ДОЛГО ТЯНУЛОСЬ ВРЕМЯ! Райан заявил, что не хочет, чтобы я видела его «не в форме», и велел ждать выписки. Хорошо, что в эти дни «У Темзы» был пик посещаемости — клиенты заходили беспрерывно, мне казалось, мы не успевали даже моргать! Всему виной летний наплыв туристов. На несколько дней мне удалось абстрагироваться и даже не вспоминать об ужасе, пережитом в том старом доме. Кровь, выстрелы, омерзительный Эльберг преследовали меня в снах, но днем я была слишком погружена в работу, чтобы грезить наяву.

В свой первый выходной я все утро пролежала в ванне, потом позавтракала хлопьями, потому что руки так болели, что на готовку их бы не хватило. Затем позвонила Эбби и радостно завопила, узнав о том, что в Лондоне скоро откроется «Лавандовая ветвь», а успокоившись, рассказала о своих делах: сборах, учебниках, Мэттью и университете.

Не успели мы попрощаться, как в дверь постучали. Из головы напрочь вылетело, что я блуждала по дому в одной черной сорочке, едва прикрывающей задницу.

— Кто там? — громко спросила я.

— Нечисть, — ответил знакомый родной голос.

Распахнув дверь, я уставилась на него. Дьявол улыбался нежно, как никогда. Он уже не был похож на подстреленного ангелочка — на пороге снова стоял крупный бородатый мужчина. Мой мужчина с кофейными глазами, морщинками на щеках и с букетом белых пионов в руках. Он смущенно сжал губы и вопросительно поднял брови, а затем окинул меня взглядом и резко втолкнул меня в дом.

— Ты что же, хочешь, чтобы тебя весь Лондон разглядывал в этой сексуальной сорочке?

Тогда-то я и обратила внимание на свой наряд и рефлекторно прикрылась.

— Что ты себе позволяешь, Эванс? Мы разве помирились? — нашлась я, дерзко отбросив волосы.

— Вот я и пришел просить прощения, — томно ответил он, протягивая цветы.

— Спасибо большое. Очень красивый букет, обожаю пионы, — хрипло выдавила я, стараясь не смотреть на него. — Пойду поставлю в вазу.

Хоть я понятия не имела, где в этом доме вазы. Дьявол сел на диван в гостиной. Я украдкой поглядывала на его крепкие руки, прикрытые рукавами белой футболки.

— А ты опасная штучка, Селина Гарсия! — заявил он, когда я вернулась.

— Что-что?!

— Наслышан о Марти. Еще и Делл проходил с шишкой на лбу неделю.

— Поделом им! — рассмеялась я. — Будут знать, что нужно хорошенько подумать, прежде чем связываться со мной. — С этими словами я плюхнулась рядом с Райаном.

— Я вот успел подумать и понял, что связаться с тобой — лучшее решение в моей жизни, — произнес Райан тихо, но решительно.

Накрыв ладонью мою руку, он сел поближе, и от этого невинного движения все во мне затрепетало. Тело стремилось к нему навстречу, изнемогая после долгой разлуки.

— Селина, ты сможешь меня простить? — спросил он, приподнимая мой подбородок и вглядываясь в лицо. Зря он так, я ведь могла и утонуть в его взгляде. — Клянусь, я больше никогда и ничем тебя не обижу, не предам. Теперь я свободен, никто не может давать мне указаний и распоряжений. Я уже говорил, что Эльберг угрожал Дейзи, и я… я просто вскипел и испугался. Знаю, мы могли поговорить, и ты бы поняла…

— Я бы все поняла, — отрезала я.

— Да… но мне дали всего сутки, и я не смог найти решение, как видишь. Но я знаю, как искупить свою вину. Помещение в доках снова твое. Договор аннулирован.

— Что?! — громко ахнула я.

— Да, Гас просил передать. Он ведь знал, как тяжело мне… то есть нам… в общем, с тобой у меня все мысли бросаются врассыпную. И деньги… ты проверила счет? Я перевел, как только…

— Остановись, — мягко попросила я, касаясь его щеки. — Райан, мне не нужны твои деньги. Потрать их лучше на Дейзи. Я простила тебя, как только получила первое письмо. Да, я должна была злиться, ненавидеть тебя, но не смогла. Сердце все время думало о тебе, и у них с разумом постоянно завязывался спор.

— Так кто же победил? — усмехнулся он.

Я взяла его руку и приложила к груди.

— Ты вошел в мою жизнь внезапно, Райан, тогда, когда это было особенно нужно. Я много думала и пришла к выводу, что все это не просто так. Ты научил меня ценить жизнь, все ее составляющие. Я долгие годы была зациклена и скована. Потеряв кофейню, я ведь не потеряла себя, близких, цели и мечты. Все это осталось при мне. Да, «Лавандовая ветвь» была и останется моим первым детищем, но еще это был мой первый шаг, первый опыт, который показал, какой сильной я могу быть. Чего я стою без поддержки дяди Майкла, хотя, конечно, мы и сейчас находимся в его квартире, но суть не в этом.

— Мне жаль, что тебе пришлось справляться со всем в одиночку. Я хотел бы быть рядом с тобой, но Эльберг тут же отослал меня…

— Я знаю, и это тоже помогло мне.

Я рассказала Райану обо всем, что со мной произошло после приезда в Лондон, о работе в «У Темзы», о встрече с блондинками и их предложении. Конечно, он был несказанно рад.

— Это нужно отметить! — Он поднял вверх руку.

— Я не прочь, — улыбнулась я и привстала с дивана, но он ловко развернул меня и усадил к себе на колени. Мы соприкоснулись носами. Я ловила его дыхание, завороженная, потерянная во времени.

— Селина… — прошептал он.

— Да?..

— Куда ты убегаешь? Неужели ты решила, что я так просто отпущу тебя?

— Я… не… — Ответить я уже не смогла, его губы коснулись моей шеи.

Один поцелуй — миллиард эмоций. Щеки вспыхнули, внутри разгоралось пламя, готовое поглотить не только меня, но и Райана. Я отчаянно цеплялась за его плечи, стараясь остаться в реальности, но как только его руки, скользнув под сорочку, коснулись груди, забыла обо всем. Забыла о днях, проведенных порознь, о бедах, преследовавших нас. Остались только мы и наши чувства.

Райан хотел приподнять меня, но вскрикнул от боли, и я взяла все в свои руки. Наша одежда была разбросана по всей гостиной, а обнаженные тела словно заново изучали друг друга.

— Было страшно? — спросила я шепотом, проводя пальцем по его перебинтованной груди.

— Страшнее было то, что я мог так и не увидеть тебя. Но когда ты пришла, я понял, что теперь уходить не больно, — ответил он, обхватив ладонями мое лицо.

— Не говори глупостей. Я чуть с ума не сошла, увидев тебя там.

— Теперь все хорошо, милая.

— Райан, я люблю тебя. Пообещай, что не оставишь меня.

— Разве что действительно умру, — ухмыльнулся он.

Я тут же крепко пихнула его в бок, и он застонал.

— Эй, раненых не бьют! — Дьявол схватил мои руки, завел их за спину и прильнул к груди. — Я люблю тебя Селина. И готов повторять это каждый день.

Он вошел в меня резко, и я нежно выдохнула его имя. Имя, придуманное мной. В этот день все было как в первый раз. Я будто заново рождалась, заново знакомилась с телом и душой Райана. Его прикосновения все так же остро отзывались тысячей бабочек, а поцелуи стирали связь с внешним миром. Но самое важное, что мы снова обрели друг друга — потерянное счастье, преодолевшее все преграды.

ЭПИЛОГ

РАЙАН

Девять месяцев спустя

ВАЛЕНСИЯ — ЛУЧШИЙ ГОРОД на земле. Честное слово. Живописные пляжи, солнце, люди, никакой спешки, никакой серости. Каждый день новая палитра цветов. Мы уже четвертый месяц жили в доме бабушки Корнелии, и я понял, откуда у Селины такая любовь к сухоцветам.

Сегодня моя невеста решила устроить нам с Дейзи экскурсию. Мы отправились в Город искусств и наук — красивейший архитектурный комплекс. Дейзи уплетала пятое по счету мороженое и держала нас за руки, задорно подпрыгивая. Первым делом мы пошли в Океанографический парк — крупнейший океанариум в Европе. Дейзи приходила в восторг при виде акул, проплывавших прямо над нашими головами. Зимой здесь мало туристов, так что нам удалось даже сделать несколько фотографий без толпы на фоне. Мои девочки смеялись, шутили надо мной, а я нарочито бранился, грозя Маргаритке пальцем. Селину я, честно, побаивался, она ведь могла запульнуть чем-нибудь мне в лоб. Та еще метательница.

Мы настолько здесь прижились, что я уже и не помнил жизни «до». Как я жил без моря? Без солнца, крика чаек, шума прибоя, любимой девушки рядом? Как прожил несколько месяцев, пока моя малышка лежала совсем одна в больничной палате? Каждую неделю мы делали вылазку, однажды даже съездили в столицу. Мадрид мне понравился, но не превзошел Валенсию.

— Сел, сфотографируй нас напротив этих гигантских медуз! — попросила Дейзи, протягивая Селине свой старинный фотоаппарат. Я подумал, что следует заменить его новым, у малышки как раз через месяц день рождения. — Рири, быстрее, сейчас уплывут в разные стороны!

Я подскочил к Дейзи и обнял ее со спины. Ее светлые волосы чуть прикрывали ушки.

— Раз, два, три! — отсчитала Селина.

Сработала вспышка. Мы с Дейзи протерли глаза и побежали смотреть, каким вышел кадр. Я поднес экран к лицу и сдвинул брови. Медузы получились отлично, только вот Дейзи на фото не было. Я обнимал воздух.

— Селина, тут какая-то чертовщина…

— Что там?

— Дейзи на кадре не видно. Переделаем?

Я взглянул на Селину, затем повернулся к аквариуму в поисках Дейзи. Ее не было.

— Селина, куда делась Маргаритка?

— Милый… — Селина полными слез глазами посмотрела на меня и осторожно обняла. — Дейзи больше нет.

— Что?! — взревел я. — Селина, о чем ты говоришь, нам нужно найти ее! Она же потеряется!

— Райан, Дейзи умерла. Очнись.

Нет-нет-нет!!! Я вскочил с постели, мокрый. В висках пульсировала боль, я схватился за голову и уронил ее на колени, беззвучно воя.

— Райан? — Селина тоже проснулась.

Мы все еще были в Валенсии. За окном гремели цикады, море беспокойно билось о камни, окно нашей комнаты было распахнуто настежь, впуская утреннюю свежесть. Только вот Дейзи не было. Она осталась лишь в моих снах.

— Снова кошмар?

— Можно и так сказать, — хрипло ответил я и встал с постели.

— Сейчас пять утра…

— Ничего, пробегусь. Тем более рано утром в кофейню приедет поставка.

— Я бы и сама…

— Ага, не вздумай. Забудь о физическом труде на ближайшие полгода, милая. Отдыхай, пока есть время.

Я оперся кулаками на постель, нежно коснулся любимых губ, затем распахнул шелковый халат Селины, оголяя округлившийся живот, и прижался к нему щекой.

— Слушайся маму, малыш, — велел я.

Селина мило хихикнула и завернулась в одеяло.

— Тогда встретимся в «Маргаритке»?

— Да. Выспись хорошенько.

Я натянул футболку, шорты и побежал. Мой путь лежал вдоль побережья, иногда я забегал в город на рынок, чтобы купить Селине ягод и фруктов, ведь сейчас ее организму нужно как можно больше витаминов. Но сегодня я бежал, всеми мыслями устремленный к Дейзи. Боль еще не отпустила, но потихоньку слабела. Малышка умерла в конце августа, даже врачи были поражены резким ухудшением ее состояния. Я утешал себя тем, что успел провести с ней целый месяц. Каждый день у нас был новый план, и Дейзи составляла его вечером, чтобы начать исполнять с утра. Будто чувствовала, что скоро уйдет, что не успеет. Мы с Селиной исполнили на ее похоронах любимую песню малышки — Сиа «Breath Me». Я играл на пианино, аккомпанируя Селине, ее голос дрожал и трепыхался на припеве:

Будь моим другом,
Держи меня, укутай меня,
Разверни меня.
Я маленькая и нуждаюсь в тебе...
Согрей меня и...
Дыши мной.

От воспоминаний щипало в глазах. Должно быть, ветер поднял песок. Я продолжал бежать, но уже улыбаясь. Судьба подарила мне второй шанс — летом я стану отцом. Как символично! Я сделаю все, чтобы Селина и малыш были счастливы. Мы будем жить, помня, какой чудесной была Дейзи, воскрешая память о ней. Каждый раз, когда я открывал двери кофейни «Маргаритка», на стене которой висел портрет маленькой Дейзи, я чувствовал — она рядом.

* * *

СЕЛИНА

Я не смогла уснуть. Дейзи все реже приходила во сны Райана, как и в мои, — горе потихоньку отпускало. Нет, я никогда не смирюсь с этой потерей, но я училась с ней жить. Казалось, жизнь только свернула на путь счастья и гармонии. Я посетила свадьбу Шерил, проконтролировала ремонт кофейни, ее открытие, персонал. «Лавандовая ветвь» заработала в полную мощь. Но конец августа принес нам горечь утраты.

Наверное, моя беременность подарила нам обоим второе дыхание. Мы сразу улетели в Валенсию воплощать мечту в реальность. Помещение в доках, которое Гасу удалось вернуть его истинной владелице — мне, я продала сразу же. К черту доки! Вырученные от продажи деньги я отправила дяде Майклу и еще очень долго выслушивала его возмущения.

Райан убедил меня, что работать в кафе «У Темзы» больше не имеет смысла, пора развиваться и думать над новой кофейней. Мы долго рассуждали, как лучше почтить память Дейзи, и я не придумала ничего лучше кофейни в Валенсии. Пусть малышка хотя бы так окажется в жаркой Испании. К концу ноября кофейня была отстроена, и мы, узнав о скором пополнении, стали думать, где нам теперь жить.

Бирмингем — точно нет. Мне нравился этот город, но душа моя в нем билась, требуя перемен. Лондон — хороший вариант, столица, идеально для обучения ребенка. Однако... сердцем мы с Райаном привязались к Валенсии. Ему даже предложили работу — позвали преподавателем в государственный университет при условии, что он параллельно окончит выпускной курс. Как тут было отказаться! Я видела, как горели его глаза, когда он возвращался с занятий. Он стал чаще улыбаться и рассказывал мне о своих студентах, университете в целом, о новых знакомых. Только тогда я и успокоилась. Если мой любимый нашел свое пристанище, которое так долго не мог обрести, то и я могла позволить называть себя счастливой.

К тому же я стала тетей. Месяц назад Ева родила прелестную пухлую девчонку, которую назвали Селена. Почти в честь тетки! Наша мама просто голову потеряла от радости — за год она дважды станет бабушкой!

Вы спросите: а как же «Лавандовая ветвь»? Филиал в Лондоне популярен не только среди сотрудников бизнес-центра. Выручка у кофейни в два раза превышает бирмингемскую, и я получаю свои проценты. Теперь я управляю «Маргариткой» и развиваю ее в Валенсии, клиентов предостаточно. Когда мы вернемся в Англию с малышом, я обязательно найду уютный уголок для своей личной лавандовой веточки… А пока всегда ношу с собой талисман, подаривший безграничную любовь и привлекший родственную душу — нечисть.

КРАТКАЯ БИОГРАФИЯ

Бакалавр по профилю «кадровый консалтинг», копирайтер, астролог, мама и автор почти десяти книг. Ведущий специалист одного из вузов Москвы. Родилась в маленьком городе Волжском, но с двух лет живу в столице, хотя всей душой принадлежу маленьким городам. Не могу жить без холодного латте с фисташковым сиропом, книг, музыки и прогулок на свежем воздухе. Свой первый рассказ написала в семь лет, а первую повесть — в четырнадцать. Считаю, что книги способны вселять веру, вдохновение, помочь пережить травмирующие события и позволить окунуться в уютный мир, спрятаться от бед.

ИСТОРИЯ СОЗДАНИЯ «ЛАВАНДОВОЙ ВЕТВИ»

Стоило мне услышать песню Arctic Monkeys «Do I Wanna Know?», увидеть Бирмингем 20-х годов в сериале «Острые козырьки», как мне пришло видение главного героя — Райана Эванса — и момента его знакомства с Селиной. Сев за рукопись, я твердо решила, что в названии должна фигурировать лаванда. Загуглив, нет ли произведений с названием «Лавандовая ветвь», я нашла несколько статей о поверье, ознакомилась с ними и сложила сюжет. На историю Дейзи меня вдохновил фильм «Последний подарок». Мне хотелось показать, как часто, добиваясь цели, мы забываем о жизни вокруг. Хотелось рассказать о людях, которым приходится заниматься криминальной деятельностью, чтобы выжить или подарить жизнь.

10 ВОПРОСОВ ОТ АВТОРА

1. Верите ли вы в старинные поверья? Взяли бы веточку лаванды из кофейни Селины?

2. Оправдывает ли цель Райана (спасти племянницу) его поступки?

3. Вы бы хотели открыть свою кофейню? Если да, опишите ее: дизайн, меню, расположение.

4. Вам приходилось брать на себя ответственность за других членов семьи?

5. Бывало ли у вас ощущение, что в погоне за мечтой/целью вы отдалились от близких и потеряли себя?

6. Есть ли у вас родные братья и сестры? С возрастом вы стали ближе или, наоборот, ваши интересы разошлись?

7. Райан бросил учебу мечты ради спасения Дейзи. Вы бы смогли так поступить? Как вы считаете, в этой жизни никто и никому ничего не должен или совесть и семейные ценности превыше всего?

8. Во время прочтения книги какое из описанных мест вам захотелось посетить? Загородный дом Райана? Тауэр? Кофейню Селины?

9. С каким из героев книги вы подружились бы? С дядюшкой Майклом или энергичной Эбби? Может, научили бы Эльберга вести дела?

10. Какое событие из книги вас особенно впечатлило? Может, вы увидели в нем себя или разозлились?

Cómo lee

En los libros
del nivel 0 de LEER
CON SUSAETA se utilizan
frases cortas y de
fácil comprensión, escritas
en letra mayúscula.
Además se incluyen rótulos de
palabras sueltas, en minúscula,
que ayudan a comprender el
texto y las ilustraciones,
dando así confianza a
los pequeños
lectores.

Dirección editorial M.ª Jesús Díaz

Textos Lucía Mora
Revisión Equipo Susaeta
Asesoramiento pedagógico María Luisa García Herrero
Ilustraciones Marifé González
Diseño de colección José Delicado
Realización y edición delicado diseño

C/ Campezo, 13 - 28022 Madrid
Tel.: 91 3009100 - Fax: 91 3009118
www.susaeta.com

D.L.: M-19727-MMXVII

aprendo a LEER CON SUSAETA

EL BURRITO PLATERO

Texto de Lucía Mora

Ilustraciones de Marifé González

MI BURRO PLATERO
ES PEQUEÑO, SUAVE
Y MUY JUGUETÓN.

ES MIMOSO
COMO UN NIÑO.

PLATERO COJEA PORQUE
SE LE HA CLAVADO UNA ESPINA
EN LA PATA.

SE LA QUITO Y VAMOS AL MAR
A PASEAR CON LAS GAVIOTAS.

LLORA UNA POBRE NIÑA.
SU BURRITO FLACO NO PUEDE
TIRAR DE LA CARRETA.

PLATERO Y YO LA
AYUDAMOS. ¡CÓMO SONRÍE
AHORA LA PEQUEÑA!

carreta

EL AIRE DE LA TARDE TRAE
RISAS Y OLOR A FLORES.

PLATERO JUEGA CON LOS NIÑOS Y ELLOS LE ACARICIAN.

LA PERRITA BLANCA Y LA CABRA
JUEGAN TAMBIÉN CON PLATERO.

LOS NIÑOS SE SUBEN ENCIMA
Y LE HACEN BROMAS.
¡CUÁNTAS RISAS!

TRAJE UNA TORTUGA Y SE HIZO AMIGA DE PLATERO.

LA TORTUGA VA AL CORRAL CUANDO LE PONGO TOMATE. ¡LE ENCANTA!

UN DÍA EN EL CAMPO GRITÉ:

—¡PLATERO!

Y EL ECO CONTESTÓ:

—¡PLATEROOO!

A PLATERO LE ENCANTÓ Y REBUZNÓ.

LA NIÑA LE HA PUESTO UNA BUFANDA AL CANARIO FRIOLERO.

Y PLATERO REBUZNA DE RISA
VIENDO AL CANARIO
TAN ABRIGADO.

CUANDO HUELE A PAN EN EL PUEBLO, LOS NIÑOS DEJAN A PLATERO.

SE VAN CORRIENDO A CASA PARA
COMER UN TROZO DE PAN.
¡ESTÁ TAN BUENO!

¡A VER QUIÉN LLEGA ANTES A LAS VIOLETAS! LAS NIÑAS CORRIERON Y CON ELLAS PLATERO.

MI BURRITO GANÓ LA CARRERA Y LE HICE UNA CORONA DE PEREJIL.

POR LA NOCHE PLATERO BEBE
AGUA CON ESTRELLAS.

LA LUNA LE SONRÍE
Y ACARICIA SU PIEL
DE PLATA.

UN DÍA PLATERO NO PUDO LEVANTARSE DE SU CAMA DE PAJA. TENÍA LOS OJOS TRISTES.

LLAMÉ A SU MÉDICO ENSEGUIDA.
Y LE CUIDÉ HASTA QUE
SE PUSO BUENO.
¡QUIERO TANTO A PLATERO!

COLECCIÓN *LEER CON SUSAETA*

Nivel 0. Aprendo a *LEER*

1. Los bebés de los animales • 2. El patito feo • 3. Cenicienta
4. El lobo y los siete cabritillos • 5. El burrito Platero • 6. El león valiente

Nivel 1. Empiezo a *LEER*

1. Animales de la granja • 2. Fiesta de brujas • 3. Castillos de miedo
4. Historias de ogros • 5. Historias de ponis • 6. El porqué de los animales
7. El porqué del cuerpo humano • 8. Adivina adivinanza • 9. Caperucita Roja
10. Pulgarcito • 11. La bella durmiente • 12. Los tres cerditos
13. Fábulas de animales • 14. Historias de Hadas y Princesas
15. El mago de Oz • 16. Historias del Arca de Noé • 17. Animales viajeros
18. El mundo de los osos

Nivel 2. Ya sé *LEER*

1. Historias de dragones • 2. Caballeros medievales
3. El libro de la selva • 4. Pinocho • 5. La sirenita
6. Las princesas bailarinas • 7. La Bella y la Bestia • 8. Blancanieves
9. Cuentos españoles • 10. El Cid Campeador • 11. El mundo de los tiburones
12. Los mejores chistes • 13. El mundo de los dinosaurios • 14. Historias de aviones
15. Nuestros amigos los perros • 16. Historias de barcos • 17. Historias de trenes
18. Historias de coches • 19. Historias de la Biblia

Nivel 3. La aventura de *LEER*

1. La isla del tesoro • 2. El lazarillo de Tormes • 3. Las aventuras de Tom Sawyer
4. Mujercitas • 5. Sandokán • 6. La vuelta al mundo en 80 días
7. Un capitán de quince años • 8. La cabaña del tío Tom • 9. La isla misteriosa
10. Moby Dick • 11. Robin Hood • 12. El prisionero de Zenda
13. Los tres mosqueteros • 14. Alicia en el país de las maravillas • 15. Heidi
16. Romeo y Julieta • 17. Los buscadores de tesoros • 19. La hija del capitán
20. Pollyanna • 21. Capitanes intrépidos • 22. Máquinas
23. Miguel Strogoff • 24. La vida en los castillos • 25. Samuráis
26. Federico García Lorca • 27. Gladiadores • 28. Genoveva de Brabante

Nivel 4. El placer de *LEER*

1. Los viajes de Gulliver • 2. Drácula • 3. Robinson Crusoe
4. De la Tierra a la Luna • 5. Viaje al centro de la Tierra • 6. Frankenstein
7. Veinte mil leguas de viaje submarino • 8. Cinco semanas en globo • 9. Ben-Hur
10. Aventuras de Sherlock Holmes • 11. Oliver Twist • 12. David Copperfield
13. Las minas del rey Salomón • 14. Jane Eyre • 15. Cuentos de la Alhambra
16. Corazón • 17. Leyendas de Bécquer • 18. Colmillo Blanco
19. Los domadores de dragones • 20. Aventuras de piratas
21. Don Quijote de la Mancha • 22. Dos años de vacaciones
23. Lawrence de Arabia • 24. El diario de Ana Frank • 25. Cuentos de terror
26. Ivanhoe • 27. La Primera Guerra Mundial • 28. La Segunda Guerra Mundial
29. Cruzados